Hobsbawm
Nationen und Nationalismus

Die meisten Nationen reklamieren für sich eine lange Tradition – einen historischen Hintergrund, der zur Festigung des Nationalstolzes und der Identität beiträgt –, und doch reichen nur wenige der heutigen Nationen weiter als in das 19. Jahrhundert zurück. »Die eigene Geschichte falsch zu verstehen«, soll ein früher Experte auf diesem Gebiet einmal gesagt haben, »macht die Nation aus.« Eric Hobsbawm spürt der Geschichte von Nationen und Nationalismus in den letzten 200 Jahren nach und wagt eine Bewertung des Wesens und der Bedeutung dieser Begriffe. So fragt er unter anderem danach, ob der Nationalismus noch der gleiche wie früher ist. Hat dieses Phänomen vielleicht – allen jüngsten Entwicklungen etwa in der Sowjetunion zum Trotz – seinen Gipfelpunkt schon überschritten? Es ergeben sich eine Reihe von Überraschungen, die in Großbritannien schon zu einer lebhaften Debatte geführt haben.

Eric J. Hobsbawm, geboren 1917, lehrte bis zu seiner Emeritierung Wirtschafts- und Sozialgeschichte am Birkbeck College der Universität London. In deutscher Sprache ist zuletzt erschienen *Das imperiale Zeitalter 1875-1914* (Campus 1989).

Eric J. Hobsbawm

Nationen und Nationalismus

Mythos und Realität seit 1780

Aus dem Englischen von Udo Rennert

Büchergilde Gutenberg

Die englische Originalausgabe erschien 1990 unter dem Titel »Nations and nationalism since 1780. Programme, myth, reality« bei Cambridge University Press, Cambridge/New York/Melbourne. © E.J. Hobsbawm 1990.

Lizenzausgabe für die Büchergilde Gutenberg, Frankfurt am Main und Wien, mit freundlicher Genehmigung der Campus Verlag GmbH, Frankfurt am Main

Umschlaggestaltung: Eckard Warminski, Büdingen
Satz: Fotosatz L. Huhn, Maintal-Bischofsheim
Druck: Druckhaus Beltz, Hemsbach
Printed in Germany 1992
ISBN 3 7632 4077 2

Inhalt

Vorwort zur deutschen Ausgabe

Nationen und Staaten verlangen nach Geschichte, freilich nicht von der Art, wie sie von modernen Historikern geschrieben wird, denn wie Ernest Renan schon vor über hundert Jahren feststellte, ist »das Vergessen oder gar Mißverstehen von Geschichte ein wesentliches Element bei der Herausbildung einer Nation«. Aus diesem Grund stehen Historiker, zu denen auch der Autor zählt, nationalen Ideologien und ihren Versionen von Geschichte in der Regel eher skeptisch gegenüber. Besonders unbeeindruckt sind sie von der Neigung von Nationalisten, zwei ganz verschiedene Phänomene miteinander gleichzusetzen: ein Gruppen- oder Kollektivbewußtsein und die Herausbildung einer bestimmten Staatsform, des »Nationalstaats«, die angeblich auf diesem Bewußtsein beruht.

Menschen haben sich seit jeher als Mitglieder einer »Wir«-Gemeinschaft definiert im Unterschied (und zumeist im Gegensatz) zu den anderen »Sie«-Gemeinschaften, und daran wird sich wohl in absehbarer Zukunft nichts ändern. Manche dieser Gemeinschaften – wenn auch keineswegs alle – sprechen von sich selbst in Begriffen, wie sie in den letzten 150 Jahren zur Kennzeichnung von »Nationalitäten« und »Nationen« benutzt wurden, und spätere »Nationalstaaten« haben zuweilen eine Identifikation mit früheren Kategorien angestrebt oder sogar deren Namen verwendet. Das war beispielsweise der Fall, als der Staat Israel und auch die Bundesrepublik Deutschland alle Juden bzw. Deutschen zu potentiellen Bürgern ihres Staates erklärten. Doch der moderne, territoriale Staat aus Staatsbürgern ist etwas Neues. Weder für Israel noch für Deutschland als einheitlichen Staat gibt es echte historische Präzedenzfälle – so wenig wie für Italien oder überhaupt für die meisten Staaten, die heute die Vereinten Nationen bilden. Sie gehören ins 19. und 20. Jahrhundert. Noch neueren Datums ist die Überzeugung, politische Einheit und nationale Einheit – a priori als ethnische, sprachliche, kulturelle oder ähnliche Gemeinsamkeit definiert – müßten zusammenfallen. Dasselbe gilt für die Vorstellung, die ganze Erde müsse in Staaten aufgeteilt werden, die einer solchen Beschreibung genügen. Im Unterschied zum Begriff des »Nationalstaats«, der in der Amerikanischen und der Französischen Revolution entstand und vom bürgerlichen Liberalismus des 19. Jahrhunderts aufgegriffen wurde, war der ethnisch und sprachlich begründete Begriff einer Nation und einer auf Nationen beruhenden Weltordnung ein Kind des späten 19. Jahrhunderts.

Das vorliegende Buch, ursprünglich als Vorlesungsreihe in einem Land vorgetragen, wo ein derart verstandener Nationalismus seit 1969 tragische Folgen gezeitigt und seine Bankrotterklärung abgegeben hat, vertritt folgende These: Ein ethnisch und/oder sprachlich begründeter Nationalismus, der für jede »Nation« einen eigenen souveränen Staat anstrebt, ist als allgemeines Programm nicht praktikabel, ist für die politischen und selbst für die ethnischen und sprachlichen Probleme der Welt am Ausgang des 20. Jahrhunderts irrelevant und hat mit hoher Wahrscheinlichkeit schlimme Folgen, wenn tatsächlich der Versuch unternommen wird, ihn in die Praxis umzusetzen. Dies hat sich bereits nach dem Ersten Weltkrieg gezeigt und wird sich höchstwahrscheinlich auch in den Nachwehen des »kalten Krieges« bestätigen.

Damit soll keineswegs die Macht nationaler Gefühle in der Welt von heute bestritten oder heruntergespielt werden, vor allem zu einer Zeit, da es den Anschein hat, als wäre Fremdenhaß in dieser oder jener Spielart in den meisten Regionen des Erdballs die vorherrschende Form der Volksideologie. Doch Symptome, auch wenn sie noch so heftig zu spüren sind, dürfen nicht mit einer Diagnose, Prognose oder Therapie verwechselt werden. Und ein Mangel an Begeisterung für die Ideologie oder das Programm der Bildung unabhängiger Staaten auf der Grundlage ethnischer und/oder sprachlicher Gemeinsamkeiten zeugt weder von mangelndem Verständnis für Nationalgefühle noch einer Aversion gegenüber jeglichem nationalen Anliegen oder generell der Ablehnung von Kleinstaaten in jeder

Form. Wer im Europa zwischen den beiden Weltkriegen aufgewachsen ist, weiß zwangsläufig, worum es bei der Identifikation mit einer Nation geht. Der Autor kann sich sogar noch gut daran erinnern, daß er die Anziehungskraft von Hitlers Nationalsozialismus auf seine deutschen Klassenkameraden verstehen konnte, auch wenn er selbst zum Glück nicht nur intellektuell, sondern auch als Engländer und Jude dagegen immun war. Und selbst diejenigen, die überzeugt sind, daß ein nationaler Separatismus heute nicht zu einer Balkanisierung, sondern zu einer Libanonisierung führt, können sich mit Leichtigkeit einige kleine Staaten vorstellen, die sowohl zufriedener als auch wirtschaftlich prosperierender sind oder sein könnten als die Großstaaten, von denen sie sich gelöst haben oder lösen möchten.

Trotzdem verweist allein schon der Umstand, daß solche offensichtlichen Tatsachen ausgesprochen werden müssen, auf die außerordentliche Schwierigkeit beim Schreiben über Nationen und Nationalismus sine ira et studio. Das Thema ist seinem ganzen Wesen nach dazu angetan, die Gemüter in Wallung zu bringen. Selbst der große Goethe, der sich einer Haltung rühmte, »wo man gewissermaßen über den Nationen steht und man ein Glück oder eine Wehe seines Nachbarvolkes empfindet, als wäre es dem eigenen begegnet«, stand einem Nationalismus nicht ganz so unbefangen gegenüber wie diese Äußerung vermuten ließe: Er war ebenso überzeugt, über jenem »Nationalhaß« zu stehen, den er »am stärksten und am heftigsten... auf den untersten Stufen der Kultur« zu finden glaubte (Eckermann, *Gespräche mit Goethe,* 14. März 1830). Der Nationalhaß (die Kehrseite eines Nationalbewußtseins, das sich im wesentlichen durch den Ausschluß anderer definiert) ist heute weit genug verbreitet, um die Wogen der Debatte um den Nationalismus auch weiterhin hoch schlagen zu lassen, jedoch nicht so stark, wie ich hoffe, daß dadurch eine rationale Auseinandersetzung mit dem Gegenstand selbst nach 1989 unmöglich gemacht wird. Das letzte Kapitel dieses Buches ist gegenüber der 1990 erschienenen englischen Originalausgabe überarbeitet worden, um auch die jüngsten Entwicklungen einzubeziehen.

London, März 1991 E.J. Hobsbawm

Einleitung

Nehmen wir einmal an, nach einem weltweiten Atomkrieg lande eines Tages ein intergalaktischer Historiker auf unserem toten Planeten, um die Ursache jener weit entfernten kleinen Katastrophe herauszufinden, die von Beobachtungsgeräten seiner Galaxie registriert wurde. Er oder sie – ich möchte mich jeder Spekulation über das Problem einer außerirdischen physiologischen Fortpflanzung enthalten – befragt die irdischen Bibliotheken und Archive, die erhalten geblieben sind, weil die Technik einer ausgereiften atomaren Rüstung die Vernichtung von Menschen und nicht von materiellem Besitz zum Ziel hatte. Unser Beobachter wird nach einigen Studien zu dem Schluß gelangen, daß die beiden letzten Jahrhunderte der Geschichte der Menschheit auf dem Planeten Erde ohne eine gewisse Kenntnis des Begriffs »Nation« und der von ihm abgeleiteten Wörter unverständlich sind. Offensichtlich bringt dieser Terminus etwas zum Ausdruck, was für die menschlichen Angelegenheiten wesentlich ist. Aber was genau? Hier liegt das Geheimnis. Der Besucher aus dem All wird Walter Bagehot gelesen haben, der die Geschichte des 19. Jahrhunderts als eine der »Nationwerdung« dargestellt, aber zugleich mit dem für ihn typischen nüchternen Sinn konstatiert hat: »Wir wissen, was es ist, solange uns niemand danach fragt, aber wir können es nicht sofort erklären oder definieren.« (1887, S. 20 f.) Das mag für Bagehot und für uns gelten, nicht jedoch für außerirdische Historiker, denen gerade jene menschliche Erfahrung fehlt, die die Idee von einer »Nation« so überzeugend macht. Ich glaube, heute wäre es dank der in den letzten 15 bis 20 Jahren veröffentlichten Literatur möglich, einem solchen Historiker eine kurze Leseliste an die Hand zu geben, die ihm bei seiner Untersuchung weiterhelfen könnte; hinzu käme A.D. Smith' »Nationalism: A Trend Report and Bibliography« (1973), eine Darstellung, die die meisten Beiträge zu diesem Thema bis 1973 berücksichtigt hat.[1] Nicht, daß man alles und jedes empfehlen müßte, was in früheren Zeiten darüber geschrieben worden ist. Unsere Leseliste würde kaum etwas von dem enthalten, was in der klassischen Periode des Liberalismus im 19. Jahrhundert geschrieben wurde – aus Gründen, die später klar werden sollen, aber auch deshalb, weil aus dieser Zeit fast nur nationalistische und rassistische Phrasen stammen. Und das beste, was damals geschrieben wurde, war tatsächlich sehr kurz, z.B. John Stuart Mills Passagen zu diesem Thema in seinen »Considerations on Representative Government« und Ernest Renans berühmte Vorlesung »Was ist eine Nation?« (Mill 1861, Kap. XVI; Renan 1882).

Die Leseliste würde einige historisch notwendige sowie einige fakultative Texte enthalten über den ersten nennenswerten Versuch, das Thema einer leidenschaftslosen Analyse zu unterziehen: die wichtigen und unterschätzten Debatten unter den Marxisten der Zweiten Internationale über das, was sie als »die nationale Frage« bezeichneten. Wir werden später noch sehen, warum die besten Köpfe der internationalen sozialistischen Bewegung – und sie hatte einige der hervorragendsten Denker aufzuweisen – sich dieses Problems annahmen: Kautsky und Luxemburg, Otto Bauer und Lenin, um nur einige wenige zu nennen.[2] Die Liste würde wahrscheinlich einige Schriften Kautskys und auf jeden Fall Otto Bauers *Die Nationalitätenfrage* enthalten, aber ebenso notwendig auch Stalins »Marxismus und nationale Frage«, nicht so sehr wegen ihrer bescheidenen, wenn auch nicht völlig unbedeutenden – allerdings wenig eigenständigen – intellektuellen Verdienste, sondern wegen ihres späteren politischen Einflusses.[3]

1 S. a. die Bibliographien beim selben Autor (1983 und 1986).

2 Eine brauchbare Einführung sowie eine Auswahl von Texten der führenden marxistischen Autoren der Zeit bieten Haupt et al. (1974). Vgl. a. Otto Bauer (1907); die 1924 erschienene 2. Auflage enthält eine wichtige neue Einleitung. Zu einem neueren Versuch s. Davis (1978).

3 Der Text aus dem Jahr 1912 wurde in englischer Sprache zusammen mit späteren Schriften 1936 unter dem Titel *Marxism and the National and Colonial Question* in London veröffentlicht; ein Buch, das nicht nur unter Kommunisten, sondern vor allem in den Ländern der abhängigen Welt einen beträchtlichen Einfluß ausübte.

Die Liste müßte nach meinem Dafürhalten kaum Titel aus der Zeit jener Autoren enthalten, die man als die beiden »Gründerväter« der akademischen Nationalismusforschung nach dem Ersten Weltkrieg bezeichnet hat, Carleton B. Hayes und Hans Kohn.[4] Nichts war verständlicher als daß das Thema Aufmerksamkeit in einer Zeit auf sich zog, als die Karte Europas zum ersten – und, wie sich herausstellte, einzigen – Mal nach dem Nationalitätsprinzip neu gezeichnet wurde und als das Vokabular des europäischen Nationalismus von neuen Bewegungen der Befreiung aus kolonialer Unterdrückung oder der Behauptung einer Eigenständigkeit innerhalb der Dritten Welt aufgegriffen wurde, denen zumindest Hans Kohn viel Aufmerksamkeit geschenkt hat (1928 und 1930). Auch besteht kein Zweifel, daß die Schriften dieser Zeit sich auf zahlreiches Material stützen, das aus früheren Veröffentlichungen stammt, was dem interessierten Leser die Lektüre eines Gutteils der Primärliteratur ersparen kann. Daß aber viele Werke aus der Anfangszeit der wissenschaftlichen Beschäftigung mit dem Nationalismus veraltet sind, hat seinen Hauptgrund darin, daß die wichtigste Neuerung jener Zeit – die übrigens von den Marxisten vorweggenommen wurde – zu einem Gemeinplatz geworden ist, die Nationalisten ausgenommen. Nationen sind, wie wir heute wissen – nicht zuletzt dank der Forschungen aus der Zeit von Hayes und Kohn – eben nicht, wie Bagehot angenommen hatte, »so alt wie die Geschichte« (Bagehot 1887, S. 83). Der Begriff ist in seiner modernen Bedeutung nicht älter als das 18. Jahrhundert, von dem einen oder anderen Vorläufer einmal abgesehen. Die wissenschaftliche Literatur über den Nationalismus hat sich zwar in den folgenden Jahrzehnten vervielfacht, aber keine großen Fortschritte erzielt. So mancher wird sicherlich das Werk von Karl Deutsch (1953), das die Rolle der Kommunikation bei der Bildung von Nationen unterstrichen hat, als einen wesentlichen Beitrag ansehen, aber ich persönlich halte die Lektüre dieses Autors nicht für unentbehrlich.

Es ist nicht ganz geklärt, warum die Literatur über Nationen und den Nationalismus vor etwa 20 Jahren in ein so fruchtbares Sta-

4 Hayes (1931) und Kohn (1944) bieten wertvolles historisches Material. Die Bezeichnung »Gründerväter« stammt von Kemiläinen (1964).

dium eintrat, und in der Tat stellt sich diese Frage auch für diejenigen, die von der Gültigkeit dieser Behauptung überzeugt sind – und das sind bei weitem nicht alle. Das Problem wird, wenn auch nicht sehr eingehend, im letzten Kapitel erörtert. Meiner Meinung nach ist jedenfalls die Zahl der Arbeiten, die einen eigenständigen Beitrag zur Erhellung der Frage leisten, was Nationen und nationale Bewegungen sind und welche Rolle sie in der historischen Entwicklung spielen, in den zwanzig Jahren von 1968 bis 1988 größer als in jedem anderen doppelt so langen Zeitraum vorher. Die folgenden Kapitel lassen deutlich genug erkennen, welche Veröffentlichungen ich für besonders interessant halte, aber es mag am Platze sein, einige wichtige Titel zu erwähnen, unter die ich lediglich eine einzige meiner eigenen Arbeiten zum Thema aufnehmen möchte.[5] Die folgende kurze Aufzählung mag als eine Einführung in diesen Forschungsbereich dienen. Sie erfolgt in alphabetischer Reihenfolge der Autoren mit Ausnahme des Buchs von Hroch, das die neue Ära in der Analyse der Zusammensetzung nationaler Befreiungsbewegungen eröffnet hat.

Miroslav Hroch, *Social Preconditions of National Revival in Europe*, Cambridge 1985. Das Buch verknüpft die Ergebnisse zweier Arbeiten, die der Autor 1968 und 1971 in Prag veröffentlichte.

Benedict Anderson, *Die Erfindung der Nation*, Frankfurt 1988.

J. Armstrong, *Nations before Nationalism*, Chapel Hill 1982.

J. Breuilly, *Nationalism and the State*, Manchester 1982.

John W. Cole und Eric R. Wolf, *The Hidden Frontier. Ecology and Ethnicity in an Alpine Valley*, New York/London 1974.

J. Fishman (Hg.), *Language Problems of Developing Countries*, New York 1968.

Ernest Gellner, *Nationalismus und Moderne*, Berlin 1991.

E.J. Hobsbawm und T. Ranger (Hg.), *The Invention of Tradition*, Cambridge 1983.

5 Die anderen sind Hobsbawm 1962, Kap. 7; 1977; 1989, Kap. 6; 1971, Bd. 1, S. 34-44; 1972; 1977; 1984, Kap. 4; 1988.

A.D. Smith, *Theories of Nationalism*, 2. Aufl. London 1983.

Jenö Szücs, *Nation und Geschichte*, Wien/Budapest 1981.

C. Tilly (Hg.), *The Formation of National States in Western Europe*, Princeton 1975.

Dieser Aufzählung muß ich einen brillanten Essay hinzufügen, der vom subjektiven Standpunkt der Identifikation mit einer »Nation« aus verfaßt wurde, aber mit einem seltenen Sinn für deren historischen Kontext und ihre historische Formbarkeit: Gwyn A. Williams, »When was Wales?« in seinem Band *The Welsh in their History*, London/Canberra 1982.

Die meisten dieser Bücher haben sich um eine Antwort auf die Frage bemüht: Was ist eine (oder die) Nation? Denn die Eigentümlichkeit dieser Form einer Einordnung menschlicher Individuen oder Gruppen besteht darin, daß sich ungeachtet der Ansprüche derer, die ihr zugehören – die Nation sei in mancher Hinsicht für die gesellschaftliche Existenz oder gar die individuelle Identifikation ihrer Mitglieder etwas Ursprüngliches und Fundamentales –, kein befriedigendes Kriterium angeben läßt, um zu entscheiden, welche der vielen menschlichen Gemeinschaften mit diesem Begriff bezeichnet werden sollen. Das ist an sich nicht überraschend, denn wenn wir »die Nation« als einen sehr jungen Neuankömmling in der Geschichte betrachten und als das Produkt besonderer und zwangsläufig lokal oder regional beschränkter historischer Umstände, dann wäre eigentlich zu erwarten, daß sie ursprünglich nur in einigen wenigen Ansiedlungen auftritt statt ganz allgemein in einer Population, die auf dem Territorium der ganzen Erde verstreut lebt. Das Problem ist jedoch, daß es keine Möglichkeit gibt, einem Beobachter zu sagen, wie er a priori eine Nation von anderen Gruppen unterscheiden kann, so wie wir ihm beispielsweise sagen könnten, was einen Vogel ausmacht oder was eine Maus von einer Eidechse unterscheidet. Das Studium der Nationen wäre ein leichtes, wenn es wie die Ornithologie betrieben werden könnte.

Versuche der Festlegung objektiver Kriterien für eine nationale Zugehörigkeit oder einer Erklärung, warum bestimmte Gruppen zu »Nationen« wurden und andere nicht, sind häufig angestellt worden und stützten sich auf einzelne Merkmale wie Sprache oder ethnische

Zugehörigkeit oder auf eine Kombination von Merkmalen wie Sprache, gemeinsames Territorium, gemeinsame Geschichte, kulturelle Eigenarten oder was auch immer. Stalins Definition dürfte hier wohl die bekannteste sein, aber keineswegs die einzige.[6] Alle derartigen Definitionen sind aus dem einen offensichtlichen Grund untauglich: Da nur einige Mitglieder der großen Klasse von Gebilden, die solchen Definitionen genügen, jederzeit als »Nationen« beschrieben werden können, sind immer Ausnahmen möglich. Entweder gibt es menschliche Gemeinschaften, auf die die Definition zwar zutrifft, die aber offensichtlich keine (oder noch keine) »Nation« oder nicht von nationalem Ehrgeiz beseelt sind, oder wir haben es mit unzweifelhaften »Nationen« zu tun, die dennoch das geforderte Merkmal oder die Merkmalskombination nicht aufweisen. Wie könnte es auch anders sein, wenn man sich bemüht, historisch neuartige, in der Entstehung begriffene, sich verändernde und auch heute noch keineswegs universelle Gebilde in einen auf Dauer und Universalität gerichteten Bezugsrahmen einzuspannen?

Wie wir überdies noch sehen werden, sind die Kriterien, die diesen Zweck erfüllen sollen – Sprache, ethnische Zugehörigkeit usw. –, ihrerseits so verschwommen, wandelbar und mehrdeutig und als Anhaltspunkte zur Orientierung ebenso nutzlos wie Wolkenformationen zur Orientierung von Reisenden im Vergleich zu Wegzeichen. Das macht sie natürlich außerordentlich brauchbar für propagandistische und programmatische Zwecke – im Unterschied zu deskriptiven. Ein anschauliches Beispiel für den nationalistischen Gebrauch einer solchen »objektiven« Definition aus der jüngsten südostasiatischen Politik macht diesen Punkt deutlich:

Die tamilsprachige Bevölkerung Ceylons bildet eine Nation, die sich in jedem grundlegenden Merkmal einer Nation von der der Singhalesen unterscheidet, zuerst und vor allem in dem einer eigenen historischen Vergangenheit auf der Insel, die zumindest ebenso alt und ruhmreich wie die der Singhalesen ist, zweitens durch die Tatsache, daß sie eine eigene Sprachgruppe ist, die sich von der singhalesischen grundlegend unterscheidet, mit einem unübertroffenen klassischen Erbe und einer modernen Entwicklung der Spra-

6 »Eine Nation ist eine historisch entstandene stabile Gemeinschaft von Menschen, entstanden auf der Grundlage der Gemeinschaft der Sprache, des Territoriums, des Wirtschaftslebens und der sich in der Gemeinschaft der Kultur offenbarenden psychischen Wesensart.« (Stalin 1912, S. 272)

che, so daß das Tamil sämtlichen Erfordernissen von heute genügt, und schließlich aufgrund der territorialen Besiedlung genau umgrenzter Gebiete (Kadschi 1951, zit. n. Kearny 1985, S. 904).

Der Zweck dieser Ausführungen liegt auf der Hand: Die Forderung nach Autonomie oder Unabhängigkeit für ein Gebiet, das als »über ein Drittel der Insel« Sri Lanka beschrieben wird, im Interesse eines tamilischen Nationalismus. Etwas anderes scheint zunächst nicht dahinterzustecken. Verschleiert wird die Tatsache, daß die territoriale Ansiedlung aus zwei geographisch voneinander getrennten Gebieten besteht, die von tamilsprechenden Gruppen unterschiedlicher Herkunft bewohnt werden (alteingesessenen Einheimischen und in jüngster Zeit von aus Indien eingewanderten Arbeitern); daß das Gebiet einer ununterbrochenen Besiedlung durch Tamilen in manchen Zonen außerdem bis zu einem Drittel von Singhalesen und bis zu 41 Prozent von tamilsprechenden Gruppen bewohnt wird, die sich keineswegs als Tamilen im nationalen Sinne, sondern weit eher als Muslime (»Mohammedaner«) verstehen. Aber selbst wenn man einmal die von eingewanderten Arbeitern besiedelte Zentralregion außer acht läßt, ist höchst fraglich, ob man das Territorium einer nennenswerten ununterbrochenen Besiedlung durch Tamilen, zu dem Gebiete einer durchgehend tamilischen Besiedlung (von 71 bis 95 Prozent – Batticaloa, Mullaitivu, Jaffna) ebenso gehören wie Gebiete, in denen die sich selbst als Tamilen bezeichnenden Gruppen nur 20 bis 33 Prozent der Bevölkerung ausmachen (Amparal, Trinconmalee), auch in einem anderen als einem rein kartographischen Sinne als ein einziges Gebiet begreifen kann. In den Verhandlungen, die 1987 zur Beendigung des Bürgerkriegs in Sri Lanka geführt haben, war die Entscheidung, dies tatsächlich zu tun, ein bloßes politisches Zugeständnis an die Forderungen der tamilischen Nationalisten. Wie wir bereits gesehen haben, verschleiert die »eigene Sprachgruppe« die unbezweifelbare Tatsache, daß eingeborene Tamilen, eingewanderte Inder und Mohammedaner in keinem anderen als einem philologischen Sinne und, wie wir noch sehen werden, wahrscheinlich nicht einmal in diesem eine homogene Bevölkerung darstellen. Was die »eigene historische Vergangenheit« angeht, so ist diese Wendung fast mit Sicherheit ein Anachronismus; sie umgeht das eigentliche Problem oder ist bis zur Sinnlosigkeit unbestimmt. Natürlich läßt sich dagegen einwenden, daß offensichtlich zu propagandistischen Zwecken verfaßte Erklärungen nicht so kritisch untersucht werden sollten, als wären sie ein Beitrag zu den Sozialwissenschaften, aber es geht darum, daß sich fast jede Klassifizierung einer Gemeinschaft als eine »Nation« aufgrund solch angeblich objektiver Kriterien ähnliche Einwände gefallen lassen muß, sofern sich die Behauptung, es handle sich um eine »Nation«, nicht mit anderen Gründen belegen läßt.

Aber mit welchen anderen Gründen? Die Alternative zu einer objektiven ist eine subjektive Definition, ob kollektiv (etwa nach Renans Ausspruch: »eine Nation ist ein tägliches Plebiszit«) oder individuell nach dem Vorbild der Austromarxisten, für die sich »Nationalität« mit Personen verbinden konnte, wo immer und mit wem immer diese lebten, sofern sie diese nur für sich selbst in Anspruch nahmen.[7] Beides sind unverhüllte Versuche, den Zwängen eines Objektivismus a priori zu entgehen, indem beide Male, wenn auch mit unterschiedlichen Mitteln, versucht wird, die Definition einer »Nation« auch solchen Territorien anzupassen, auf denen Personen gemeinsam miteinander leben, die sich in ihrer Sprache oder in anderen »objektiven« Kriterien unterscheiden, wie dies etwa in Frankreich oder in der Donaumonarchie der Fall war. Beide setzen sich dem Einwand aus, daß die Definition einer Nation durch das Bewußtsein ihrer Mitglieder, ihr anzugehören, tautologisch ist und lediglich a posteriori angeben kann, was eine Nation ausmacht. Außerdem kann sie den Unbedachten zu den Extremen eines Voluntarismus verleiten, der behauptet, alles, wessen es zu einer Nation, zu deren Schöpfung oder Neuschöpfung, bedürfe, sei der Wille, eine zu sein: Wenn genügend viele Bewohner der Insel Sylt eine Sylter Nation sein wollten, dann gäbe es diese auch.

Zwar hat dieser Voluntarismus insbesondere seit den sechziger Jahren zu einigen Versuchen geführt, eine Nation durch Bewußtseinsbildung zu begründen, doch kann er keine Kritik an so differenzierten Beobachtern wie Otto Bauer und Renan rechtfertigen, die sehr wohl wußten, daß Nationen auch objektive Elemente gemein-

7 Karl Renner verglich insbesondere Nationalität und Religion und meinte, daß die durch eine »Erklärung [des Individuums] begründete Nationszugehörigkeit eine rechtliche Staatseigenschaft [...] ist, wie Katholizismus, Großjährigkeit, Vaterschaft etc.« (1918, S. 112).

sam hatten. Wie auch immer, das Herausstellen des Bewußtseins oder der persönlichen Entscheidung als Kriterium für die Nation bedeutet unausgesprochen, die komplizierten und vielfältigen Weisen, wie Menschen sich als Mitglieder von Gruppen definieren und ständig neu definieren, einer einzigen Option unterzuordnen: der Entscheidung für die Zugehörigkeit zu einer »Nation« oder »Nationalität«. Auf der politischen oder der administrativen Ebene muß heute eine solche Wahl getroffen werden, da wir in Staaten leben, die Pässe ausgeben oder bei einer Volkszählung Fragen zur Sprachzugehörigkeit stellen. Dennoch ist es auch heute noch für jemanden, der z.B. in Slough lebt, durchaus möglich, sich je nach den Umständen als – sagen wir – britischer Staatsbürger zu fühlen oder (gegenüber anderen britischen Bürgern anderer Hautfarbe) als Inder oder (in Gesellschaft anderer Inder) als Gudschar oder (gegenüber Hindus und Muslimen) als Dschaina oder als Angehöriger einer bestimmten Kaste oder einer Sippe oder als einer, der in den eigenen vier Wänden Hindi und nicht Gudscharati spricht usw. Und ebensowenig ist es möglich, »Nationalität« auf eine einzige Dimension zu reduzieren, ob politisch, kulturell oder sonstwie (es sei denn, man wird durch die höhere Gewalt von Staaten dazu genötigt). Menschen können sich als Juden bezeichnen, auch wenn sie weder dieselbe Religion, Sprache, Kultur, Tradition, Geschichte, Blutgruppe noch die Einstellung zum jüdischen Staat miteinander gemeinsam haben. Und auch daraus resultiert keine rein subjektive Definition der »Nation«.

Weder subjektive noch objektive Definitionen sind demnach befriedigend, und beide führen in die Irre. In jedem Fall ist eine agnostische Haltung für den an diesem Thema Interessierten wohl die beste Ausgangsposition, und deshalb wird auch in diesem Buch nicht vorweg eine Definition von dem gegeben, was eine Nation ausmacht. Als vorläufige Arbeitshypothese wird darunter jede ausreichend große Gemeinschaft von Menschen verstanden, deren Mitglieder sich als Angehörige einer »Nation« betrachten. Ob sich allerdings eine solche Gemeinschaft auch selbst so versteht, läßt sich nicht einfach feststellen, indem man Autoren oder politische Wortführer von Organisationen befragt, die für die Gemeinschaft den Status einer »Nation« beanspruchen. Daß es Fürsprecher einer »nationalen Idee« gibt, ist nicht irrelevant doch wird das Wort

»Nation« heute so allgemein und ungenau verwendet, daß der Gebrauch des Vokabulars des Nationalismus wirklich kaum noch etwas zu bedeuten hat.

Dennoch ist es für einen Zugang zur »nationalen Frage« ertragreicher, mit dem Begriff »Nation« zu beginnen (d.h. mit dem »Nationalismus«) als mit der Wirklichkeit, für die er steht. Denn »die ›Nation‹, wie sie vom Nationalismus verstanden wird, läßt sich von vornherein erkennen; die reale ›Nation‹ läßt sich erst im nachhinein ausmachen« (Hobsbawm 1972, S. 387). Das ist der Ansatz des vorliegenden Buchs. Besondere Beachtung schenkt es den Veränderungen und Umgestaltungen des Begriffs, vor allem gegen Ende des 19. Jahrhunderts. Begriffe sind natürlich nicht Bestandteile eines freischwebenden philosophischen Diskurses, sondern gesellschaftlich, historisch und geographisch verankert, und sie müssen im Kontext dieser Realitäten erklärt werden.

Im übrigen läßt sich meine Position folgendermaßen zusammenfassen.

1. Ich gebrauche den Begriff »Nationalismus« im Sinne Gellners: Er sei »vor allem ein politisches Prinzip, das besagt, politische und nationale Einheiten sollten deckungsgleich sein« (Gellner 1991, S. 8).[8] Ich möchte hinzufügen, daß dieses Prinzip außerdem bedeutet, daß die politische Pflicht der Fantasier gegenüber dem Gemeinwesen, das die fantasische Nation umfaßt und repräsentiert, vor allen übrigen politischen Pflichten und im Extremfall (z. B. in einem Krieg) auch vor allen anderen Verpflichtungen den Vorrang hat. Diese Folgerung unterscheidet den modernen Nationalismus von anderen und weniger anspruchsvollen Formen einer nationalen oder Gruppenidentifikation, der wir ebenfalls begegnen werden.

2. Wie die meisten ernsthaften Forscher betrachte ich die »Nation« nicht als eine ursprüngliche oder unveränderliche soziale Einheit. Sie gehört ausschließlich einer bestimmten und historisch jungen Epoche an. Sie ist eine gesellschaftliche Einheit nur insofern, als sie sich auf eine bestimmte Form des modernen Territorialstaates bezieht, auf den »Nationalstaat«, und es ist sinnlos, von Nation und

8 Diese im wesentlichen politische Definition wird auch von einigen anderen Autoren akzeptiert, vgl. z.B. Breuilly (1982), S. 3.

Nationalität zu sprechen, wenn diese Beziehung nicht mitgemeint ist. Außerdem schließe ich mich Gellner an, wenn er das Element des Künstlichen, der Erfindung und des Social engineering betont, das in die Bildung von Nationen mit einfließt. »Daß Nationen als eine natürliche, gottgegebene Art der Klassifizierung von Menschen gelten – als ein [...] politisches Geschick – ist ein Mythos. Der Nationalismus, der manchmal bereits bestehende Kulturen in Nationen umwandelt, erfindet manchmal Kulturen und vernichtet häufig tatsächlich bestehende Kulturen: *Das* ist eine Realität« (Gellner 1991, S. 77). Kurz, aus Gründen der Analyse kommt der Nationalismus vor der Nation. Nicht die Nationen sind es, die Staaten und Nationalismen hervorbringen, sondern umgekehrt.

3. Die »nationale Frage«, wie die Altmarxisten sie genannt haben, ist in jenem Bereich angesiedelt, in dem sich Politik, Technik und sozialer Wandel überschneiden. Nationen existieren nicht nur als Funktionen einer bestimmten Form des Territorialstaats oder des Strebens nach seiner Verwirklichung – grob gesagt des bürgerlichen Staates der Französischen Revolution –, sondern auch im Kontext einer bestimmten Phase der technischen und wirtschaftlichen Entwicklung. Die meisten Forscher stimmen heute darin überein, daß – gesprochene oder geschriebene – nationale Hochsprachen als solche erst aufkommen konnten, nachdem es Druckerpressen, eine Volksbildung und damit auch Volksschulen gab. Man hat sogar die These vertreten, daß sich das heutige Alltagsitalienisch als das Idiom, mit dem sich das ganze Spektrum dessen zum Ausdruck bringen läßt, was eine Sprache des 20. Jahrhunderts außerhalb der häuslichen und persönlichen Kommunikationssphäre benötigt, lediglich als Reflex auf die Bedürfnisse des nationalen Fernsehprogramms entwickelt (Sorella 1982). Nationen und die damit zusammenhängenden Phänomene müssen deshalb im Hinblick auf die politischen, technischen, administrativen, wirtschaftlichen und sonstigen Bedingungen und Erfordernisse analysiert werden.

4. Aus diesem Grund sind Nationen nach meinem Dafürhalten Doppelphänomene, im wesentlichen zwar von oben konstruiert, doch nicht richtig zu verstehen, wenn sie nicht auch von unten analysiert werden, d.h. vor dem Hintergrund der Annahmen, Hoffnungen, Bedürfnisse, Sehnsüchte und Interessen der kleinen Leute, die

nicht unbedingt national und noch weniger nationalistisch sind. Wenn es für mich einen wesentlichen Kritikpunkt an Gellners Arbeiten gibt, dann den, daß seine bevorzugte Perspektive einer Modernisierung von oben zu sehr den Blick von unten verstellt.

Dieser Blick auf die Nation von unten – das heißt nicht aus dem Blickwinkel der Regierungen und der Wortführer und Aktivisten nationalistischer (oder nicht-nationalistischer) Bewegungen, sondern aus der Sicht normaler Menschen, die Objekte der Handlungen und Propaganda des ersteren sind – ist überaus schwer zu rekonstruieren. Glücklicherweise haben die Sozialhistoriker gelernt, die Geschichte der Ideen, Meinungen und Empfindungen unterhalb des literarischen Ausdrucks zu erforschen, so daß wir heute weit weniger als frühere Historikergenerationen versucht sind, Leitartikel in ausgewählten Zeitungen mit der öffentlichen Meinung zu verwechseln. Vieles liegt noch im Ungewissen, aber über drei Dinge gibt es keinen Zweifel.

Erstens bieten offizielle Ideologien von Staaten und Bewegungen keine Anhaltspunkte für das, was in den Köpfen selbst ihrer loyalsten Bürger oder Anhänger vorgeht. Zweitens haben wir insbesondere keinen Grund zu der Annahme, daß für die meisten Menschen die Identifikation mit der Nation – sofern sie existiert – alle anderen Identifikationen, die ein gesellschaftliches Wissen ausmachen, ausschließt oder ihnen immer oder überhaupt überlegen ist. Tatsächlich verbindet sie sich immer mit Identifikationen anderer Art, auch wenn sie diesen gegenüber als vorrangig empfunden wird. Und drittens kann eine nationale Identifikation samt allen ihren Weiterungen sich im Lauf der Zeit, ja selbst innerhalb sehr kurzer Perioden verändern und verlagern. Das ist in meinen Augen jener Bereich der Forschung über Nation und Nationalismus, in dem heute der dringendste Bedarf an theoretischem Denken und praktischer Forschungsarbeit besteht.

5. Die Entwicklung von Nationen und Nationalismen in seit langem bestehenden Staaten wie England und Frankreich ist nicht sehr eingehend untersucht worden, obwohl das Interesse daran in jüngster Zeit steigt.[9] Daß hier eine Lücke zu schließen ist, zeigt sich etwa

9 Zum Umfang dieser Arbeiten s. Samuel (1989). Besonders anregend erwiesen sich für mich die Arbeiten von Linda Colley (1984 und 1986).

daran, daß in England alle Probleme vernachlässigt werden, die mit dem englischen Nationalismus zusammenhängen – an sich schon ein Begriff, der vielen fremd in den Ohren klingt –, verglichen mit der Aufmerksamkeit, die dem Nationalismus der Schotten, Waliser oder erst recht der Iren entgegengebracht wird. Auf der anderen Seite hat es in den letzten Jahren beachtliche Fortschritte in der Untersuchung von nationalen Bewegungen gegeben, die nach staatlicher Unabhängigkeit streben, hauptsächlich in der Nachfolge von Hrochs bahnbrechenden komparativen Studien über kleine europäische Nationalbewegungen. Zwei Punkte in der Analyse dieses hervorragenden Wissenschaftlers sind in meine eigene Untersuchung eingegangen. Erstens entwickelt sich ein »Nationalbewußtsein« unter den gesellschaftlichen Gruppen und den *Regionen* eines Landes ungleichmäßig; diese regionalen Unterschiede und deren Gründe sind bisher weitgehend vernachlässigt worden. Die meisten Forscher würden übrigens der These zustimmen, daß unabhängig davon, welche gesellschaftlichen Gruppen als erste von einem »Nationalbewußtsein« erfaßt werden, die Masse der Bevölkerung – Arbeiter, Dienstboten, Bauern – als letzte von ihm ergriffen werden. Zweitens und daraus folgend übernehme ich Hrochs sinnvolle Aufteilung der Geschichte nationaler Bewegungen in drei Phasen. Im Europa des 19. Jahrhunderts, für das diese Einteilung entwickelt wurde, war die Phase A rein kulturell, literarisch und volkskundlich, ohne daß sich daraus besonders politische oder gar nationale Folgerungen ergeben hätten, so wenig wie die Forschungen etwa der englischen Gypsy Lore Society (durch Forscher, die weder Roma noch Sinti sind) Folgen für die Objekte ihres Interesses haben. In der Phase B finden wir eine Gruppe von Vorkämpfern und militanten Wortführern der »nationalen Idee« und die Anfänge eines politischen Werbens für diese Idee. Der Hauptteil der Arbeiten Hrochs befaßt sich mit dieser Phase und der Analyse der Herkunft, Zusammensetzung und Verteilung dieser *minorité agissante*. Mein eigenes Interesse in diesem Buch gilt mehr der Phase C; erst hier – und nicht schon vorher – gewinnen nationalistische Programme die Unterstützung der Massen oder zumindest eines Teils jener Massen, deren Repräsentanten zu sein sie immer wieder behaupten. Der Übergang von Phase B zu Phase C ist offensichtlich ein entscheidender Augenblick in der Chronologie nationaler Bewegungen. In manchen Fällen, wie in Irland, geschieht er vor der Schaffung eines Nationalstaats; vermutlich wesentlich häufiger liegt er jedoch später, als Folge eben dieses Aktes. Und wieder in anderen Fällen, wie in den Ländern der sogenannten Dritten Welt, kommt es nicht einmal dann dazu.

Zum Schluß kann ich nur noch anmerken, daß kein ernsthafter Historiker, der über Nationen und Nationalismus arbeitet, ein überzeugter politischer Nationalist sein kann, ausgenommen in einer Weise, wie Bibelgläubige zwar niemals ernstzunehmende Evolutionstheoretiker sein werden, aber durchaus einen wissenschaftlichen Beitrag zur Archäologie oder zur semitischen Philologie leisten können. Nationalismus erfordert zuviel Glauben an etwas, das offensichtlich in dieser Form nicht existiert. Oder wie Renan gesagt hat: »Keine Nation ohne Fälschung der eigenen Geschichte«.[10] Historiker sind von Berufs wegen verpflichtet, sie nicht zu fälschen oder sich zumindest darum zu bemühen. Ein Ire und ein stolzer Anhänger Irlands zu sein – selbst ein stolzer katholischer Ire oder ein Ulster-Protestant – ist nicht von vornherein unvereinbar mit einer wissenschaftlichen Beschäftigung mit irischer Geschichte. Ein Fenier oder Orangist zu sein ist nach meinem Dafürhalten in dieser Hinsicht nicht ganz so unproblematisch, so wie ein Zionist nicht ohne weiteres eine wirklich ernsthafte Geschichte der Juden schreiben könnte, sofern er als Historiker seine Überzeugungen nicht ablegt, bevor er sich in die Bibliothek oder an seine Studien begibt. Einige nationalistische Historiker waren dazu nicht in der Lage. Als ich mich daran machte, dieses Buch zu schreiben, brauchte ich meine außerhistorischen Überzeugungen glücklicherweise nicht abzulegen.

10 Renan (1982), S. 7 f.: »L'oubli et je dirais même l'erreur historique, sont un facteur essentiel de la formation d'une nation et c'est ainsi que le progrès des études historiques est souvent pour la nationalité un danger.« (Das geschichtliche Vergessen, ja selbst der historische Irrtum sind ein wesentlicher Faktor bei der Bildung einer Nation, und deshalb ist der Fortschritt historischer Untersuchungen häufig eine Gefahr für die Nationalität.)

I. Kapitel

Die Nation als neuartiges Phänomen: Von der Revolution zum Liberalismus

Das entscheidende Charakteristikum der modernen Nation und von allem, was mit ihr zusammenhängt, ist ihre Modernität. Das gilt inzwischen als eine Tatsache, doch wird die entgegengesetzte Annahme, derzufolge eine nationale Identifikation etwas so Natürliches, Ursprüngliches und Unvergängliches sei, daß sie irgendwie der Geschichte vorausgehe, so häufig vertreten, daß es hilfreich ist, sich zu vergegenwärtigen, wie jung die Terminologie des Gegenstands ist. Das Wörterbuch der Königlich-Spanischen Akademie etwa verzeichnet die Begriffe Staat, Nation und Sprache in ihrer modernen Bedeutung erst seit der Auflage von 1884 (Garcia i Sevilla 1979). Hier lesen wir zum ersten Mal, daß die *Lengua nacional* »die offizielle und Schriftsprache eines Landes [ist], die Sprache, die allgemein in diesem Land gesprochen wird, im Unterschied zu Dialekten und den Sprachen anderer Völker«. Der Eintrag unter dem Stichwort »Dialekt« verweist auf dieselbe Beziehung zwischen Mundart und Nationalsprache. Vor 1884 bedeutete das Wort *nación* einfach »die Gesamtheit der Einwohner einer Provinz, eines Landes oder eines Königreichs« und daneben »ein Fremder«. Jetzt wird es hingegen wiedergegeben als »ein Staat oder eine politische Körperschaft, die eine höchste gemeinsame Regierungsinstanz anerkennt« und auch als »das durch diesen Staat und seine einzelnen Einwohner in ihrer Gesamtheit gebildete Territorium«, und von nun an steht das Element eines gemeinsamen und höchsten Staates im Mittelpunkt solcher Definitionen, zumindest in der iberischen Welt. Die *nación* ist der »conjunto de los habitantes de un país *regido por un mismo gobierno*« (*Enciclopedia Universal Illustrada*, Bd. 37, S. 854-867, Stichw.

»nación; meine Hervorh.). Die *nação* in der (jüngsten) *Enciclopédia dia Brasileira Mérito* (1958-1964) ist »die Gemeinschaft der Bürger eines Staates, die unter derselben Regierung oder Regierungsform leben und eine Interessengemeinschaft haben; die Gesamtheit der Einwohner auf einem Territorium mit gemeinsamen Traditionen, Zielen und Interessen und *einer Zentralgewalt unterworfen, der die Wahrung der Einheit der Gruppe obliegt*; das Volk eines Staates ohne die regierende Macht« (meine Hervorh.). Darüber hinaus findet sich die endgültige Fassung der »Nation« im Wörterbuch der Spanischen Akademie erst 1925, wo sie folgendermaßen definiert wird: »Gesamtheit der Personen, welche dieselbe ethnische Herkunft aufweisen und im allgemeinen dieselbe Sprache sprechen und eine gemeinsame Tradition besitzen«.

Gobierno, die Regierung, wird deshalb erst 1884 ganz besonders mit dem Begriff der *nación* verbunden. Denn wie die Philologie nahelegen würde, bezeichnete die erste Bedeutung des Wortes »Nation« eigentlich die Herkunft oder Abstammung: »naissance, extraction, rang«, um ein altfranzösisches Wörterbuch (Curne de Saint Pelaye, Stichw. »nation«) zu zitieren, das sich auf Froissart beruft: »Je fus retourné au pays de ma nation en la conté de Haynnau« (Man schickte mich zurück in das Land meiner Geburt/Herkunft in der Grafschaft Hennegau). Und soweit die Herkunft oder Abstammung an eine Gruppe von Menschen gebunden war, konnten es wohl kaum jene sein, die einen Staat bildeten (mit Ausnahme der Herrscher oder ihres Geschlechts). Sofern der Begriff an ein Territorium gebunden war, so war dieses höchstens zufällig eine politische Einheit und schon gar keine sehr große. Für das spanische Wörterbuch von 1726 (seine erste Auflage) bedeutete das Wort *patria* oder das volkstümlichere *tierra*, die Heimat, lediglich den »Ort, die Gemeinde oder das Land, wo jemand geboren ist« oder »jene Gegend, Provinz oder jener Landstrich einer Herrschaft oder eines Staates«. Diese enge Bedeutung von *patria*, die der moderne spanische Sprachgebrauch von der weiteren als *patria chica*, »das kleine Vaterland«, unterscheiden mußte, war vor dem 19. Jahrhundert ziemlich verbreitet, ausgenommen bei den Leuten, die eine klassische Bildung genossen hatten und etwas über das alte Rom wußten. Erst 1884 wurde *tierra* mit dem Staat verbunden, und erst 1925 hören wir den emotionalen Beiklang des modernen Patriotismus, der *patria* definiert als »unsere eigene Nation, mit der Gesamtheit materieller und immaterieller Dinge in Vergangenheit, Gegenwart und Zukunft, denen die liebevolle Treue von Patrioten gehört«. Das Spanien des 19. Jahrhunderts stand zugegebenermaßen nicht gerade an der Spitze des ideologischen Fortschritts, aber Kastilien – und wir reden hier von der kastilischen Sprache – war eines der ersten Königreiche Europas, das man mit einer gewissen Berechtigung als »Nationalstaat« bezeichnen kann. Jedenfalls darf bezweifelt werden, ob England und Frankreich im 18. Jahrhundert »Nationalstaaten« in einem ganz anderen Sinne waren. Die Entwicklung der diesbezüglichen Begrifflichkeit mag darum von allgemeinem Interesse sein.

In romanischen Sprachen ist das Wort »Nation« heimisch; sofern es in anderen Sprachen gebraucht wird, ist es ein Fremd- oder ein Lehnwort. Das gibt uns die Möglichkeit, Unterschiede in seinem Gebrauch genauer zu verfolgen. So weckt im Hoch- und Niederdeutschen das Wort »Volk« heute unzweifelhaft einige derselben Gedankenverbindungen wie die aus dem lateinischen »natio« abgeleiteten Wörter, aber die Wechselwirkung ist komplex. Offenbar hat der Begriff (*natie*) im Niederdeutschen des Mittelalters, soweit er überhaupt gebraucht wird – und nach seinem lateinischen Ursprung zu urteilen wurde er wohl bestenfalls unter Gebildeten oder Menschen königlicher oder adliger Herkunft gebraucht –, noch nicht die Mitbedeutung »Volk«, die er erst im 16. Jahrhundert annimmt. Er bezeichnet zunächst wie im mittelalterlichen Frankreich die Geburt und die Abstammungsurkunde (das »Geschlecht«; Verwijs und Verdam 1899, Sp. 2078).

Wie anderswo auch entwickelt er sich zu einer Bezeichnung größerer, abgeschlossener Gruppen wie Zünfte oder ähnlicher Korporationen, die von anderen, neben denen sie bestehen, unterschieden werden müssen: daher *nación* als Synonym für »Fremder« im Spanischen, die »Nationen« ausländischer Kaufleute (»fremde Gemeinschaften, insbesondere von Kaufleuten, die in einer Stadt leben und dort Vorrechte genießen«; *Woordenboek der Nederlansche Taal*, Bd. 9, Sp. 1586-1590) oder die bekannten »Nationen« von Studenten an alten Universitäten, von daher auch die weniger bekannte Bedeutung »ein Regiment aus der Nation Luxemburg« (Verwijs und Verdam

1899, Bd. 4). Auf jeden Fall wird deutlich, daß in der Entwicklung der Wortbedeutung eher der Ort oder das Territorium der Abstammung betont wurde – das *pays natal* einer alten französischen Definition –, was zumindest in den Köpfen späterer Lexikographen sehr leicht gleichbedeutend wird mit »Provinz« (Huguet 1961, Bd. 5, S. 400), während mitunter auch die gemeinsame Abstammungsgruppe hervorgehoben und damit der Weg der ethnischen Zugehörigkeit eingeschlagen wurde, wie im Niederländischen, wo dem Wort *natie* zu Beginn unseres Jahrhunderts als primäre Bedeutung »die Gesamtheit der Menschen, die demselben ›stam‹ zugerechnet werden« unterlegt wird.

So oder so, das Verhältnis selbst einer dergestalt erweiterten, aber einheimischen »Nation« zum Staat blieb verwirrend, denn es schien auf der Hand zu liegen, daß in ethnischer, sprachlicher oder anderer Hinsicht die meisten Staaten von einiger Größe nicht homogen waren und deshalb nicht einfach mit Nationen gleichgesetzt werden konnten. Das niederländische Wörterbuch weist besonders auf die Eigenart der Franzosen und Engländer hin, für die das Wort »nation« die einem Staat angehörenden Menschen meint, auch wenn diese nicht einmal dieselbe Sprache sprechen (*Woordenboek* 1913, Sp. 1588). Eine höchst aufschlußreiche Erörterung dieses Verwirrspiels stammt aus dem Deutschland des 18. Jahrhunderts. Für den Enzyklopädisten Johann Heinrich Zedler bedeutet 1740 die Nation in ihrem »eigentlichen und ersten« Sinn

> eine vereinigte Anzahl Bürger, die einerley Gewohnheiten, Sitten und Gesetze haben... Daraus folget, daß ein gewisser, großer oder kleiner Bezirk ... eigentlich nicht den Unterschied der Nationen ausmache, sondern daß dieser Unterschied einzig und allein auf die Verschiedenheit der Lebens-Art und Gebräuche beruhe, folglich in einer oftmahls kleinen Provintz Leute von unterschiedlichen Nationen bey einander wohnen können. Schwerlich wird sich z. E. jemand zu behaupten unterstehen, daß die Wenden, ob sie gleich annoch, und zwar fast mitten in Deutschland, in einem schmalen Strich Landes wohnen, auch auf allen Seiten Deutsche Nachbarn haben, zur Deutschen Nation gehören, welches aber nothwendig folgen würde, wenn der Unterschied der Nationen nach den Provintzen sollte beurtheilet werden (Zedler 1732 ff., Sp. 901 ff.).

Das Beispiel liegt natürlich für einen sächsischen Gelehrten nahe, der mit der letzten – bis heute überlebenden – slawischen Bevölkerungsgruppe innerhalb des deutschen Sprachraums vertraut ist und dem es nicht in den Sinn kommt, die Wenden als »nationale Minderheit« zu bezeichnen, womit er überdies das Problem umgangen hätte. Für Zedler müßten »verschiedene Nationen, die in einem Bezircke wohnen, ... eigentlich ein Volck [heißen]«. Leider hat es jedoch schon damals der Sprachgebrauch mit sich gebracht, daß das Wort »Nation« auch im Sinne von »Volk« verwendet wird, manchmal auch als Synonym für einen gesellschaftlichen »Stand« (*ordo*) oder für eine »Gesellschaft« (*societas*).

Welches immer die »eigentliche und erste« oder eine andere Bedeutung von »Nation« zur damaligen Zeit sein mochte, offenbar war sie immer noch weit von ihrer modernen Bedeutung entfernt. Wir können deshalb ohne weitere Vertiefung des Themas akzeptieren, daß der Begriff der »Nation« in seinem modernen und fundamental politischen Sinn sehr jungen Datums ist. Das wird sogar durch ein weiteres Sprachdenkmal unterstrichen, das *New English Dictionary*, das 1908 ausführte, die alte Bedeutung des Wortes sei hauptsächlich auf die ethnische Einheit gerichtet gewesen, während in jüngster Zeit die Betonung eher auf dem »Begriff der politischen Einheit und Unabhängigkeit« lag (*Oxford English Dictionary*, Bd. 7, S. 30).

Angesichts der historischen Neuartigkeit des modernen Begriffs der »Nation« halte ich es für am zweckmäßigsten, wenn wir uns eine Vorstellung von seinem Wesen machen wollen, denen zu folgen, die ihn in ihrem politischen und gesellschaftlichen Diskurs im Zeitalter der Revolution systematisch einzusetzen begannen, insbesondere seit 1830 unter der Bezeichnung des »Nationalitätsprinzips«. Dieser Exkurs in die Begriffsgeschichte birgt Schwierigkeiten, zum Teil, weil die Zeitgenossen, wie wir noch sehen werden, allzu unbefangen im Gebrauch solcher Wörter waren, und zum Teil, weil dasselbe Wort gleichzeitig sehr verschiedene Dinge bezeichnete oder bezeichnen konnte.

Die ursprüngliche Bedeutung von »Nation«, die außerdem am häufigsten in der Literatur erörtert wurde, war politischer Natur. Sie identifizierte »das Volk« mit dem Staat nach dem Vorbild der Amerikanischen und der Französischen Revolution, eine Gleichsetzung, die uns in den vertrauten Begriffen des »Nationalstaats«, der »Vereinten Nationen« oder den Phrasen von Staatspräsidenten der letzten

Jahre begegnet. Der frühe politische Diskurs in den Vereinigten Staaten zog es vor, vom »Volk«, der »Union«, der »Konföderation«, »unserem gemeinsamen Land«, der »Öffentlichkeit«, der »öffentlichen Wohlfahrt« oder der »Gemeinschaft« zu sprechen, um die zentralistischen und vereinheitlichenden Aspekte des Begriffs »Nation« gegenüber den Rechten der föderierten Staaten zu vermeiden (Lalor 1889, Bd. 2, S. 932).[1] Denn im Zeitalter der Revolutionen gehörte es früher oder später zum Begriff der Nation, daß sie – in der Formulierung der Franzosen – »einzig und unteilbar« sein sollte.[2] In diesem Verständnis war die »Nation« eine Gemeinschaft von Staatsbürgern, deren kollektive Souveränität sie zu einem Staat – als ihrem politischen Ausdruck – machte. Denn was immer eine Nation sonst sein mochte, das Element der Staatsbürgerlichkeit und der Massenteilhabe oder der Wahl fehlte darin nie. John Stuart Mill begnügte sich nicht damit, die Nation durch ihr Nationalgefühl zu definieren. Er fügte auch hinzu, die Angehörigen einer Nationalität »wünschen unter derselben Regierung zu stehen, und zwar unter einer Regierung, die ausschließlich entweder durch sie selbst oder durch Personen aus ihrer Mitte gebildet wird« (1873, S. 220). Wir stellen daher ohne Überraschung fest, daß Mill die Idee der Nationalität nicht in einer eigenen Veröffentlichung und für sich allein behandelt, sondern typischerweise – und kurz – im Kontext seiner kleinen Abhandlung über die Repräsentativregierung oder die Demokratie.

Die Formel »Nation ist gleich Staat ist gleich Volk«, insbesondere ein souveränes Volk, band zweifellos die Nation an ein Territorium, da der Aufbau und die Definition von Staaten jetzt wesentlich territorial waren. Sie unterstellte außerdem eine Vielfalt von derart verfaßten Nationalstaaten, und das war eigentlich eine notwendige Folgerung aus der Selbstbestimmung des Volkes. So hieß es in der französischen Erklärung der Rechte von 1795:

1 Stichw. »Nation«. Die entsprechenden Einträge sind überwiegend aus früheren französischen Werken nachgedruckt oder übersetzt.

2 »Aus dieser Definition folgt, daß eine Nation dazu bestimmt ist, nur einen einzigen Staat zu bilden und daß sie ein unteilbares Ganzes darstellt.« (Lalor, S. 932) Die Definition, aus der dies »folgt«, lautet: Eine Nation ist »ein Verband von Menschen, welche dieselbe Sprache sprechen, dieselben Gebräuche haben und mit bestimmten moralischen Eigenschaften ausgestattet sind, die sie von anderen, ähnlich bestimmten Gruppen unterscheiden«. Das ist eine der zahlreichen Übungen in der Kunst, ein Problem zu umgehen, auf die nationalistische Argumente oft und gern zurückgreifen.

Jedes Volk ist unabhängig und souverän, ungeachtet der Zahl der einzelnen Individuen, aus denen es besteht, und der Größe des Territoriums, das von ihm bewohnt wird. Diese Souveränität ist unveräußerlich.[3]

Aber sie sagte kaum etwas darüber, was ein »Volk« ausmacht. Insbesondere gab es keinen schlüssigen Zusammenhang zwischen dem Verband der Staatsbürger eines Territoriums auf der einen Seite und der Identifikation einer »Nation« anhand ethnischer, sprachlicher oder anderer Kriterien oder von anderen Merkmalen auf der anderen, die eine kollektive Anerkennung der Gruppenzugehörigkeit ermöglichten. Man hat sogar behauptet, daß die Französische Revolution aus diesem Grund »dem Nationalitätsprinzip oder Nationalgefühl völlig fremd, ja eigentlich feindlich gegenüberstand« (Block 1889, Bd. 2, S. 939). Wie der holländische Lexikograph scharfsichtig bemerkte, hatte die Sprache *im Prinzip* nichts damit zu tun, ob man Engländer oder Franzose war, und wie wir noch sehen werden, sollten französische Experten verbissen gegen jeden Versuch ankämpfen, die gesprochene Sprache zu einem Kriterium der Nationalität zu machen, die sich für sie allein aus der französischen Staatsbürgerschaft ergab. Die von einem Elsässer oder Gascogner gesprochene Sprache blieb für seinen Status als Angehöriger des französischen Volkes belanglos.

Wenn die »Nation« unter dem volksrevolutionären Aspekt überhaupt etwas gemein hatte, dann war es in einem grundlegenden Sinne nicht die ethnische Zugehörigkeit, Sprache und dergleichen, obgleich auch sie Zeichen einer kollektiven Zugehörigkeit sein konnten. Wie Pierre Vilar bemerkt hat, war es von unten betrachtet das eigentliche Kennzeichen der Nation als Volk, daß sie das Allgemeininteresse gegenüber den Partikularinteressen repräsentierte, das Gemeinwohl gegenüber den Privilegien, wie sich an diesem Wort ablesen läßt, das die Nordamerikaner von 1800 gebrauchten, um eine souveräne Nation zu bezeichnen, während sie den Begriff selbst vermieden (Vilar 1978, S. 11). Ethnische Gruppenunterschiede waren unter diesem revolutionär-demokratischen Blickwinkel ebenso unerheblich wie später für den Sozialismus. Was die amerikanischen Kolonisten offenbar vom englischen König und dessen Anhängern unterschied, war weder die Sprache noch die ethnische Zugehörigkeit,

3 Bezeichnenderweise findet sich kein Hinweis auf das Recht von Völkern auf Souveränität und Unabhängigkeit in den entsprechenden Erklärungen von 1789 und 1793. Vgl. Jaume (1989), S. 407-414. S. jedoch Dann und Dinwiddy (1988), S. 34, zur selben Auffassung 1793.

und umgekehrt sah die französische Republik keine Schwierigkeit darin, den Angloamerikaner Thomas Paine in ihren Nationalkonvent zu wählen.

Wir können somit in die revolutionär verstandene »Nation« nichts von der Art hineinlesen wie das spätere nationalistische Programm, Nationalstaaten für Gemeinschaften zu errichten, die nach Kriterien definiert waren, wie sie von den Theoretikern des 19. Jahrhunderts noch so heftig diskutiert wurden: ethnische Zugehörigkeit, gemeinsame Sprache, Religion, gemeinsames Territorium und gemeinsame geschichtliche Erinnerungen (Mill 1873). Wie wir gesehen haben, gab es – abgesehen von einem Territorium, dessen Ausdehnung unbestimmt war (und vielleicht von der Hautfarbe) – nichts dergleichen, das die neue amerikanische Nation verbunden hätte. Und der Umstand, daß die »grande nation« der Franzosen im Lauf der Revolutions- und der Napoleonischen Kriege ihre Grenzen auf Gebiete ausdehnte, die nach keinem der späteren Kriterien für eine nationale Zugehörigkeit französisch waren, macht noch einmal deutlich, daß keines von ihnen die Grundlage ihrer Konstituierung bildete.

Trotzdem waren die verschiedenen Elemente, die später benutzt wurden, um Definitionen einer nichtstaatlichen Nationalität zu entdecken, zweifellos vorhanden, entweder in Verbindung mit der revolutionären Nation oder als ihr hinderliche Probleme; und je mehr diese beanspruchte, eine einzige und unteilbare zu sein, desto größer ließ ihre innere Heterogenität die Probleme werden. Es besteht kaum ein Zweifel, daß den meisten Jakobinern ein Franzose, der nicht Französisch sprach, suspekt war und daß in der Praxis häufig das ethnisch-sprachliche Kriterium der Nationalität übernommen wurde. So lesen wir etwa in Barères Bericht über die Sprache an das Komitee für öffentliche Sicherheit:

> Wer hat sich in den Departements Haut-Rhin und Bas-Rhin auf die Seite der Verräter gestellt und die Preußen und die Österreicher in unser Land gerufen? Es ist der Bewohner des [elsässischen] Landes, der dieselbe Sprache spricht wie unsere Feinde und der sich infolgedessen eher als ihr Bruder und Mitbürger und nicht als Bruder und Mitbürger von Franzosen betrachtet, die ihn in einer anderen Sprache anreden und andere Bräuche haben (zit. n. Certeau et al. 1975, S. 293).[4]

4 Zum allgemeinen Verhältnis von Französischer Revolution und Nationalsprache s. Balibar und Laporte (1974). Zum Elsaß im speziellen s. Philipps (1975) und Lévy (1929).

Das französische Bestehen auf sprachlicher Einheitlichkeit seit der Revolution war in der Tat sehr ausgeprägt und zur damaligen Zeit etwas höchst Ungewöhnliches. Wir werden noch darauf zurückkommen. Der Punkt ist jedoch folgender: Es war der Theorie nach nicht der Gebrauch des Französischen als Muttersprache, der jemanden zu einem Franzosen machte – wie konnte er das, wenn die Revolution selbst so viel Zeit auf den Beweis verwendete, wie gering die Zahl derer in Frankreich war, die sie tatsächlich benutzten (Certeau und Revel 1975, passim)? –, sondern die Bereitschaft, die französische Sprache (neben den übrigen Freiheiten, Gesetzen und gemeinsamen Merkmalen des freien französischen Volkes) zu erwerben. In gewisser Hinsicht war dies eine der Voraussetzungen für eine volle französische Staatsbürgerschaft (und damit der Nationalität), sowie das Beherrschen des Englischen die Voraussetzung für die amerikanische Staatsbürgerschaft wurde. Um den Unterschied zwischen einer im wesentlichen sprachlichen Definition von Nationalität und dem französischen Verständnis davon in seiner Extremform zu verdeutlichen, erinnern wir uns an den deutschen Philologen, dem wir unten noch begegnen werden und der den Internationalen Statistischen Kongreß von der Notwendigkeit überzeugte, in die Fragebögen der Volkszählung eine Frage zur Muttersprache aufzunehmen (s. u. S. 118 f.). Richard Böckh, der in seinen einflußreichen Veröffentlichungen in den sechziger Jahren des vorigen Jahrhunderts behauptete, die Sprache sei das einzig sinnvolle Kriterium für die nationale Zugehörigkeit, ein Argument, das dem deutschen Nationalismus sehr entgegenkam, da die Deutschen so weit über Mittel- und Osteuropa verstreut lebten, sah sich genötigt, die aschkenasischen Juden als Deutsche einzustufen, da das Jiddische unstreitig eine aus dem mittelalterlichen Deutsch hervorgegangene deutsche Mundart war. Daß diese Schlußfolgerung von den deutschen Antisemiten nicht geteilt werden würde, konnte ihm nicht entgehen. Doch die französischen Revolutionäre, die für die Integration der Juden in die französische Nation plädierten, hätten dieses Argument weder gebraucht noch verstanden. Von ihrer Warte aus waren die sephardischen Juden, die ein mittelalterliches Spanisch sprachen, und die aschkenasischen Juden, die Jiddisch sprachen – und in Frankreich lebten Angehörige beider Gruppen – gleichermaßen Franzosen, sofern sie nur die Bedingungen einer französischen Staatsbürgerschaft akzeptierten, zu denen natürlich die Kenntnis des Französischen gehörte. Umgekehrt wurde das Argument, Dreyfus könne nicht »wirklich« Franzose sein, weil er jüdischer Abstammung war, mit Recht als Angriff auf das innerste Wesen der Französischen Revolution und deren Verständnis von der französischen Nation interpretiert.

Wie unterschiedlich die beiden Vorstellungen von Nation auch waren, revolutionär-demokratisch die eine und nationalistisch die andere, in Barères Bericht treffen sie zusammen. Die Formel »Staat = Nation = Volk« galt für beide, doch für Nationalisten leiteten sich die zukünftigen politischen Einheiten aus der vorausgehenden Existenz einer Gemeinschaft ab, die sich von Fremden abgrenzte, während für die revolutionären Demokraten der Zentralbegriff das souveräne Volk von Staatsbürgern gleich dem Staat war, das im Verhältnis zur übrigen Menschheit eine »Nation« bildete.[5] Wir dürfen auch nicht vergessen, daß von nun an die Staaten unabhängig von ihrer Verfassung auch auf ihre Untertanen Rücksicht nehmen mußten, denn im Zeitalter der Revolution war es schwieriger geworden, sie zu regieren. Wie es der griechische Freiheitsheld Kolokotronis ausdrückte, stimmte es nicht mehr, daß »die Menschen meinten, Könige seien irdische Götter, und alles, was sie täten, sei gut getan« (zit. n. Hobsbawm 1962, S. 182). Ihre Heiligkeit schützte sie nicht mehr. Als Karl X. von Frankreich 1825 in Reims die alte Krönungszeremonie und (widerstrebend) die Zeremonie der Heilung durch Handauflegen wiederbelebte, zeigten sich nur noch 120 Sieche, um sich durch des Königs Hand von den Skrofeln heilen zu lassen. Bei den zuletzt 1774 abgehaltenen Krönungsfeierlichkeiten waren es noch 2400 Kranke gewesen (H. Bloch 1924, S. 402 ff.). Wie wir noch sehen werden, machte die Demokratisierung nach 1870 dieses Problem der Legitimität und der Mobilisierung der Staatsbürger ebenso drängend wie akut. Für die Regierungen war der zentrale Begriff in der Gleichung »Staat = Nation = Volk« schlicht der Staat.

Doch welchen Stellenwert hatte die Nation – oder überhaupt die Formel »Staat = Nation = Volk« in welcher Reihenfolge auch immer – im theoretischen Diskurs derer, die schließlich dem Europa

5 »In bezug auf den Staat stellen die *Bürger* das *Volk* dar, in bezug auf die menschliche Gattung die *Nation*.« (Hélie 1889)

des 19. Jahrhunderts und insbesondere der Periode von 1830 bis 1850, in der das »Nationalitätsprinzip« die Landkarte ganz dramatisch veränderte, unübersehbar ihr Gepräge gaben: bei der liberalen Bourgeoisie und ihren Intellektuellen? Zwangsläufig mußten sie über dieses Problem nachdenken in jenen 50 Jahren, in denen das europäische Mächtegleichgewicht umtariert wurde durch den Aufstieg zweier Großmächte auf der Basis des Nationalitätsprinzips (Deutschland und Italien), durch die faktische Teilung einer dritten nach demselben Prinzip (Österreich-Ungarn nach dem Ausgleich mit Ungarn 1867), nicht zu sprechen von der Anerkennung etlicher kleinerer politischer Gemeinwesen als unabhängige Staaten, die den neuen Status als Völker auf nationaler Grundlage für sich beanspruchten, von Belgien im Westen bis zu den osmanischen Nachfolgestaaten in Südosteuropa (Griechenland, Serbien, Rumänien, Bulgarien) und zwei nationalen Revolten der Polen, die die Wiederherstellung ihrer Einheit in einer Form forderten, die ihrer Vorstellung vom Nationalstaat entsprach. Aber sie wollten sich diesem Problem auch gar nicht entziehen. Für Walter Bagehot war die »Nationwerdung« der Wesensinhalt der historischen Entwicklung im 19. Jahrhundert (Bagehot 1887, Kap. III und IV).

Da jedoch die Zahl der Nationalstaaten im frühen 19. Jahrundert niedrig war, lag für forschende Geister die Frage nahe, welches der zahlreichen europäischen Völker, die aus dem einen oder anderen Grund als »Nationalität« einzustufen waren, die staatliche Unabhängigkeit (oder eine abgeschwächte Form politischer oder administrativer Selbständigkeit) erringen würde und welche der zahlreichen bereits bestehenden Staaten den Charakter einer »Nation« zugesprochen bekamen. Die Aufstellung von Kriterien für den potentiellen oder tatsächlichen Status als Nation diente im Grunde diesem Zweck. Es schien offensichtlich, daß weder alle Staaten mit einer Nation noch alle Nationen mit einem Staat zusammenfielen. Renans berühmte Frage »Warum ist Holland eine Nation und Hannover oder das Großherzogtum Parma nicht?« warf ebenso eine ganze Reihe analytischer Probleme auf (Renan 1939, S. 192) wie John Stuart Mills Feststellung, die Errichtung eines Nationalstaats müsse erstens praktikabel und zweitens von den Angehörigen einer Nationalität auch gewollt sein. Das galt selbst für Nationalisten auf dem Höhepunkt der Viktorianischen Ära, die überhaupt keinen Zweifel an der Antwort auf beide Fragenkomplexe hatten, soweit es um ihre eigene Nationalität oder den Staat ging, in dem sie lebten. Denn auch sie blickten auf die Ansprüche anderer Nationalitäten und Staaten mit gelassenerer Miene. Wenn wir allerdings über diesen Punkt hinausgehen, dann stoßen wir im liberalen Diskurs des 19. Jahrhunderts auf eine überraschende Schwammigkeit. Dies liegt nicht so sehr an einer mangelnden Bereitschaft, das Problem der Nation ganz zu durchdenken, als vielmehr an der Annahme, daß man es nicht auszusprechen brauchte, da es bereits zutage lag. Deshalb entsteht ein Großteil der liberalen Theorie über die Nation lediglich an den Rändern des Diskurses liberaler Autoren. Außerdem gab es ein zentrales Element im liberalen Denken, das, wie wir noch sehen werden, es schwer machte, die »Nation« überhaupt theoretisch zu diskutieren. Unsere Aufgabe im restlichen Teil dieses Kapitels besteht darin, eine zusammenhängende liberal-bürgerliche Theorie der »Nation« zu rekonstruieren, ähnlich wie Archäologen alte Handelswege aus Fundstätten von Münzen rekonstruieren.

Am besten beginnen wir mit der am wenigsten zufriedenstellenden Bedeutung von »Nation«, jener nämlich, in der Adam Smith das Wort im Titel seines großen Werkes verwendet hat. Denn in seinem Kontext bedeutet es schlicht nicht mehr als einen Territorialstaat oder in den Worten von John Rae, einem scharfsinnigen schottischen Denker, der Anfang des 19. Jahrhunderts Nordamerika bereiste und Smith kritisierte, »jede eigenständige Gemeinde, Gesellschaft, Nation, jeden Staat oder jedes Volk (Begriffe, die, was unser Thema angeht, als gleichbedeutend angesehen werden können)« (Rae 1834, S. 26).[6] Aber das Denken der großen liberalen Politökonomen muß sicherlich für liberale Denker der bürgerlichen Klasse von Interesse sein, die die »Nation« unter anderen Blickwinkeln betrachten, selbst wenn sie nicht wie John Stuart Mill selbst Ökonomen oder wie Walter Bagehot Herausgeber des *Economist* waren. War es, so können wir uns fragen, ein historischer Zufall, daß die klassische Ära des Freihandelsliberalismus mit jener »Nationwerdung« zusammenfiel, die Bagehot als so wesentlich für sein Jahrhundert angesehen hat?

6 Nicht zu verwechseln mit dem späteren Biographen von Adam Smith gleichen Namens. (Anm. d. Übers.)

Mit anderen Worten, übernahm der Nationalstaat als solcher eine bestimmte Funktion im Prozeß der kapitalistischen Entwicklung? Oder noch anders: Wie sahen zeitgenössische liberale Denker diese Funktion?

Für den Historiker liegt es auf der Hand, daß die durch staatliche Grenzen definierten »Volkswirtschaften« eine große Rolle gespielt haben. Die Weltwirtschaft des 19. Jahrhunderts war eher *inter-national* als kosmopolitisch. Theoretiker des Weltsystems haben zu zeigen versucht, daß der Kapitalismus als weltumspannendes System gerade wegen des in Europa herrschenden politischen Pluralismus hier und nicht in einem anderen Kontinent heranreifte, in einem Europa, das weder ein einziges »Weltreich« bildete noch dessen Bestandteil war. Die wirtschaftliche Entwicklung vom 16. bis 18. Jahrhundert vollzog sich auf der Grundlage von Territorialstaaten, die jeweils als einheitliches Ganzes eine merkantilistische Politik verfolgten. Was aber noch offensichtlicher ist – wenn wir von Weltkapitalismus im 19. und im frühen 20. Jahrhundert sprechen, dann meinen wir damit jene nationalen Einheiten in der entwickelten Welt, die seine Bestandteile ausmachen, die britische Industrie, die US-amerikanische Wirtschaft, den deutschen im Unterschied zum französischen Kapitalismus usw. Während der ausgedehnten Periode vom 18. Jahrhundert bis zu den Jahren nach dem Zweiten Weltkrieg schien in der Weltwirtschaft wenig Platz und Raum für jene im eigentlichen Sinne exterritorialen, übernationalen oder Nischen ausfüllenden Einheiten, die bei der Entstehung der kapitalistischen Weltwirtschaft eine wesentliche Rolle gespielt hatten und heute wieder so sehr im Vordergrund stehen: z.B. unabhängige Kleinstaaten, deren wirtschaftliche Bedeutung ihre Größe und ihre Ressourcen weit übersteigt – Lübeck und Gent im 14. Jahrhundert, Singapur und Hongkong erneut in der Gegenwart. Wenn wir auf die Entwicklung der modernen Weltwirtschaft zurückblicken, dann sind wir sogar geneigt, die Periode, während der die wirtschaftliche Entwicklung unauflöslich mit den »Volkswirtschaften« einer Anzahl entwickelter Nationalstaaten verquickt war, als Zwischenphase zwischen zwei im wesentlichen übernationalen Epochen anzusehen.

Die Schwierigkeit für liberale Ökonomen des 19. Jahrhunderts oder für Liberale, die – wie zu erwarten stand – die Argumente der klassischen politischen Ökonomie übernahmen, bestand darin, daß sie die wirtschaftliche Bedeutung von Nationen nur in der Praxis anerkennen konnten, nicht aber in der Theorie. Die klassische politische Ökonomie, insbesondere die von Adam Smith, war als Kritik am »Merkantilsystem« formuliert worden, d.h. an gerade jenem System, in dem die Regierungen Volkswirtschaften als etwas betrachteten, das in seiner Gesamtheit durch staatliche Bemühungen und Eingriffe gefördert werden mußte. Freihandel und freier Markt richteten sich ausdrücklich gegen diese Vorstellung von volkswirtschaftlicher Entwicklung, deren Verfehltheit Smith nachgewiesen zu haben glaubte. Die ökonomische Theorie wurde damit ausschließlich auf der Grundlage einzelner Wirtschaftsunternehmen – Personen oder Firmen – entwickelt, die in rationaler Weise ihre Gewinne möglichst groß und ihre Verluste möglichst klein hielten auf einem Markt, der keine konkrete räumliche Ausdehnung hatte. Im Grenzfall handelte es sich einer zwingenden Logik folgend, um den Weltmarkt. Zwar sprach Smith einer Regierung sehr wohl bestimmte Aufgaben zu, die für die Wirtschaft von Bedeutung waren, aber was die allgemeine Theorie des wirtschaftlichen Wachstums anging, so gab es hier keinen Platz für die Nation oder überhaupt jegliche Organisation, die über das Wirtschaftsunternehmen hinausging (das im übrigen keiner eingehenden Untersuchung für wert befunden wurde).

So erörterte beispielsweise J.E. Cairnes auf dem Höhepunkt der liberalen Ära zehn Seiten lang ernsthaft die Behauptung, daß eine Theorie des internationalen Handels, der von jedem anderen Handel zwischen Individuen unterschieden werden müsse, überflüssig sei (1874, S. 355-365). Er gelangte zu dem Schluß, daß trotz einer zunehmenden Erleichterung des internationalen Warenverkehrs noch genügend Hemmnisse bestanden, um eine eigene Behandlung der Probleme zwischenstaatlicher Handelsbeziehungen zu rechtfertigen. Der deutsche liberale Wirtschaftswissenschaftler von Schönberg bezweifelte, daß dem Begriff des »Volkseinkommens« irgendeine Bedeutung zukam. »Wer mit seinen Gedanken nicht an der Oberfläche haftet, ... könnte leicht geneigt sein, die Berechtigung dieser Begriffe überhaupt zu bestreiten« (1882, S. 158), doch das ging vermutlich zu weit, auch wenn Schätzungen des »Volksvermögens« in Geld in die Irre führten. Edwin Cannan vertrat die Meinung, Adam Smith' »Nation« bestehe allein aus der Gesamtheit der Individuen, die zu einem bestimmten Zeitpunkt auf dem Territorium eines Staates lebten, und ging der Frage nach, ob die Tatsache, daß ein Jahrhundert später diese Individuen alle tot sein würden, es nicht verbot, von »Nation« als einer fortbestehenden Einheit zu reden. Politisch gesehen entsprach dies der Überzeugung, nur der Markt könne eine optimale Allokation der Ressourcen herbeiführen und durch sein Wirken würden die Interessen einzelner Individuen automatisch den Interessen des Ganzen dienen – soweit die Theorie einen solchen Begriff wie den der Interessen der gesamten Gemeinschaft oder Gesellschaft vorsah. Andererseits schrieb John Rae sein 1834 erstmals erschienenes Buch eigens, um gegen Smith zu zeigen, daß individuelle und nationale Interessen nicht identisch waren, d.h. daß die Prinzipien, nach denen die einzelnen ihre individuellen Interessen verfolgten, nicht zwangsläufig den Wohlstand der Nation vergrößerten (Rae 1834). Wie wir noch sehen werden, gab es durchaus einige Ökonomen, die sich nicht bedingungslos hinter Smith stellten, doch konnten ihre Wirtschaftstheorien der klassischen Schule nicht das Wasser reichen. Der Begriff »Volkswirtschaft« (Nationalökonomie) erscheint lediglich in Palgraves *Dictionary of Political Economy* im Zusammenhang mit der deutschen ökonomischen Theorie. Der Begriff »Nation« selbst war aus dem französischen Pendant von 1892 verschwunden (Say und Chailley 1892).

Und dennoch sahen sich selbst die lupenreinsten klassischen Ökonomen genötigt, mit dem Begriff einer Volkswirtschaft oder einer nationalen Ökonomie zu operieren. Wie der Saint-Simonist Michel Chevalier apologetisch oder hintersinnig 1841 in seiner Antrittsvorlesung als Professor für Politische Ökonomie am Collège de France ausführte:

> Wir sind gehalten, uns mit den allgemeinen Interessen menschlicher Gesellschaften zu befassen, und nichts hindert uns daran, die besondere Situation in der Gesellschaft zu erörtern, in der wir leben (Chevalier 1855, Bd. 1, S. 43).

Oder wie Lord Robbins es ausdrückte, wiederum unter Bezugnahme auf die klassischen Politökonomen, »nur wenig spricht dafür, daß sie häufig mehr als nur den nationalen Vorteil als Kriterium der Politik gesehen hätten, und noch weniger, daß sie bereit gewesen wären, die Auflösung nationaler Bindungen in Erwägung zu ziehen« (Robbins 1977, S. 9 f.).[7] Kurzum, weder konnten noch wollten sie der »Nation« eine Absage erteilen, deren Fortschritt George Richardson Porter seit 1835 mit innerer Befriedigung verfolgte, weil in seinen Augen der Wunsch bestand, »die Mittel zu sichern, durch die eine Gemeinschaft ihre herausragende Stellung unter den Nationen erreicht hat«. Mit »eine[r] Gemeinschaft« meinte er – wie könnte es anders sein? – »die eigene Gemeinschaft« (Porter 1836, Vorwort).

Wie hätte man auch überhaupt die ökonomischen Aufgaben und erst recht den Nutzen des Nationalstaats bestreiten können? Die Existenz von Staaten mit einem Währungsmonopol und einem öffentlichen Finanzwesen und somit auch fiskalpolitischen Maßnahmen und Eingriffen war eine Tatsache. Diese wirtschaftlichen Aktivitäten ließen sich nicht mehr abschaffen, nicht einmal von denen, die die nachteiligen Eingriffe in die Wirtschaft am liebsten unterbunden hätten. Darüber hinaus konnten selbst extreme Anhänger eines wirtschaftlichen Individualismus mit Molinari akzeptieren, daß »die Aufteilung der Menschheit in autonome Nationen im wesentlichen eine wirtschaftliche« war (Molinari 1854 in Lalor 1889, Bd. 2, S. 957). Denn der Staat – in der nachrevolutionären Ära der Nationalstaaten – garantierte schließlich die Sicherheit des Eigentums und die Einhaltung von Verträgen, und in den Worten von Jean-Baptiste Say – bekanntlich kein Freund unternehmerischer Tätigkeit des Staates – hatte »keine Nation jemals einen gewissen Reichtum erlangt, ohne einer rechtmäßigen Regierung zu unterstehen« (Lalor 1889, Bd. 2, S. 958 f.). Staatliche Eingriffe konnten sogar in der liberalen Ökonomie mit dem Argument des freien Wettbewerbs begründet werden. So argumentiert Molinari, »die Aufteilung der Menschheit in Nationen ist insofern zweckmäßig, als sie ein extrem wirksames Prinzip des Wirtschaftswettbewerbs entfaltet« (Lalor 1889, Bd. 2, S. 957). Er führte als Beleg die erste Weltausstellung von 1851 an. Aber auch ohne derartige Rechtfertigungen wurde unterstellt, daß der Staat für die wirtschaftliche Entwicklung eine Rolle spielte. Say, der zwischen einer Nation und ihren Nachbarn keinen größeren Unterschied erkennen konnte als zwischen zwei benachbarten Provinzen, beschuldigte dennoch Frankreich – d.h. den französischen Staat und dessen

7 Eine Ausnahme bildet hier allerdings der wahrhaft global denkende Bentham.

Regierung –, die Erschließung der landeseigenen Ressourcen zu vernachlässigen und sich stattdessen Eroberungskriegen im Ausland hinzugeben. Kurzum, kein Wirtschaftswissenschaftler selbst mit extremsten liberalen Anschauungen konnte die Existenz einer nationalen Wirtschaft übersehen oder darauf verzichten, sie in Rechung zu stellen. Die liberalen Ökonomen wollten nur nicht davon reden oder wußten nichts Rechtes damit anzufangen.

In den Ländern, die ihre nationale wirtschaftliche Entwicklung gegen die überlegene Wirtschaftskraft der Briten betrieben, stieß der von Smith propagierte Freihandel auf weniger Gegenliebe. Hier finden wir keinen Mangel an Männern, die ein Interesse daran hatten, über die Volkswirtschaft als Ganzes zu sprechen. Den in Vergessenheit geratenen Schottisch-Kanadier Rae habe ich bereits erwähnt. Er trug Theorien vor, welche die Rezepte der UN-Wirtschaftskommission für Lateinamerika in den fünfziger Jahren vorwegzunehmen schienen: Industrialisierung durch Beschränkung der Einfuhr von Konsumgütern und die Begünstigung eines Technologieimports. Noch klarer verband der große Föderalist Alexander Hamilton in den USA Nation, Staat und Wirtschaft miteinander und gebrauchte diese Verknüpfung als Argument für eine von ihm favorisierte einheitliche Gesamtregierung gegen stärker föderalistisch eingestellte Politiker. Die Aufzählung seiner »großen nationalen Maßnahmen« durch den Autor eines Artikels zum Stichwort »Nation« in einem späteren amerikanischen Nachschlagewerk beschränkt sich auf rein wirtschaftliche Leistungen: die Gründung einer Nationalbank, nationale Verantwortung für Staatsschulden, die Schaffung einer nationalen Schuld, den Schutz des landeseigenen Gewerbes durch hohe Zölle sowie die Einführung von Verbrauchssteuern (Lalor 1889, Bd. 2, S. 933). Es mag sein, daß, wie der Autor bewundernd bemerkt, alle diese Maßnahmen »den Zweck verfolgten, den Keim zur Nationalität zu legen«, und es mag auch sein, daß er, wie im Fall anderer Föderalisten, die wenig von Nation und viel von Wirtschaft redeten, überzeugt war, die Nation werde schon allein zurechtkommen, wenn nur die Bundesregierung sich der wirtschaftlichen Entwicklung annahm: So oder so bedeutete »Nation« eine Wirtschaft innerhalb nationaler Grenzen und deren systematische Förderung durch den Staat, und das hieß im 19. Jahrhundert nichts anderes als Protektionismus.

Die nordamerikanischen Vertreter einer dynamischen Wirtschaftstheorie im 19. Jahrhundert waren im allgemeinen zu mittelmäßig, um die Ideen Hamiltons theoretisch zu begründen, wie dies der unsägliche Carey und andere versucht haben (Schumpeter 1965, Bd. 1, S. 631 ff.). Das taten stattdessen auf ebenso luzide wie eloquente Weise deutsche Nationalökonomen unter der Führung von Friedrich List, der seine stark von Hamilton inspirierten Vorstellungen während eines Aufenthalts in den Vereinigten Staaten nach 1825 erworben hatte, als er sich an den nationalökonomischen Debatten jener Zeit beteiligte.[8] Für List bestand die Aufgabe der Wirtschaftswissenschaft, die in Deutschland nunmehr als Nationalökonomie oder Volkswirtschaftslehre und nicht mehr als politische Ökonomie bezeichnet wurde, darin, »die ökonomische Erziehung einer Nation zu bewerkstelligen und sie zum Eintritt in die künftige Universalgesellschaft vorzubereiten« (1841, S. 268). Es braucht kaum eigens erwähnt zu werden, daß diese Entwicklung in der Form einer kapitalistischen Industrialisierung, die von einer tatkräftigen Bourgeoisie betrieben wurde, vor sich gehen sollte.

Was jedoch unter dem von uns gewählten Blickwinkel an List und der späteren »historischen Schule« der deutschen Nationalökonomie besonders interessant ist – die sich von ihm ebenso inspirieren ließ die Wirtschaftsnationalisten anderer Länder, z.B. Arthur Griffith in Irland[9] –, ist der Umstand, daß er in aller Klarheit ein Merkmal des »liberalen« Begriffs der Nation formulierte, das in der Regel als selbstverständlich galt. Eine ausreichende Größe war für ihn eine Grundbedingung ihrer materiellen Entwicklung (S. 269). Blieb sie unterhalb dieser Schwelle, so war sie historisch nicht gerechtfertigt. Das erschien zu offensichtlich, um streitig zu sein, und nur selten wurde dieser Punkt ausdiskutiert. Das *Dictionnaire politique* von Garnier-Pagès aus dem Jahr 1843 hielt es für »lächerlich«, daß Belgien und Portugal unabhängige Nationen sein sollten, da sie offensichtlich zu klein dafür seien (Stichwort »nation«, S. 623-625).[10] John

8 Er schrieb ein Buch mit dem Titel *Outline of American Political Economy*, Philadelphia 1827, in dem seine späteren Auffassungen vorweggenommen werden. Zu List in Amerika s. W. Notz (1925 und 1926).

9 Einen nützlichen Überblick über seine Auffassungen liefert E. Strauss (1951), S. 218-220.

10 »N'y a-t-il pas quelque chose de dérisoire d'appeler la Belgique une nation?«

Stuart Mill rechtfertigte den ganz unbestreitbaren Nationalismus der Iren mit dem Argument, daß sie schließlich alles in allem »zahlreich genug sind, um für sich allein eine ansehnliche Nationalität bilden zu können« (1873, S. 226).

Andere, wie Mazzini und Cavour, teilten diese Meinung nicht, obwohl auch sie Verfechter des Nationalitätsprinzips waren. Nicht einmal das *New English Dictionary* definierte das Wort »Nation« einfach in der gewohnten Weise, die sich in Großbritannien durch John Stuart Mill eingebürgert hatte, sondern als eine *»beträchtliche* Ansammlung von Personen« samt den erforderlichen Merkmalen (*Oxford English Dictionary* 1933, Bd. 7, S. 30; Hervorh. E.J.H.).

Jetzt formulierte List unmißverständlich:

Große Bevölkerung und ein weites, mit mannigfaltigen Naturfonds ausgestattetes Territorium sind wesentliche Erfordernisse der normalen Nationalität ... Eine an Volkszahl und Territorium beschränkte Nation, zumal wenn sie eine besondere Sprache hat, kann nur eine verkrüppelte Literatur, nur krüppelhafte Anstalten für die Beförderung der Künste und Wissenschaften besitzen. Ein kleiner Staat kann innerhalb seines Territoriums nie die verschiedenen Produktionszweige zur vollständigen Ausbildung bringen (1841, S. 269).

Die wirtschaftlichen Vorteile von nationalen Großstaaten zeigten sich für den Nationalökonomen Gustav Cohn in der Geschichte Englands und Frankreichs. Zweifellos waren sie geringer als die einer einzigen Weltwirtschaft, aber leider ließ sich eine solche Einheit zu seiner Zeit noch nicht verwirklichen. »Alles dasjenige, was die Humanität anstrebt für die gesammte Menschheit ... ist zunächst einmal ... in wesentlichen Stücken erreicht für einen nennenswerten Bruchtheil der Menschheit, für 30-60 Millionen. ... Aus alledem folgt, daß die Zukunft der Culturwelt noch auf lange hinaus der nationalen Großstaatenbildung gehört« (Cohn 1885, Bd. 1, S. 447 und 449). Wir begegnen hier übrigens der häufigen Annahme, auf die wir unten noch zurückkommen werden, daß »Nationen« weniger wünschenswert seien als eine einheitliche Welt.

Zwei Konsequenzen ergaben sich aus dieser These, die fast allgemein von denen akzeptiert wurde, die sich ernsthaft mit dem Gegenstand beschäftigt hatten, auch wenn sie sie nicht so explizit formulierten wie die Deutschen, die hierfür bestimmte historische Gründe hatten.

Aus dieser These folgte erstens, daß das »Nationalitätsprinzip« in der Praxis nur für Nationalitäten ab einer bestimmten Größe angewandt wurde. Von daher erklärt sich die ansonsten verwirrende Tatsache, daß Mazzini, der Verfechter dieses Prinzips, für Irland keine Unabhängigkeit gelten lassen wollte. Die Ansprüche noch kleinerer Nationalitäten – Sizilianer, Bretonen, Waliser – brauchten sogar noch weniger ernst genommen zu werden. Auch das Wort »Kleinstaaterei« hatte eine bewußt abwertende Bedeutung. Es war das, wogegen die deutschen Nationalisten kämpften. Das Wort »Balkanisierung«, das aus der Teilung der ehemals unter der Herrschaft des Osmanischen Reiches stehenden Territorien in kleine, unabhängige Staaten abgeleitet war, hat bis heute seinen negativen Unterton behalten. Beide Begriffe gehörten zum Wortschatz politischer Beleidigungen. Dieses »Schwellenprinzip« könnte nicht besser anschaulich gemacht werden als durch die Karte des zukünftigen Europas der Nationen, die Mazzini 1857 zeichnete: Sie umfaßte kaum ein Dutzend Staaten und Föderationen, von denen lediglich einer (natürlich Italien) nach späteren Kriterien nicht als Vielvölkerstaat bezeichnet worden wäre (Smith 1968, S. 422). Das »Nationalitätsprinzip« in der Formulierung Wilsons, das die Friedensverträge nach dem Ersten Weltkrieg beherrschte, brachte ein Europa von 26 Staaten hervor – 27, wenn wir den Irischen Freistaat mitrechnen, der kurz darauf errichtet wurde. Ich füge lediglich noch hinzu, daß eine neuere Untersuchung allein in Westeuropa 42 regionalistische Bewegungen auflistet und damit zeigt, was passieren kann, wenn das »Schwellenprinzip« aufgegeben wird (Blaschke 1980).

Hierbei ist jedoch daran zu erinnern, daß in der klassischen Periode des liberalen Nationalismus kein Mensch daran gedacht hätte, dieses Prinzip aufzugeben. Die Selbstbestimmung der Nationen bezog sich nur auf – kulturell und sicherlich wirtschaftlich – lebensfähige Nationen (was immer »lebensfähig« heißen mochte). Insofern war Mazzinis und Mills Vorstellung von der nationalen Selbstbestimmung fundamental von der Präsident Wilsons unterschieden. Wir werden auf die Gründe für den Wechsel von der einen zur anderen noch zu sprechen kommen. Es mag jedoch angebracht sein, schon hier anzumerken, daß das »Schwellenprinzip« in der Ära Wilsons nicht gänzlich aufgegeben wurde. Zwischen den Kriegen blieb die Existenz von Luxemburg und Liechtenstein etwas fragwürdig, mochten diese Gemeinwesen von Philatelisten auch noch so sehr geschätzt werden. Niemand war glücklich bei dem Gedanken an die Freie Stadt Danzig, nicht nur in den beiden Nachbarstaaten, die sie ihrem Territorium gern einverleibt hätten, sondern allgemeiner auch niemand von denen, die überzeugt waren, daß im 20. Jahrhundert kein Stadtstaat mehr lebensfähig sein konnte wie in der Zeit der Hanse. Die Bewohner Rumpf-Österreichs wünschten sich fast einmütig die Eingliederung ins Deutsche Reich, weil sie einfach nicht glauben konnten, daß ein so kleiner Staat wie der ihre sich auch wirtschaftlich behaupten könnte. Erst seit 1945 und mehr noch seit der Entkolonialisierung haben auch so kleine Gebilde wie Dominica, die Malediven oder Andorra Zutritt zur Gemeinschaft der Nationen gefunden.

Die zweite Folgerung, die sich aus dem Schwellenprinzip ergab, bestand darin, daß der Aufbau von Nationen zwangsläufig als Expansionsprozeß betrachtet wurde. Das war ein weiterer Grund für die Anomalie des Falls Irland oder jedes anderen bloß separatistischen Nationalismus. Wie wir gesehen haben, galt es in der Theorie als ausgemacht, daß die gesellschaftliche Entwicklung den Umfang sozialer menschlicher Gruppen immer weiter ausdehnte, von der Familie und dem Stamm zu Grafschaften und Kantonen, vom lokalen zum regionalen Verband, zur Nation und schließlich zur weltweiten Universalgesellschaft. Deshalb befanden sich Nationen nur insofern gleichsam im Einklang mit der historischen Evolution, als sie ceteris paribus die Größe der bestehenden Gesellschaften erweiterten.

> Wenn wir unsere Doktrin in einer einzigen Formel zusammenfassen müßten, dann würden wir vielleicht sagen, daß das Nationalitätsprinzip im allgemeinen legitim ist, wenn es dazu dient, verstreute Bevölkerungsgruppen in einem festen Verband zu vereinen, und illegitim, wenn es darauf abzielt, einen Staat zu zerstückeln (Block in Lalor 1889, Bd. 2, S. 941).

In der Praxis hieß das, daß Nationalbewegungen im öffentlichen Bewußtsein Bewegungen zur nationalen *Vereinigung* oder Expansion waren. Alle Deutschen und alle Italiener hofften ebenso darauf, zu einem Staat zusammengeführt zu werden, wie alle Griechen. Die Serben wollten sich mit den Kroaten zu einem einzigen Jugoslawien zusammenschließen (für das es keinerlei historischen Präzedenzfall gab), und darüber hinaus träumten manche bereits von einer noch größeren Balkan-Föderation. Sie blieb bis zum Ende des Zweiten Weltkriegs ein Anliegen der kommunistischen Bewegungen. Tschechen wollten sich mit Slowaken, Polen wollten sich mit Litauern und Ruthenen zusammenschließen – tatsächlich hatten sie bereits früher einmal, vor der ersten Teilung Polens, einen einzigen Großstaat gebildet –, Rumänen in Moldawien wollten sich mit Rumänen in der Walachei und in Transsylvanien vereinigen usw. Das war offensichtlich unvereinbar mit Definitionen einer Nation, die auf ethnischer Zugehörigkeit, gemeinsamer Sprache oder Geschichte beruhten, doch wie wir gesehen haben, waren dies nicht die ausschlaggebenden Kriterien einer Nation im liberalen Verständnis. Jedenfalls wurde nie bestritten, daß in den ältesten und anerkanntesten Nationalstaaten wie etwa England, Frankreich und Spanien Menschen der unterschiedlichsten Nationalität, Sprache oder ethnischen Herkunft zusammenlebten.

Daß »Nationalstaaten« in dieser Weise national heterogen sein würden, wurde um so bereitwilliger hingenommen, als es viele Regionen in Europa und einem Großteil der übrigen Welt gab, wo ganz offensichtlich auf demselben Territorium ein solches Nationalitätengemisch existierte, daß eine räumliche Entmischung völlig unrealistisch erschien. Das war der Grund für ein Verständnis der nationalen Zugehörigkeit wie das der späteren Austromarxisten, welches diese nicht an ein Territorium, sondern an ein Volk band. Auch war es kein Zufall, daß die Initiative in dieser Frage in der Sozialdemokratischen Partei Österreichs überwiegend von den Slowenen ausging, die in einem Gebiet lebten, wo slowenische und deutsche Siedlungen, häufig als Enklaven innerhalb von Enklaven oder Grenzgebieten mit ungewisser und wechselnder Grenzziehung, besonders schwer auseinanderzuhalten waren.[11] Die nationale Heterogenität von Nationalstaaten wurde jedoch vor allem deshalb akzeptiert, weil es außer Zweifel zu stehen schien, daß kleine und zudem rückständige Nationalitäten nur zu gewinnen hatten, wenn sie in größeren Nationen aufgingen und ihre Beiträge zur Menschheit durch diese vermittelt leisteten. »Die Erfahrung beweist«, sagte Mill und brachte

11 Den Beitrag von Etbin Kristan zum Brünner Parteikongreß, in dem das nationale Programm der Partei ausgeführt wurde, behandeln Haupt et al. 1937, S. 204-207.

damit den Konsens einsichtiger Beobachter zum Ausdruck, »daß eine Nationalität in die andere aufgehen und von ihr aufgesogen werden kann.« Für die rückständigen unter ihnen wäre dies eine Wohltat:

> Niemand wird behaupten wollen, daß es nicht für einen Bretonen, einen Basken oder einen französischen Navarresen ein Gewinn sei, ... als ein Mitglied der französischen Nationalität alle Vorrechte des französischen Staatsbürgerthums unter gleichen Bedingungen zu genießen, ... während er bei starrem Festhalten an seiner ursprünglichen Nationalität auf seinen Felsen als ein halber Wilder, gleichsam als Reliquie vergangener Zeiten fortvegetirt und sich ohne Betheiligung und ohne Interesse an der allgemeinen Bewegung der Welt immer nur in dem engen Kreis seiner eigenen Ideen herumgedreht hätte. Dieselben Bemerkungen gelten auch von den Wallisern und den schottischen Hochländern als Mitgliedern der britischen Nation. (1873, S. 225)

Nachdem einmal Einigkeit darüber erzielt war, daß eine unabhängige oder »wirkliche« Nation nach den damals akzeptierten Kriterien auch lebensfähig sein mußte, folgte daraus außerdem, daß einige der kleineren Nationalitäten und Sprachen dazu verurteilt waren, als solche zu verschwinden. Friedrich Engels hat man erbittert als großdeutschen Chauvinisten angegriffen, weil er das Verschwinden der Tschechen als Volk prophezeit und wenig schmeichelhafte Bemerkungen über die Zukunft etlicher anderer Völker gemacht hatte (vgl. Rosdolsky 1964). Er war in der Tat stolz darauf, Deutscher zu sein, und neigte dazu, sein Volk gegenüber anderen Völkern vorteilhaft herauszustreichen, nur nicht im Hinblick auf dessen revolutionäre Tradition. Und was die Tschechen und andere Völker angeht, so irrte er sich hier sicherlich gewaltig. Es wäre jedoch völlig unhistorisch, ihn heute wegen seiner grundsätzlichen Position zu kritisieren, die von jedem unparteiischen Beobachter in Europa um die Mitte des 19. Jahrhundertes geteilt wurde. *Einige* kleine Nationalitäten und Sprachen hatten keine selbständige Zukunft. So viel war allgemein akzeptiert, selbst von denen, die einer nationalen Befreiung im Prinzip oder in der Praxis keineswegs feindlich gegenüberstanden.

Es gab nichts Chauvinistisches an einer solchen allgemeinen Einstellung. Sie bedeutete keine Feindseligkeit gegenüber der Sprache und Kultur dieser Opfer der Gesetze des Fortschritts (wie man sie damals bestimmt genannt hätte). Im Gegenteil, wo das Übergewicht der Staatsnationalität und der Staatssprache kein Streitpunkt waren, konnte die größere Nation die Mundarten und unbedeutenderen

Sprachen in ihren Grenzen ebenso hegen und pflegen wie die historischen und kulturellen Traditionen der zugehörigen Gruppen, und sei es auch nur als Beweis für die Vielfalt der Farben auf ihrer großnationalen Palette. Außerdem sahen kleine Nationalitäten oder selbst Nationalstaaten, denen ihre Integration in die größere Nation als etwas Positives erschien – oder, wenn man so will, die die Gesetze des Fortschritts akzeptierten –, entweder keine unüberbrückbaren Unterschiede zwischen Mikrokultur und Makrokultur, oder sie fanden sich bereitwillig mit dem Verlust dessen ab, was sich nicht ins moderne Zeitalter einfügen ließ. Es waren die Schotten und nicht die Engländer, die nach der Realunion von 1707 den Begriff des »North Briton« erfanden (Colley 1986). Es waren die Wortführer und Vorkämpfer des Walisischen im Wales des 19. Jahrhunderts, die bezweifelten, ob ihre eigene Sprache, ein so machtvolles Medium für ihre Religion und Dichtung, noch als universelle Kultursprache in der Welt des 19. Jahrhunderts tauglich war – d.h. sie waren von der Notwendigkeit und den Vorteilen einer Zweisprachigkeit überzeugt (Jones 1980, besonders S. 59-63). Zweifellos hatten sie ein offenes Auge für die Möglichkeiten typisch britischer Berufslaufbahnen, die einem englischsprechenden Waliser offenstanden, was jedoch ihre gefühlsmäßige Bindung an die alte Tradition keineswegs minderte. Das zeigt sich deutlich selbst bei jenen, die sich mit dem absehbaren Verschwinden dieser Sprache abfanden wie der Reverend Griffiths vom Dissenting College in Brecknock, der nur noch dazu aufforderte, die natürliche Evolution ihren Lauf nehmen zu lassen:

> Lassen wir sie [die walisische Sprache] in Anstand, Frieden und Würde sterben. Kaum einer unter uns, die wir ihr so verbunden sind, wird ihren sanften Tod hinauszögern wollen. Doch kein Opfer wird uns zu groß erscheinen, um zu verhindern, daß sie eines gewaltsamen Todes stirbt. (Inquiry on Education in Wales 1847, S. 67)

Vierzig Jahre später äußerte sich ein weiteres Mitglied einer kleinen Nationalität, der sozialistische Theoretiker Karl Kautsky – er war tschechischer Abstammung – in ähnlich resignierten, aber nicht leidenschaftslosen Worten:

> Die nationalen Sprachen werden immer mehr auf den Hausgebrauch beschränkt werden und auch da immer mehr die Rolle eines alten Familienmöbels annehmen, das man pietätvoll erhält, das aber von keinem großen praktischen Nutzen mehr ist. (Kautsky 1887, S. 448)

Doch das waren Probleme der kleineren Nationalitäten, deren selbständige Zukunft in Frage zu stehen schien. Die Engländer machten sich kaum Gedanken über die Sorgen der Schotten und Waliser, während sie an den landeseigenen Exotismen der Britischen Inseln ihr Vergnügen fanden. Wie Bühnen-Iren bald entdecken sollten, die kleinere Nationalitäten mit offenen Armen empfingen, sofern diese die größeren nicht herausforderten, steigerte sich dieses Vergnügen noch, je unähnlicher sie in ihrem Verhalten den Engländern waren, d.h. je dicker das Iren- oder Schottentum aufgetragen wurde. In ähnlicher Weise ermutigten alldeutsche Nationalisten sogar die Produktion von Literatur in niederdeutscher oder friesischer Mundart, da diese Dialekte unbedrohliche Anhängsel und keine Rivalen des Hochdeutschen waren, und nationalistische Italiener hielten sich etwas auf Belli, Goldoni und neapolitanische Lieder zugute. Auch das frankophone Belgien hatte nichts gegen Belgier, die Flämisch sprachen und schrieben. Es waren die *Flamingants*, die sich dem Französischen widersetzten. Natürlich gab es auch Fälle, in denen die führende Nation oder das »Staatsvolk« unbedeutendere Sprachen und Kulturen zu unterdrücken versuchte, doch bis ins späte 19. Jahrhundert kam dies außerhalb Frankreichs kaum vor.

Manche Völker oder Nationalitäten waren auf diese Weise verurteilt, niemals vollwertige Nationen werden zu können. Andere hatten den Status einer Nation erlangt oder würden ihn in Kürze erlangen. Doch welche unter ihnen hatte eine Zukunft und welche nicht? Die Debatten darüber, was eine Nationalität eigentlich ausmachte – Territorium, Sprache usw. –, führten nicht viel weiter. Das »Schwellenprinzip« war natürlich nützlicher, da es eine Reihe kleiner Völker eliminierte, aber wie wir gesehen haben, war es auch nicht maßgebend, da es unbestrittene »Nationen« von höchst bescheidenem Umfang gab, nicht zu sprechen von nationalen Bewegungen wie der irischen, über deren Vermögen, lebensfähige Nationalstaaten zu bilden, die Meinungen auseinandergingen. Der unmittelbare Sinn der Frage Renans nach Hannover und dem Großherzogtum Parma bestand schließlich darin, sie nicht x-beliebigen Nationen gegenüberzustellen, sondern anderen Nationalstaaten derselben bescheidenen Größenordnung wie den Niederlanden oder der Schweiz. Wie wir noch sehen werden, machte das Aufkommen von Nationalbewegungen, die die Unterstützung der Massen hatten und nicht übergangen werden konnten, tiefgreifende Revisionen des Urteils erforderlich, doch in der klassischen Ära des Liberalismus schienen nur wenige von ihnen außerhalb des Osmanischen Reiches tatsächlich nach Anerkennung als souveräne Staaten – im Gegensatz zu unterschiedlichsten Formen einer Autonomie – zu verlangen. Das irische Beispiel war wie üblich auch in dieser Hinsicht untypisch – spätestens jedenfalls mit dem Auftreten der Fenier, die eine irische Republik forderten, die zwangsläufig von Großbritannien unabhängig sein würde.

In der Praxis gab es nur drei Kriterien, die es erlaubten, ein Volk eindeutig als Nation zu klassifizieren, immer vorausgesetzt, daß es dank seiner Größe nicht am Schwellenprinzip scheiterte. Das erste war seine historische Verbindung mit einem gegenwärtigen Staat oder mit einem Staat, der eine längere und nicht weit zurückliegende Vergangenheit hatte. So gab es wenig Streit um die Existenz eines englischen oder französischen Nationalvolkes, eines (groß)russischen Volkes oder der Polen und außerhalb Spaniens wenig Streit um eine spanische Nation mit anerkannten nationalen Eigenarten.[12] Denn angesichts der Gleichsetzung von Nation und Staat lag für Fremde die Annahme nur nahe, daß es in einem Land nur Menschen gebe, die dem Staatsvolk zugehörten, eine Gewohnheit, die den Schotten heute noch zu schaffen macht.

Das zweite Kriterium war die Existenz einer alteingesessenen kulturellen Elite, die sich im Besitz einer geschriebenen nationalen Literatur- und Amtssprache befand. Das war die Grundlage für die italienischen und deutschen Ansprüche auf eine eigene Nation, obgleich die jeweiligen »Völker« keinen einzelnen Staat hatten, mit dem sie sich identifizieren konnten. In beiden Fällen war die nationale Identifikation folglich stark sprachlich geprägt, obwohl in keinem von beiden die Nationalsprache für den Alltagsgebrauch von mehr als einer kleinen Minderheit gesprochen wurde – für Italien wurde diese auf zweieinhalb Prozent zum Zeitpunkt der Einigung geschätzt (de Mauro

12 Innerhalb Spaniens lagen die kulturellen, sprachlichen und institutionellen Unterschiede zwischen den Völkern der Königreiche Aragon und Kastilien auf der Hand. Im Spanischen Reich, aus dem Aragon ausgeschlossen wurde, war dies noch mehr der Fall.

1963, S. 41) –, während die übrige Bevölkerung unterschiedliche, oft gegenseitig unverständliche Idiome sprach.[13]

Das dritte Kriterium, so traurig es sich anhört, war die erwiesene Fähigkeit zur Eroberung. Nichts ist so wirksam wie der Umstand, ein imperiales Volk zu sein, um einer Bevölkerung die eigene kollektive Existenz zu Bewußtsein zu bringen, wie Friedrich List genau wußte. Außerdem lieferten Eroberungen für die zweite Hälfte des 19. Jahrhunderts den Darwinischen Beweis, daß ein Volk sich als soziale Gattung im Kampf ums Dasein erfolgreich behaupten konnte.

Andere Anwärter auf den Status einer Nation wurden zwar nicht von vornherein ausgeschlossen, aber es gab auch keine Annahme, die a priori zu ihren Gunsten gesprochen hätte. Normalerweise gehörten sie einem politischen Gemeinwesen an, das nach den Maßstäben des Liberalismus des 19. Jahrhunderts anormal, überholt und von der Geschichte und vom Fortschritt zum Untergang verurteilt war. Das Osmanenreich stellte in dieser Hinsicht das offensichtlichste entwicklungsgeschichtliche Fossil dar, aber dasselbe galt auch, wie sich immer deutlicher zeigte, für das Habsburgerreich.

Von dieser Art waren also die Vorstellungen von Nation und Nationalstaat in den Köpfen der Ideologen der Ära eines siegreichen bürgerlichen Liberalismus, etwa in der Zeit zwischen 1830 und 1880. Unter zweierlei Aspekten waren sie Bestandteil der liberalen Ideologie. Erstens, weil die Entwicklung von Nationen zweifellos eine Stufe darstellte in der menschlichen Evolution oder des Fortschritts von der kleinen Gruppe zur größeren, von der Familie über den Stamm zur Region, zur Nation und schließlich zur vereinten Welt der Zukunft, in der, um den oberflächlichen und deshalb typischen G. Lowes Dickinson zu zitieren, »die Schranken der Nationalität, die zur Kindheit der Gattung gehören, in der Sonne der Wissenschaft und Kunst dahinschmelzen und sich auflösen werden« (1908, zit. n. Porter 1968, S. 331).

Diese Welt würde auch sprachlich eine einheitliche sein. Eine einzige Weltsprache, neben der sicherlich Nationalsprachen weiterbe-

13 »Obwohl sie alle in einem Reich ›Deutscher Nation‹ nebeneinander lebten, darf nichts darüber hinwegtäuschen, daß ihnen sogar die gemeinsame Umgangssprache fehlte.« (Wehler 1987, S. 50)

stehen würden, die auf die häusliche und sentimentale Rolle von Mundarten reduziert wären, schwebte dem US-Präsidenten Ulysses S. Grant ebenso wie Karl Kautsky vor.[14] Solche Prophezeiungen waren – wie wir heute wissen – nicht völlig aus der Luft gegriffen. Die Versuche, künstliche Weltsprachen zu entwerfen, wie sie seit 1880 im Gefolge der international gebräuchlichen Telegrafen- und Signalalphabete unternommen wurden, mißlangen zweifellos, auch wenn eine von ihnen, das Esperanto, sich in kleinen Gruppen von Enthusiasten und im Schutz einiger Regierungen in der Tradition des sozialistischen Internationalismus jener Zeit bis heute erhalten hat. Auf der anderen Seite haben sich Kautskys deutliche Skepsis gegenüber solchen Versuchen und seine Prophezeiung, daß sich eine der wichtigsten Staatssprachen zu einer faktischen Weltsprache entwickeln werde, tatsächlich als berechtigt und zutreffend erwiesen. Englisch ist zu dieser Weltsprache geworden, auch wenn es die Nationalsprachen eher ergänzt als ersetzt.

Unter dem Blickwinkel der liberalen Ideologie war also die Nation (d.h. die lebensfähige große Nation) jenes Stadium in der Evolution, das um die Mitte des 19. Jahrhunderts erreicht worden war. Wie wir gesehen haben, war demnach die Kehrseite der Medaille »Nation als Fortschritt« mit logischer Konsequenz die Assimilation kleinerer Gemeinschaften und Völker an größere. Das bedeutete nicht zwangsläufig die Preisgabe alter Loyalitäten und Gesinnungen, obwohl dies natürlich die Folge sein konnte. Die geographisch und gesellschaftlich Mobilen, die vergeblich nach etwas Attraktivem in ihrer Vergangenheit Ausschau hielten, mochten dazu durchaus bereit sein. Das war insbesondere der Fall bei vielen bürgerlichen Juden in den Ländern, die eine uneingeschränkte Gleichstellung durch Assimilation anboten – Paris war nicht nur Heinrich IV. eine Messe wert –, bis sie seit dem Ende des 19. Jahrhunderts entdeckten, daß eine vorbehaltlose Bereitschaft zur Assimilation nicht genügte, wenn die Aufnahmenation nicht ihrerseits bereit war, die Assimilierten vorbehaltlos zu akzeptieren. Auf der anderen Seite darf nicht vergessen werden, daß die Vereinigten Staaten keineswegs der einzige Staat waren, der jedem, der mitmachen wollte, freiherzig die Mitgliedschaft in einer »Nation« anbot, und daß »Na-

14 Vgl. hierzu ein entsprechendes Zitat Präsident Grants aus seiner Antrittsrede bei Hobsbawm (1977), Motti zu Kap. 3.

tionen« leichter freien Zutritt gewährten als gesellschaftliche Klassen. Die Generationen vor 1914 weisen eine hohe Zahl von großnationalen Chauvinisten auf, deren Väter und erst recht deren Mütter nicht die Sprache des von ihren Söhnen gewählten Volkes sprachen und deren slawische oder auch madjarisierte deutsche oder slawische Namen ihre Wahl verrieten. Die Belohnungen der Assimilation konnten beträchtlich sein.

Die moderne Nation war aber noch in einer anderen Hinsicht Bestandteil der liberalen Ideologie. Sie war mit den übrigen großen Schlagworten durch eine lange Gedankenkette und nicht durch logische Notwendigkeit verknüpft, ähnlich wie Freiheit und Gleichheit mit der Brüderlichkeit. Anders ausgedrückt, da die Nation selbst etwas historisch Neuartiges war, stieß sie auf die Gegnerschaft von Konservativen und Traditionalisten und zog deshalb deren Widersacher an. Die Verbindung dieser beiden Denkrichtungen läßt sich am Beispiel eines typischen Alldeutschen aus Österreich illustrieren, der in Mähren, einer Region zugespitzter nationaler Konflikte, geboren wurde. Arnold Pichler, der der Wiener Polizei von 1901 bis 1938 mit einer durch alle politischen Veränderungen hindurch ungebrochenen Hingabe gedient hat, war mehr oder weniger sein ganzes Leben lang ein leidenschaftlicher nationalistischer Deutscher, Tschechenhasser und Antisemit – letzteres allerdings nicht mit derselben Radikalität wie viele seiner antisemitischen Zeitgenossen (Pichler 1984, S. 19).[15] Gleichzeitig war er überzeugter Antiklerikaler und politisch sogar ein Liberaler; jedenfalls schrieb er Artikel für die liberalen Tageszeitungen im Wien der ersten Republik. In seinen Veröffentlichungen gehen Nationalismus und Überlegungen zur Eugenik Hand in Hand mit einer Begeisterung für die industrielle Revolution und, noch überraschender, für deren Schaffung eines »Weltbürgertum[s] ..., welches, abhold aller Krähwinkelei und Kirchturmanhänglichkeit, den Blick in weite und bis dahin völlig fremde Länderteile richtete« (ebd., S. 30).

In dieser Blütezeit des bürgerlichen Liberalismus wurde auch das »Nationalitätsprinzip« erstmals zu einem wichtigen Punkt in der internationalen Politik. Wie wir sehen werden, unterschied es sich in wesentlicher Hinsicht vom Wilsonschen Prinzip des Selbstbestim-

15 Ich danke Clemens Heller für diesen Hinweis.

mungsrechts der Völker, das theoretisch auch ein leninistisches ist und die Debatte über diese Fragen seit dem Ende des 19. Jahrhunderts bis heute beherrscht. Es war nicht als uneingeschränktes Prinzip konzipiert. In dieser Hinsicht unterschied es sich auch von der radikaldemokratischen Auffassung, wie sie in der oben zitierten Erklärung der Menschenrechte der Französischen Revolution zum Ausdruck kommt, die das »Schwellenprinzip« ausdrücklich ablehnte. Den kleinen Völkern, deren Recht auf Souveränität und Selbstbestimmung damit theoretisch garantiert war, wurde in der Praxis von ihren größeren und habgierigen Nachbarn im allgemeinen jedoch nicht erlaubt, davon Gebrauch zu machen, noch gab es unter ihnen viele, die mit den Prinzipien von 1795 sympathisiert hätten. Man denke an die (konservativen) freien Bergkantone der Schweiz, die vermutlich auch den Lesern Rousseaus in den Sinn gekommen sind, von dem die Entwürfe zu den Menschenrechtserklärungen jener Zeit stammten. Die Tage der linken autonomistischen oder Unabhängigkeitsbewegungen in solchen Gemeinschaften sollten erst noch kommen.

Nicht allein unter dem Blickwinkel des Liberalismus – wie das Beispiel von Marx und Engels zeigt – sprach für »die Nation«, daß sie eine höhere gesellschaftliche Entwicklungsstufe darstellte, und die Errichtung eines bestimmten Nationalstaats hing, ungeachtet der subjektiven Empfindungen der Angehörigen der betreffenden Nationalität oder der persönlichen Sympathien des Beobachters, davon ab, ob der Nachweis erbracht werden konnte, daß sie sich in die Evolution und den Fortschritt der Geschichte einfügte oder zu ihm beitrug.[16] Die allgemeine Bewunderung, die den schottischen »Highlanders« vom Bürgertum entgegengebracht wurde, führte meines Wissens in keinem einzigen Fall dazu, daß ein Autor für sie eine eigene Nation gefordert hätte – nicht einmal unter den Gefühlsmenschen, die das Scheitern der Stuart-Restauration unter Bonnie Prince Charlie beklagten, dessen Anhänger sich hauptsächlich aus Clansleuten der schottischen Hochländer rekrutierten.

16 Vgl. Friedrich Engels an Eduard Bernstein über die Balkanslawen: »Und wenn die Leutchen so hoch ständen wie die von Walter Scott gefeierten Hochschotten, die ja auch die ärgsten Viehdiebe waren, so könnten wir doch höchstens die *Art und Weise* verurteilen, mit der die heutige Gesellschaft sie behandelt. Wären wir am Ruder, *auch wir* würden dem altererbten Rinaldo-Rinaldini- und Schinderhannestum dieser Burschen ein Ende machen müssen.« (1882, S. 281)

Doch wenn der einzige historisch zu rechtfertigende Nationalismus derjenige war, der auf einer Linie mit dem Fortschritt lag, d.h. der den Maßstab, in dem menschliche Wirtschaften, Gesellschaften und Kulturen ihren Gang nahmen, vergrößerte statt verkleinerte, was konnte dann die Verteidigung kleiner Völker, kleiner Sprachen und kleiner Traditionen in der überwiegenden Mehrzahl der Fälle anderes sein als ein Ausdruck des konservativen Widerstands gegen den unvermeidlichen Fortschritt der Geschichte? Die kleine Volksgemeinschaft, Sprache oder Kultur fügte sich nur insofern in den Fortschritt ein, als sie einen untergeordneten Status gegenüber einer größeren Einheit akzeptierte oder sich aus dem Kampf zurückzog, um zu einem Museum der Nostalgie und anderer Empfindungen zu werden, kurz, wenn sie den Status von alten Familienmöbeln akzeptierte, den Kautsky ihnen zuerkannte. Und den natürlich so viele der kleinen Gemeinschaften und Kulturen der Welt zu akzeptieren schienen. Warum, so mochte sich der gebildete liberale Beobachter fragen, sollte es den Sprechern des Gälischen anders ergehen als den Sprechern des Northumberland-Dialekts? Nichts hinderte sie daran, zwei Sprachen zu sprechen. Englische Mundartdichter wählten ihr Idiom nicht *gegen* die maßgebliche Nationalsprache, sondern in dem Bewußtsein, daß beide ihren Wert und ihren Platz hatten. Und wenn im Lauf der Zeit die Lokalsprache sich vor der Nationalsprache zurückzog oder sogar dahinschwand, wie es bereits mit einigen unbedeutenderen keltischen Sprachen geschehen war (Kornisch und Manx wurden in Cornwall und auf der Insel Man seit Mitte des 18. Jahrhunderts nicht mehr gesprochen), dann war dies zweifellos bedauerlich, aber vielleicht unvermeidlich. Sie würden nicht unbetrauert sterben, aber eine Generation, welche den Begriff und das Wort »Folklore« erfunden hatte, kannte den Unterschied zwischen einer lebendigen Gegenwart und Überresten aus der Vergangenheit.

Wenn man verstehen will, welche Vorstellung sich die liberale Ära von einer »Nation« machte, darf man nicht vergessen, daß die »Nationwerdung« ungeachtet ihres zentralen Stellenwertes in der Geschichte des 19. Jahrhunderts nur einige wenige Nationen betraf. Und auch die Forderung, das »Nationalitätsprinzip« anzuwenden, wurde nicht allgemein erhoben. Sowohl als internationales wie als innenpolitisches Problem betraf es nur eine begrenzte Anzahl von

Völkern oder Regionen, selbst innerhalb von Vielsprachen- und Vielvölkerstaaten wie dem Habsburgerreich, wo es die Politik bereits deutlich beherrschte. Die Behauptung ist nicht übertrieben, daß nach 1871 – stets unter Ausnahme des langsam zerfallenden Osmanischen Reiches – nur wenige mit weiteren substantiellen Änderungen auf der Karte von Europa rechneten, die überdies kaum durch nationale Probleme verursacht sein würden, wenn man einmal vom Dauerproblem Polen absah. Und außerhalb der Balkanländer bestand die einzige Änderung europäischer Grenzen zwischen der Gründung des Deutschen Reiches und dem Ersten Weltkrieg in der Loslösung Norwegens von Schweden. Aber mehr noch, nach den nationalen Unruhen und Abschweifungen der Jahre von 1848 bis 1867 konnte man durchaus zu der Vermutung gelangen, daß sich die Gemüter selbst in Österreich-Ungarn wieder beruhigen würden. Das war es jedenfalls, was die Vertreter dieses Staates erwarteten, als sie (ziemlich widerstrebend) eine Resolution des Internationalen Statistischen Kongresses 1873 in St. Petersburg beschlossen, in die Fragebögen künftiger Volkszählungen eine Frage zur Muttersprache mit aufzunehmen, zugleich jedoch vorschlugen, mit der praktischen Umsetzung der Resolution noch einige Jahre zu warten, bis die Erregung der öffentlichen Meinung sich etwas gelegt hätte (Brix 1982). Sie hätten sich mit ihrer Prognose kaum gründlicher irren können.

Aus dem Gesagten geht auch hervor, daß während dieser Zeit Nationen und Nationalismus im großen und ganzen keine gravierenden innenpolitischen Probleme für politische Gemeinwesen darstellten, die den Rang eines »Nationalstaats« erlangt hatten, mochten sie nach heutigen Maßstäben in nationaler Hinsicht auch noch so heterogen sein; allerdings waren sie höchst beunruhigend für nichtnationale Reiche, die sich nicht (anachronistisch) als »Vielvölkerstaaten« einstufen ließen. Keiner der europäischen Staaten westlich des Rheins sah sich bislang in diesem Punkt vor ernsthafte Schwierigkeiten gestellt, ausgenommen Großbritannien mit seiner dauerhaften Anomalie, den Iren. Das heißt nicht, daß die Politiker den Katalanen oder Basken, Bretonen oder Flamen, Schotten und Walisern gleichgültig gegenüber gestanden hätten, aber man betrachtete sie hauptsächlich unter dem Aspekt, wie weit sie der Stärke einer landesweit operierenden politischen Macht zuträglich oder abträglich waren.

Die Schotten und Waliser wirkten als Verstärkungen des Liberalismus, die Bretonen und Flamen als solche des traditionalistischen Katholizismus. Natürlich profitierten die politischen Systeme der Nationalstaaten nach wie vor vom Fehlen einer repräsentativen Demokratie, die die liberale Theorie und Praxis der Nation ebenso untergraben sollte wie manches andere am Liberalismus des 19. Jahrhunderts.

Das ist möglicherweise der Grund, warum die ernst zu nehmende theoretische Literatur über den Nationalismus in der liberalen Ära so wenig umfangreich ist und den Anschein des eher Zufälligen macht. Beobachter wie Mill und Renan konnten sich gelassen über die Elemente äußern, die eine »nationale Gesinnung« ausmachten – ethnische Zugehörigkeit (obwohl den Viktorianern die »Rasse« weitaus mehr am Herzen lag), Sprache, Religion, Territorium, Geschichte, Kultur usw. –, da es vorläufig politisch kaum eine Rolle spielte, ob dieses oder jenes Element den übrigen vorgezogen wurde. Aber seit den achtziger Jahren des vorigen Jahrhunderts wird die Debatte über die »nationale Frage« ernsthaft und intensiv geführt, vor allem unter den Sozialisten, weil die politische Anziehungskraft nationaler Parolen auf potentielle Wählermassen oder Anhänger von politischen Massenbewegungen nunmehr zu einer Angelegenheit von praktischer Bedeutung geworden war. Und die Debatte über solche Fragen wie die theoretischen Kriterien für den Status einer Nation wurden leidenschaftlich, da man annahm, daß eine spezifische Antwort eine bestimmte Form der politischen Strategie, des politischen Programms und Kampfes nach sich zog. Das war nicht nur für Regierungen von großer Bedeutung, die mit unterschiedlichen Formen nationaler Agitation oder Forderungen konfrontiert waren, sondern auch für politische Parteien, die sich bemühten, Anhänger auf der Basis nationaler, nichtnationaler oder anders gearteter nationaler Propaganda zu mobilisieren. Für Sozialisten in Mittel- und Osteuropa machte es einen beträchtlichen Unterschied, auf welcher theoretischen Grundlage die Nation und ihre Zukunft definiert wurden. Ähnlich wie Mill und Renan hatten auch Marx und Engels solche Fragen als nebensächlich betrachtet. In der Zweiten Internationale standen solche Debatten im Mittelpunkt, und eine Konstellation aus damals oder später herausragenden Persönlichkeiten leistete mit ihren Veröffentlichungen hierzu wichtige Beiträge: Kautsky, Luxemburg, Bauer, Lenin und Stalin. Aber solche Fragen beschäftigten nicht nur marxistische Theoretiker; es war auch von unmittelbar praktischer Bedeutung etwa für Kroaten und Serben, Mazedonier und Bulgaren, ob die Nationalität der Südslawen auf diese oder auf jene Weise definiert wurde (Banac 1984).

Das »Nationalitätsprinzip«, über das Diplomaten diskutierten und das die Karte Europas zwischen 1830 und 1878 veränderte, war demnach etwas anderes als das politische Phänomen des Nationalismus, der in der Ära der europäischen Demokratisierung und Massenpolitik zunehmend in den Vordergrund rückte. In den Tagen Mazzinis spielte es keine Rolle, daß für die große Mehrheit der Italiener das Risorgimento nicht existierte, so daß Massimo d'Azeglio in der ersten Sitzung des Parlaments eines gerade vereinten Italiens seinen berühmten Ausspruch tun konnte: »Wir haben Italien geschaffen, jetzt müssen wir Italiener schaffen.« (zit. n. Latham 1970) Es spielte nicht einmal für jene eine Rolle, die »die polnische Frage« erörterten, daß wahrscheinlich die meisten polnischsprechenden Bauern (nicht zu reden von jenem Drittel der Bevölkerung in der alten Rzecspopolita aus der Zeit vor 1772, das andere Idiome sprach) sich noch gar nicht als nationalistische Polen fühlten; oder wie der endgültige Befreier Polens, Marschall Pilsudski, es auf seine Weise ausdrückte: »Der Staat macht die Nation, nicht die Nation den Staat.« (Ross 1966, S. 48) Aber nach 1880 kam es zunehmend darauf an, wie die kleinen Leute auf der Straße über Nationalität dachten. Es ist deshalb wichtig, die Empfindungen und Einstellungen unter diesen vorindustriellen Menschen zu erörtern, denn darauf konnte der neuartige Reiz des politischen Nationalismus aufbauen. Das soll im folgenden Kapitel geschehen.

II. Kapitel
Der volkstümliche Protonationalismus

Wie konnte es dazu kommen, daß ein so weitab jeder wirklichen Erfahrung der meisten Menschen liegender Begriff wie der des »nationalen Patriotismus« innerhalb so kurzer Zeit zu einer starken politischen Macht wurde? Es reicht einfach nicht aus, sich auf die universelle Erfahrung von Menschen zu berufen, die Gruppen angehören und einander als Mitglieder von Gruppen oder Gemeinschaften betrachten und deshalb andere als Fremde ansehen. Das Problem, vor dem wir stehen, rührt aus dem Umstand, daß die moderne Nation, entweder als Staat oder als Verband von Personen, die einen solchen Staat bilden wollen, sich in ihrer Bedeutung, Größenordnung und ihrem Wesen von den tatsächlichen Gemeinschaften unterscheidet, mit denen sich die Menschen während des größten Teils ihrer bisherigen Geschichte identifiziert haben, und sie vor völlig andere Ansprüche stellt. Es ist in einer glücklichen Formulierung Benedict Andersons eine »vorgestellte Gemeinschaft«, und damit läßt sich zweifellos die emotionale Leere füllen, die durch den Rückzug, die Auflösung oder die fehlende Verfügbarkeit *wirklicher* menschlicher Gemeinschaften und Verbindungen entstanden ist; aber dennoch bleibt die Frage, warum Menschen nach dem Verlust realer Gemeinschaften den Wunsch verspüren sollten, sich diese besondere Form des Ersatzes vorzustellen. Ein Grund hierfür mag darin liegen, daß in vielen Teilen der Welt Staaten und nationale Bewegungen bestimmte Spielarten kollektiver Zugehörigkeitsgefühle mobilisieren konnten, die bereits existierten und gleichsam potentiell in jenem makropolitischen Maßstab wirksam werden konnten, der zu den modernen Staaten und Nationen paßte. Ich werde diese Bindungen als »vor-« oder »protonational« bezeichnen.

Sie sind von zweierlei Art. Erstens gibt es überlokale, d.h. weitreichendere Formen jener »volkstümlichen« Identifikationen, die denjenigen Raum umschreiben, innerhalb dessen die Menschen den größten Teil ihres Lebens verbringen: So wie die Jungfrau Maria eine Verbindung zwischen den Gläubigen in Neapel und einer umfassenderen Welt herstellt, auch wenn in den meisten Situationen, welche die Gemeinschaft der Neapolitaner betreffen, der Hl. Januarius, dessen Blut – um Unheil von der Stadt abzuwenden – jedes Jahr einmal flüssig werden muß (und kraft eines auf ewig verbürgten Wunders tatsächlich flüssig wird), eine wesentlich größere Bedeutung hat. Zweitens gibt es die politischen Bande und Vokabularien privilegierter Gruppen, die ganz eng mit Staaten und Institutionen verbunden sind; sie eignen sich darum für eine Generalisierung, Ausdehnung und Popularisierung. Letztere haben etwas mehr mit der modernen »Nation« gemeinsam. Trotzdem kann keine von beiden berechtigterweise mit dem modernen Nationalismus gleichgesetzt werden, der als ihre direkte Fortsetzung gilt, weil sie keinen *notwendigen* Bezug zu der Einheit der territorialen politischen Organisation aufweisen, die ein entscheidendes Kriterium für das ist, was wir heute unter einer »Nation« verstehen.

Nehmen wir nur zwei offensichtliche Beispiele. Bis 1945 – und in Resten noch bis heute – gab es Sprecher deutscher Dialekte, deren Eliten die hochdeutsche Bildungssprache benutzten, nicht nur in ihrem Hauptsiedlungsgebiet in Mitteleuropa, sondern als Herrscherklassen, als Stadtbewohner und in Flecken ländlicher Siedlungen in ganz Ost- und Südosteuropa, nicht zu sprechen von den kleinen Kolonien, die eine im allgemeinen religiöse Diaspora in Nord- und Südamerika bildeten. In einer Abfolge von Wellen der Eroberung, Wanderung und Kolonisierung vom 11. bis ins 18. Jahrhundert wurden sie über ein Gebiet verstreut, das sich nach Osten bis zum Unterlauf der Wolga erstreckte. (Wir gehen hier nicht auf die gänzlich andersgearteten Wanderungen des 19. Jahrhunderts ein.) Sie alle betrachteten sich zweifellos in gewissem Sinne als »Deutsche« im Unterschied zu den anderen Gruppen, unter denen sie lebten. Während es nun häufig zu Reibungen kam zwischen den ortsansässigen Deutschen und anderen ethnischen Gruppen, vor allem dort, wo die Deutschen bestimmte lebenswichtige Aufgaben monopolisiert hatten, z.B. als landbesitzende herrschende Schicht im Baltikum, ist mir aus der Zeit vor dem 19. Jahrhundert kein Fall bekannt, in dem ein ernsteres politisches Problem daraus entstanden wäre, daß diese Deutschen unter nichtdeutschen Herrschern lebten. Und während die Juden, seit Jahrtausenden über die ganze Erde verstreut, nie aufhörten, sich überall als Angehörige eines besonderen Volkes zu verstehen, das sich von den Nichtgläubigen verschiedenster Art, mit denen sie zusammenlebten, deutlich unterschied, so folgte daraus zu keiner Zeit, zumindest nicht seit der Rückkehr aus der babylonischen Gefangenschaft, der ernsthafte Wunsch nach einem politischen Judenstaat und schon gar nicht nach einem Territorialstaat, bis gegen Ende des 19. Jahrhunderts ein jüdischer Nationalismus in Anlehnung an den gerade aufgekommenen westlichen Nationalismus erfunden wurde. Es ist völlig unlogisch, die jüdischen Bindungen an Israel, das Land der Vorväter, das Verdienst, das man durch eine Pilgerfahrt dorthin erwerben kann, oder die Hoffnung, dorthin zurückzukehren, wenn eines Tages der Messias gekommen ist – denn in den Augen der Juden ist er ja bis jetzt noch *nicht* gekommen –, mit dem Wunsch gleichzusetzen, alle Juden in einem modernen Territorialstaat zu vereinen, der im geschichtlichen Heiligen Land liegt. Ebensogut könnte man behaupten, daß gute Muslime, deren ganzes Streben einer Pilgerfahrt nach Mekka gilt, damit in Wirklichkeit die Absicht bekunden, sich zu Staatsbürgern eines Landes zu machen, das heute Saudi-Arabien heißt.

Was kennzeichnet eigentlich den volkstümlichen Protonationalismus? Die Frage ist überaus schwer zu beantworten, da sie darauf hinausläuft, etwas über die Gesinnung von Analphabeten herauszufinden, wie sie vor dem 20. Jahrhundert die überwältigende Mehrheit der Weltbevölkerung ausgemacht haben. Wir sind informiert über die Gedankenwelt der Gebildeten, die ebensogut schreiben wie lesen konnten – oder zumindest eines Teils von ihnen –, aber es ist natürlich nicht erlaubt, von der Elite auf die Massen, von den Gebildeten auf die Ungebildeten zu schließen, obwohl die beiden Welten sich nicht gänzlich voneinander trennen lassen und obgleich das geschriebene Wort auch die Vorstellungen derer, die nur sprachen, beeinflußt hat (Chartier 1987, Einl.).[1]

1 Zum Verhältnis von volkstümlicher und hegemonialer Kultur s. Hobsbawm 1984, S. 39-42.

Was Herder über das Volk dachte, kann nicht als Beleg für das Denken der westfälischen Bauern dienen. Ein Beispiel mag die potentielle Breite dieser Kluft zwischen Gebildeten und Ungebildeten illustrieren. Die Deutschen, die im Baltikum die Schicht der Feudalherren sowie der Stadtbewohner und der Gebildeten stellten, hatten verständlicherweise das Gefühl, daß »die nationale Vergeltung beständig als Damoklesschwert über ihren Köpfen schwebte«, da, wie Christian Kelch in seiner Geschichte Livlands von 1695 bemerkt, die estnischen und lettischen Bauern »selbige zu hassen wohl Ursache gehabt«. Dennoch gibt es keine Hinweise darauf, daß die estnischen Bauern in solch nationalen Kategorien dachten. Zum ersten haben sie sich selbst anscheinend nicht als ethnisch-sprachliche Gemeinschaft gesehen. Das Wort »estnisch« kam erst nach 1860 in Gebrauch. Bis zu dieser Zeit nannten sich die Bauern einfach »maarahvas«, d.h. »Landleute«. Und zum zweiten hatte das Wort »saks« (Sachse) die *Haupt*bedeutung »Lehnsherr« oder »Gebieter« und meinte lediglich in einer Nebenbedeutung »Deutscher«. Ein namhafter estnischer Historiker hat überzeugend dargelegt, daß dort, wo (deutsche) gebildete Leser in Dokumenten das Wort »Deutscher« herauslasen, die Bauern höchstwahrscheinlich lediglich »Herr« oder »Gebieter« gemeint hatten:

> Seit dem Ende des 18. Jahrhunderts konnten die lokalen Geistlichen und Schreibkundigen die Werke der Aufklärer über die Eroberung Estlands lesen (die Bauern lasen solche Bücher nicht) und neigten dazu, die von den Bauern gebrauchten Wörter so zu verstehen, wie es ihrer eigenen Denkweise entsprach. (Kahk 1985, S. 15 f.)

Wir wollen deshalb mit einem der ganz wenigen Versuche beginnen, etwas über das Denken jener Menschen herauszufinden, die nur selten ihre Gedanken über politische Fragen systematisch formulieren und niemals zu Papier bringen, nämlich mit dem Buch *Tsar and People* (1961) des verstorbenen Michael Cherniavsky.[2] In diesem Buch erörtert der Autor unter anderem den Begriff »Heiliges Rußland« oder »das heilige russische Land«, für den er relativ wenige Parallelen findet; am nächsten kommt ihm noch das »Heilige Irland«. Er hätte ihm vielleicht noch »das heil'ge Land Tirol« für einen interessanten Vergleich gegenüberstellen können.

2 Vgl. a. Brooks 1985, Kap. VI, vor allem S. 213-232.

Wenn wir Cherniavsky folgen, konnte ein Land erst dann »heilig« werden, wenn es innerhalb der Weltordnung der Erlösung einen außergewöhnlichen Anspruch vorbringen konnte, d.h. im Fall Rußlands erst in der Mitte des 15. Jahrhunderts, als die angestrebte Vereinigung der Kirchen und der Fall Konstantinopels, mit dem das Römische Reich endete, Rußland zum einzigen orthodoxen Land in der Welt und Moskau zum Dritten Rom machten, d.h. zur einzigen Quelle der Erlösung für die Menschheit. Zumindest sei dies die Auffassung des Zaren gewesen. Doch liegen solche Überlegungen etwas neben der Sache, denn die Formel erlangte erst zur »Zeit der Wirren« zu Beginn des 17. Jahrhunderts eine weite Verbreitung, als Zar und Staat praktisch ihre Bedeutung verloren hatten. Aber selbst wenn sie eine wichtigere Rolle gespielt hätten, hätten sie zur Verbreitung dieser Wendung nichts beigetragen, da offenbar weder der Zar noch die Bürokratie, die Kirche oder die Ideologen der Moskowiter Macht sie jemals vor oder nach der Zeit der Wirren gebraucht haben (ebd., S. 107, 114). Kurzum, das »Heilige Rußland« war ein volkstümlicher Begriff, der vermutlich Vorstellungen im Volk zum Ausdruck brachte. Sein Gebrauch läßt sich in den Epen der Donkosaken aus der Mitte des 17. Jahrhunderts nachweisen, so etwa in dem »Lied von der Belagerung Asows« (durch die Türken). Darin singen die belagerten Kosaken:

> Wir werden nie wieder im Heiligen Rußland sein. Unser Tod in Sünde ereilt uns in der Wüste. Wir sterben für unsere wundertätigen Ikonen, für den christlichen Glauben, für den Namen des Zaren und für das ganze Moskowiterreich. (Ebd., S. 113)

Das heilige Land der Russen ist definiert durch die heiligen Ikonen, den Glauben, den Zaren und das Reich. Es ist eine mächtige Verbindung, nicht nur deshalb, weil Ikonen, d.h. sichtbare Symbole wie etwa Fahnen, nach wie vor die gebräuchlichsten Mittel sind, etwas sichtbar zu machen, was sich nicht sichtbar machen läßt. Und das Heilige Rußland ist zweifellos eine volkstümliche, eine inoffizielle Kraft, die nicht von oben ins Leben gerufen wurde. Betrachten wir mit dem Scharfsinn und Wahrnehmungsvermögen, das Cherniavsky von seinem Lehrer Ernst Kantorowicz gelernt hat, das Wort »Rußland« (Kantorowicz 1990). Das Reich der Zaren, die politische Einheit, war *Rossija,* ein Neologismus aus dem 16. bis 17. Jahrhundert, dem seit Peter dem Großen offizieller Charakter zukam. Das Heilige Rußland war immer das alte *Rus.* Bis auf den heutigen Tag ist ein Russe ein *Russkij.* Kein Wort, das aus dem offiziellen Rossija abgeleitet ist – und im 18. Jahrhundert wurden etliche ausprobiert –, wurde als Beschreibung des russischen *Volkes* oder der Nation oder ihrer Mitglieder akzeptiert. Ein *Russkij* zu sein war nach Cherniavsky gleichbedeutend damit, ein Bauer und Christ, was im Russischen das fast gleichklingende Wortpaar *krestjanin-christnanin* ergibt, sowie ein »Rechtgläubiger« oder Orthodoxer zu sein. Diese wesentliche volkstümliche und volksnahe Bedeutung eines Heiligen Russentums mag der modernen Nation entsprechen oder auch nicht. In Rußland erleichterte seine Gleichsetzung mit dem Oberhaupt von Kirche und Staat offensichtlich eine solche Identifikation. Im »heil'gen Land Tirol« tat sie es offenbar nicht, da die posttridentinische Verbindung von Land – Ikonen – Glaube – Herrscher – Staat die römisch-katholische Kirche und den Habsburger Kaiser (ob als solchen oder als Grafen von Tirol) gegenüber dem neumodischen Begriff einer deutschen, österreichischen oder sonst einer »Nation« begünstigte. Man darf nicht vergessen, daß die Tiroler Bauern sich 1809 weniger gegen die Franzosen als gegen die bayerischen Nachbarn erhoben. Aber ob nun »das Volk des heiligen Landes« mit der späteren Nation gleichgesetzt werden kann oder nicht, der Begriff geht ihr jedenfalls zeitlich deutlich voraus.

Und dennoch beobachten wir in den Kriterien für das Heilige Rußland, das heilige Tirol und vielleicht auch für das Heilige Irland das Fehlen zweier Elemente, die wir heute eng, wenn nicht sogar unabdingbar mit Definitionen der Nation verbinden: Sprache und ethnische Zugehörigkeit.

Wie verhält es sich mit der Sprache? Ist sie nicht das eigentliche Wesen dessen, was ein Volk von einem anderen unterscheidet, »uns« von »ihnen«, wirkliche menschliche Wesen von den Barbaren, die keine richtige Sprache sprechen können, sondern nur unverständliche Laute von sich geben? Erfährt nicht jeder Leser der Bibel etwas vom Turmbau zu Babel und davon, wie Freund und Feind sich daran erkennen ließen, ob sie das Wort »shibboleth« richtig aussprechen konnten? Haben sich nicht die Griechen in einer vornationalen Anwandlung auf diese Weise gegenüber der übrigen Menschheit, den

Barbaren abgegrenzt? Bildet nicht die Unkenntnis der Sprache einer anderen Gemeinschaft das offensichtlichste Hindernis für eine Kommunikation und deshalb das sichtbarste Unterscheidungsmerkmal zwischen Gruppen, so daß die Schaffung oder der Gebrauch eines bestimmten Jargons noch immer Menschen als Angehörige einer Subkultur kennzeichnet, die sich von anderen Subkulturen oder von der Gemeinschaft insgesamt abheben möchten?

Man kann kaum bestreiten, daß Menschen, die in enger Nachbarschaft miteinander leben, ohne einander verstehen zu können, sich selbst als Sprecher der einen Sprache identifizieren und die Angehörigen anderer Gruppen als Sprecher anderer Sprachen oder zumindest als Nicht-Sprecher der eigenen Sprache (als *barbaroi* oder als *nemci* in der Terminologie der Slawen). Die Frage ist jedoch, ob solche Sprachbarrieren auch Gemeinwesen voneinander trennen, die man als potentielle Nationalitäten oder Nationen betrachten kann, und nicht nur Gruppen, die zufällig Schwierigkeiten haben, einander zu verstehen. Diese Frage führt uns in das Terrain von Untersuchungen über das Wesen von Landessprachen und deren Gebrauch als Kriterium für die Zugehörigkeit zu einer »Ingroup«. Und indem wir beidem nachgehen, müssen wir uns abermals davor hüten, die Debatten der Gebildeten, die zufälligerweise fast unsere einzigen Quellen sind, mit denen der Ungebildeten zu verwechseln und die Sprache der Vergangenheit durch die Brille der Gegenwart zu lesen.

Regionalsprachen, die keine Bildungssprachen sind, bilden stets einen Komplex aus lokalen Varianten oder Dialekten, zwischen denen eine Verständigung mehr oder weniger leicht möglich ist, je nach geographischer Nähe und Zugänglichkeit. Einige können vor allem in Bergregionen, die eine Abtrennung begünstigen, so unverständlich sein, als gehörten sie einer anderen Sprachfamilie an. Es gibt in den betreffenden Ländern Witze über die Schwierigkeiten der Nordwaliser, das Walisisch der Südwaliser zu verstehen, oder der gegischsprechenden Nordalbaner, sich mit den toskischsprechenden Südalbanern zu verständigen. Für Philologen mag die Tatsache, daß das Katalanische dem Französischen näher steht als das Baskische, von Bedeutung sein, doch für einen Seemann aus der Normandie, der sich zum erstenmal in Bayonne oder Port Bou aufhält, mögen beide Sprachen gleichermaßen unverständlich sein. Bis auf den heutigen

Tag haben gebildete Menschen mit Deutsch als Muttersprache, die beispielsweise aus Kiel stammen, unter Umständen die größten Schwierigkeiten, selbst gebildete Schweizerdeutsche zu verstehen, die jenen rein deutschen Dialekt sprechen, mit dem sie sich tagtäglich mündlich verständigen.

Demnach gab es in der Zeit vor der Einführung einer allgemeinen Schulpflicht keine gesprochene »Nationalsprache«, und es konnte sie auch nicht geben, abgesehen von jenen Bildungs- oder Amtssprachen, wie sie für den mündlichen Gebrauch geschrieben, entworfen oder angepaßt wurden, entweder als Verkehrssprache, in der die Sprecher von Dialekten miteinander verkehren konnten, oder – was die Sache vielleicht eher trifft – als Sprache, in der Massen von Zuhörern mit unterschiedlichen Dialekten angesprochen wurden, z.B. von Predigern oder den Sängern und Rezitatoren von Liedern und Gedichten, die einem umfassenderen Kulturgebiet gemeinsam waren.[3] Die Größe eines solchen Gebiets, in dem die Möglichkeit zur gemeinsamen Mittteilung bestand, konnte beträchtlich schwanken. Fast immer war es für Eliten größer, deren Aktionsfelder und Horizonte weniger lokal begrenzt waren als etwa bei Bauern. Eine »Nationalsprache« im eigentlichen Sinne, die sich auf einer rein mündlichen Basis entwickelt hat, aber kein Pidgin oder eine Verkehrssprache ist (die am Ende natürlich zu einer Universalsprache werden kann), läßt sich für eine Region von nennenswerten geographischen Ausmaßen schwer vorstellen. Mit anderen Worten, die aktuelle oder prosaische »Muttersprache«, d.h. das Idiom, das Kinder von ungebildeten Müttern lernten und für den Alltagsbedarf sprachen, war zweifellos in keiner Hinsicht eine »Nationalsprache«.

Das schließt keineswegs, wie ich bereits angedeutet habe, eine *kulturelle* Identifikation des Volkes mit einer Sprache (oder einem offenkundig verwandten Komplex von Dialekten) aus, die einer Gesamtheit von Gemeinschaften eigentümlich sind und diese von ihren Nachbarn unterscheiden, wie im Fall der Madjarisch sprechenden Volksgruppen. Und soweit dies der Fall ist, hat der Nationalismus

3 Die nützlichste Einführung in diesen Fragenkomplex gibt Haugen (1966). Über die relativ junge Disziplin der Soziolinguistik s. Fishman (1972), vor allem den Aufsatz des Herausgebers in Bd. 1. Als konkrete Untersuchung über die Entwicklung/Konstruktion von Sprachen ist wegweisend Kloss (1952).

einer späteren Periode möglicherweise im eigentlichen Sinne sprachliche vornationale Wurzeln in der Bevölkerung. Das mag durchaus bei den Albanern der Fall gewesen sein, die seit dem Altertum unter rivalisierenden kulturellen Einflüssen lebten und in drei oder (wenn wir den lokal begrenzten islamischen Kult der Bektaschi hinzurechnen) vier rivalisierende Religionen aufgespalten waren: Islam, Orthodoxie und römischer Katholizismus. Es lag nahe für die Vorkämpfer eines albanischen Nationalismus, eine kulturelle albanische Identität in der Sprache zu suchen, da die Religion und überhaupt alles übrige in Albanien eher eine trennende als eine einigende Wirkung hatte.[4] Aber selbst in einem anscheinend so klaren Fall sollten wir uns davor hüten, uns allzu sehr auf die gebildeten Schichten zu verlassen. In welchem Sinne oder wie weit einfache Albaner im späten 19. und frühen 20. Jahrhundert sich als solche sahen oder eine Verwandtschaft untereinander erkannten, ist überhaupt nicht geklärt. Edith Durhams Führer, ein jugendlicher Bergbewohner aus dem albanischen Norden, dem sie erzählte, daß die Albaner im Süden orthodoxe Kirchen hätten, gab ihr zur Antwort: »Sie sind keine Christen, sie sind Tosken«, was nicht gerade auf ein starkes Gemeinschaftsgefühl schließen läßt (Durham 1909, S. 17), und in einer völkerkundlichen Enzyklopädie lesen wir, »die genaue Zahl der Albaner, die in die Vereinigten Staaten kamen, läßt sich nicht ermitteln, denn die frühen Einwanderer bezeichneten sich selbst häufig nicht als Albaner« (Thernstrom et al. 1980, S. 24). Außerdem brachten selbst die Vorkämpfer für eine Nation in diesem Land der sich befehdenden Clans und Grundherren zunächst überzeugendere Argumente für eine Solidarität vor, bevor sie sich auf die Sprache beriefen. Wie der albanische Dichter Naim Frashëri (1846-1900) es ausdrückte: »Wir alle sind nur ein einziger Stamm, eine einzige Familie; wir sind von einem Blut und von einer Sprache.« (zit. n. Groupe de Travail 1978, S. 52) Die Sprache fehlt zwar nicht, aber sie kommt zuletzt.

Nationalsprachen haben deshalb fast immer etwas von einem

4 »Die großen Namen dieser Literatur ... feiern in ihren Werken niemals die Religion; ganz im Gegenteil brandmarken sie bei jeder sich bietenden Gelegenheit das einer nationalen Einheit feindliche Handeln der verschiedenen Kirchenmänner ... Es hat den Anschein, als ob [die Suche nach einer kulturellen Identität] ... im wesentlichen um das Sprachproblem kreiste.« (C. Gut in Groupe de travail 1978, S. 40)

Kunstprodukt und sind gelegentlich, wie das moderne Hebräisch, so gut wie erfunden. Sie sind das Gegenteil dessen, wofür die nationalistische Mythologie sie ausgibt, nämlich die archaischen Fundamente einer Nationalkultur und der Nährboden des nationalen Denkens und Fühlens. Sie stellen gewöhnlich Versuche dar, aus einer Vielfalt von gesprochenen Idiomen (die später zu Dialekten verkommen werden) ein einheitliches Idiom zu machen, wobei das Problem hauptsächlich darin besteht, welcher Dialekt als Grundlage für die normierte und vereinheitlichte Sprache gewählt werden soll. Die sich daraus ergebenden Probleme einer Standardisierung der Grammatik und der Orthographie sowie der Erweiterung des Wortschatzes der Nationalsprache sind von untergeordneter Bedeutung.[5] Die Geschichten so gut wie aller europäischen Sprachen basieren auf diesem regionalen Fundament; Schriftbulgarisch beruht auf dem westbulgarischen Idiom, Schriftukrainisch auf den südöstlichen ukrainischen Dialekten, Schriftungarisch kommt im 16. Jahrhundert durch die Verbindung verschiedener Dialekte auf, Schriftlettisch beruht auf der mittleren von drei Varianten, Schriftlitauisch auf einer von zwei Varianten usw. Wo die Namen der Spracharchitekten bekannt sind – und das ist bei fast allen Sprachen der Fall, die im 18. oder 19. Jahrhundert einen literarischen Rang erworben haben –, kann diese Wahl durchaus willkürlich geschaffen worden sein (auch wenn dafür irgendwelche Gründe angegeben werden).

Zuweilen ist sie politisch motiviert, oder sie hat offensichtlich eine politische Bedeutung. So sprachen die Kroaten drei Dialekte (Cakavisch, Kajkavisch und Stokavisch), von denen einer zugleich der Hauptdialekt der Serben war. Zwei davon (Kajkavisch und Stokavisch) entwickelten Literaturversionen. Der große kroatische Verfechter des Illyrischen, Ljudevit Gaj (1809-1872), hatte zwar Kajkavisch als Muttersprache, schrieb jedoch ab 1838 nur noch Stokavisch, um die fundamentale Einheit der Südslawen zu unterstreichen. Das

5 Einen brauchbaren Überblick über diesen Forschungsbereich, der sich der »Künstlichkeit« der meisten Kultursprachen sehr wohl bewußt ist, liefert Lörinczi Angioni 1983. Besonders nützlich ist dieser Aufsatz in seinen Ausführungen über die weniger bedeutenden Sprachen. Zum Unterschied zwischen dem traditionellen Flämisch und der modernen Sprache, die seit 1841 entwickelt wurde, vgl. Coornaert 1968. S. auch Steinberg 1987.

hatte übrigens zur Folge, daß sich das Serbokroatische mehr oder weniger als eine einheitliche Literatursprache entwickelte (obgleich es von den katholischen Kroaten in lateinischen und von den orthodoxen Serben in kyrillischen Buchstaben geschrieben wurde), und auch daß dem kroatischen Nationalismus die Sprache als bequemes Argument entzogen wurde. Allerdings sollte es den Serben und später auch den Kroaten eine Rechtfertigung für ihr Expansionsstreben an die Hand geben.[6] Gelegentlich wurde auch eine falsche Wahl getroffen. Um 1790 griff Bernolák einen Dialekt als Grundlage einer von ihm geforderten slowakischen Literatursprache heraus, der sich nicht durchsetzte, während einige Jahrzehnte später Ludovit Stur eine glücklichere Wahl traf. In Norwegen forderte der Nationalist Wergeland (1808-1845) eine rein norwegische Nationalsprache im Unterschied zu der übermäßig dänisierten Schriftsprache, und es dauerte nicht lange, bis eine solche Sprache konstruiert wurde (das Landsmål, das heutige Nynorsk). Trotz offizieller Unterstützung nach der norwegischen Unabhängigkeit hat sie sich lediglich als Minderheitensprache im Land behaupten können, das seit 1947 de facto zweisprachig in der Schrift ist, wobei lediglich 20 Prozent der Bevölkerung vor allem in Mittel- und Westnorwegen Nynorsk sprechen (Haugen 1976). Natürlich wurde in etlichen älteren Literatursprachen die notwendige Wahl von der Geschichte getroffen, wenn z. B. Idiome auf dem Gebiet der königlichen Verwaltung in England und Frankreich zur Grundlage der Hochsprache wurden oder wenn das Zusammenspiel eines Gebrauchs im Handel oder der Seefahrt, von kulturellem Ansehen und makedonischer Unterstützung dazu führte, daß das Attische zur Grundlage der hellenischen *koiné*, des gemeinsamen griechischen Idioms, gemacht wurde.

Wir können vorläufig das geringere, wenn auch ebenso dringliche Problem außer acht lassen, wie sich selbst so alte »nationale« Litera-

6 Eine gute Darstellung bietet das Buch von Banac (1984), dem diese Angaben entnommen sind: »Die ganz besondere Lage in Kroatien, bedingt durch die Verwendung dreier verschiedener Dialekte ... ließ sich mit der romantischen Vorstellung nicht in Einklang bringen, derzufolge die Sprache die tiefste Äußerungsform des nationalen Geistes sei. Offensichtlich war es undenkbar, daß eine Nation drei Geister hatte, und ebensowenig konnten sich zwei Nationalitäten einen Dialekt teilen.« (S. 81)

tursprachen modernisieren lassen, um sie einem Leben der Gegenwart anzupassen, wie es von der Académie française oder Dr. Johnson noch nicht vorauszusehen war. Das Problem ist universell, wenn auch in vielen Fällen – vor allem bei den Holländern, Deutschen, Tschechen, Isländern und etlichen anderen – kompliziert durch eine Art philologischen Nationalismus, d.h. durch das Pochen auf die Reinheit des nationalen Wortschatzes, so daß etwa deutsche Wissenschaftler sich genötigt sahen, aus dem griechischen Oxygen »Sauerstoff« zu machen, und manche Franzosen heute ein verzweifeltes Rückzugsgefecht gegen die verheerenden Auswirkungen des *franglais* führen. Das Problem spitzt sich jedoch zwangsläufig bei den Sprachen zu, die zwar nicht die Hauptträger der Kultur waren, aber doch geeignete Medien etwa für die höhere Bildung und die moderne technisch-wirtschaftliche Kommunikation werden möchten. Wir sollten die Größenordnung dieses Problems nicht unterschätzen. So beansprucht das Walisische, möglicherweise mit einigem Recht, die älteste lebende Literatursprache zu sein; es läßt sich ungefähr bis ins sechste Jahrhundert zurückverfolgen. Dennoch wurde 1847 festgestellt, daß es

> unmöglich wäre, manche normale Aussage in Politik und Wissenschaft im Walisischen so auszudrücken, daß ihr Sinn auch einem gebildeten walisischen Leser, der nicht mit der englischen Sprache vertraut ist, verständlich würde (*Reports of the Commissioners of Inquiry* 1847, S. 853 f.).

Aus alledem ergibt sich unzweideutig, daß die Sprache bestenfalls für die Herrscher und die Gebildeten ein Kriterium für eine Nation sein konnte, und selbst diese konnten zunächst nicht umhin, eine nationale Landessprache (in einer standardisierten literarischen Form) gegenüber den angeseheneren Sprachen – heilig oder klassisch oder beides – auszuwählen, wobei letztere für kleine Eliten vollkommen ausreichende Mittel der administrativen oder intellektuellen Kommunikation, der öffentlichen Debatte oder – man denke an das klassische Persisch des Mogulreichs oder das klassische Chinesisch im Heian-Japan – der Dichtkunst darstellten. Diese Wahl wurde zugegebenermaßen früher oder später überall getroffen, abgesehen vielleicht von China, wo die Verkehrssprache der klassisch Gebildeten zum einzigen Kommunikationsmedium zwischen ansonsten untereinander unverständlichen Dialekten in dem riesigen Reich wurde und gegenwärtig im Begriff steht, zu einer Art gesprochener Sprache zu werden.

Warum sollte also die Sprache ein so wichtiges Kriterium der Gruppenzugehörigkeit werden, ausgenommen vielleicht in den Fällen, in denen die sprachliche Differenzierung mit einem anderen Merkmal zusammenfiel, durch das man sich von einer anderen Gemeinschaft unterscheiden konnte? Nicht einmal die Ehe als Institution setzt eine Gemeinsamkeit der Sprache voraus, andernfalls könnte es kaum eine institutionalisierte Exogamie geben. Ich sehe kein Argument gegen die Schlußfolgerung von Arno Borst in seiner *Geschichte der Meinungen über Ursprung und Vielfalt der Sprachen der Völker*: »Erst späte Verallgemeinerung hält Menschen gleicher Sprache und Herkunft für Freunde, Fremde für Feinde« (1957 ff., Bd. 4, S. 1913). Wo es in der näheren Umgebung keine fremden Sprachen gibt, da ist die eigene Sprache nicht so sehr ein Gruppenmerkmal, sondern etwas, das allen Menschen so gemeinsam ist wie zwei Beine. Wo mehrere Sprachen nebeneinander bestehen, kann Mehrsprachigkeit so normal sein, daß eine ausschließliche Identifizierung mit einer bestimmten von ihnen ganz willkürlich wäre. (Dies macht Volkszählungen, die eine solch ausschließliche Wahl verlangen können, zu unzuverlässigen Quellen von Informationen über Sprachen; vgl. Lévy 1938.) In solchen Regionen können Sprachenstatistiken von einer Volkszählung zur nächsten wilden Schwankungen unterliegen, da die Identifikation mit einem Idiom nicht auf dessen Kenntnis beruht, sondern auf einer anderen Variablen, wie in manchen Gebieten Sloweniens und Mährens unter den Habsburgern; oder die Bevölkerung spricht sowohl ihre eigene Sprache als auch eine offiziell nicht anerkannte Verkehrssprache, wie in Teilen Istriens (Brix 1982, insbes. S. 182, 214 und 332). Außerdem sind diese Sprachen untereinander nicht austauschbar. Die Einwohner von Mauritius befinden nicht willkürlich darüber, ob sie die kreolische oder ihre Landessprache sprechen, da sie beide für je verschiedene Zwecke verwenden, nicht anders als die Deutschschweizer, die Hochdeutsch schreiben und Schwyzerdütsch sprechen, oder der slowenische Vater in Joseph Roths Roman *Radetzkymarsch*, der seinen beim Militär beförderten Sohn nicht in der gewohnten Sprache anredet, sondern aus Respekt vor dem Rang eines Offiziers im Habsburger Heer »im harten

Deutsch der Armee-Slawen« (Roth 1932, S. 9). Tatsächlich ist die mystische Gleichsetzung von Nationalität und einer Art platonischer Idee der Sprache, die hinter und über allen abweichenden und unvollkommenen Versionen existiert, weit eher kennzeichnend für die ideologische Konstruktion nationalistischer Intellektueller mit Herder als ihrem Propheten denn für die wirklichen Benutzer der Sprache aus der einfachen Bevölkerung. Es ist ein literarischer und kein existentieller Begriff.

Damit soll nicht bestritten werden, daß Sprachen oder sogar Sprachfamilien nicht ein wesentlicher Teil der alltäglichen Realität sind. Für die meisten Völker der germanischen Sprachen sind die Fremden im Westen und Süden – in der Hauptsache Romanischsprechende, aber auch Kelten – zumeist »Welsche«, während die meisten Menschen finnischer und später slawischer Sprache im Osten und Südosten für sie »Wendische« waren, und umgekehrt galten den meisten Slawen alle Deutschsprechenden als »nemci«. Dennoch war ihnen allen immer klar, daß Sprache und Volk (wie auch immer sie definiert sein mochten) nicht zusammenfielen. Im Sudan leben die seßhaften Fur in Symbiose mit den nomadisierenden Baggara, doch werden lagernde Fur-Nomaden, die die eigene Sprache sprechen, behandelt, als wären sie Baggara, da der maßgebliche Unterschied zwischen beiden Völkern nicht in der Sprache, sondern in der Lebensweise besteht. Daß diese Nomaden Fur sprechen, »macht lediglich die üblichen Transaktionen wie den Kauf von Milch, die Zuweisung von Lagerplätzen oder den Bezug von Viehdung, wie sie auch mit anderen Baggara vonstatten gehen, ein ganzes Stück reibungsloser« (Barth 1969, S. 30).

Etwas »theoretischer« ausgedrückt: Die berühmten 72 Sprachen, in die sich die Menschheit nach dem Turmbau von Babel aufspaltete (zumindest nach Meinung mittelalterlicher Kommentare zum Buch Genesis), erstreckten sich nach Anselm von Laon, einem Schüler des großen Anselm von Canterbury, jeweils über mehrere *nationes* oder Stämme. Wilhelm von Alton, ein englischer Dominikanermönch, der um die Mitte des 13. Jahrhunderts weitere Überlegungen zu diesem Thema anstellte, teilte die Menschen in Sprachgruppen (je nach der gesprochenen Sprache), in *generationes* (nach der Herkunft), in Bewohner bestimmter Territorien und in *gentes*, die sich hinsichtlich ihrer Sitten und Bräuche unterschieden. Diese Klassifikationen waren nicht unbedingt deckungsgleich, und Wilhelm von Alton war es besonders darum zu tun, »natürliche« von rechtlichen Gemeinschaften abzugrenzen, und nur die letzteren verdienten die Bezeichnung *populus* (Volk). »Ein Volk ist [für ihn] ... was ein Volk sein will und sich ein gemeinsames Gesetz auferlegt« (Borst 1957 ff., Bd. II,2 S. 752 ff.). In dieser Analyse zeigt Wilhelm von Alton einen bewundernswerten, aber bis zur Mitte des 19. Jahrhunderts nicht ungewöhnlichen Scharfblick und Realitätssinn.

Denn die Sprache war lediglich eine und nicht unbedingt die primäre Art und Weise, Kulturgemeinschaften voneinander zu unterscheiden. Bei Herodot lesen wir, daß die Griechen trotz ihrer geographischen und politischen Zersplitterung ein einziges Volk bildeten, da sie gemeinsamer Abstammung waren, eine gemeinsame Sprache sprachen, gemeinsame Götter und heilige Stätten, Opferfeste und Gebräuche, Sitten oder Lebensweisen hatten (*Historien*, VIII, 144).[7] Für Literaten wie Herodot war die Sprache zweifellos von großer Bedeutung. War sie auch für den einfachen Böotier oder Thessalier ein wichtiges Kriterium der Zugehörigkeit zur Griechenheit? Wir wissen es nicht. Was wir dagegen wissen, ist, daß nationalistische Kämpfe in der Neuzeit zuweilen erschwert wurden, weil sich einzelne Fraktionen von Sprachgruppen weigerten, sich mit ihren Sprachgenossen zu einer politischen Einheit zusammenzuschließen. Solche Fälle (die sogenannten »Wasserpolaken« in Oberschlesien während ihrer deutschen Periode, die sogenannten »Windischen« in der Grenzzone zwischen dem heutigen Österreich und dem slowenischen Teil Jugoslawiens) führten zu heftigen Beschuldigungen seitens der Polen und Slowenen, diese Bezeichnungen seien von großdeutschen Chauvinisten erfunden worden, um ihren territorialen Expansionismus zu rechtfertigen, und daran war sicherlich etwas Wahres. Trotzdem läßt sich nicht bestreiten, daß es Menschen gab, die der Sprache nach Polen und Slowenen waren, die es jedoch aus welchen

7 Borst weist in einer Erörterung dieser Frage darauf hin, daß die Griechen zweifellos der Meinung waren, »Sprache« sei an ein »Volk« gebunden und beider Zahl lasse sich angeben, daß jedoch Epikur die Sprache für belanglos hielt und der Stoiker Zeno neben dem Griechischen auch Phönikisch sprach (1957 ff., Bd. I, S. 137 und 160).

Gründen auch immer vorzogen, sich politisch als Deutsche oder Österreicher zu bezeichnen.

Sprache im Herderschen Sinne der von einem Volk gesprochenen Sprache war somit unmittelbar kein zentrales Element bei der Herausbildung des Protonationalismus, wenn sie in dieser Hinsicht auch nicht gänzlich belanglos war. Mittelbar sollte sie jedoch für die moderne Definition von Nationalität eine zentrale Rolle spielen – und damit auch für das Bild, das man sich von ihr macht. Denn wo eine Elite eine Bildungs- oder Verwaltungssprache benutzt (und mag die Zahl ihrer Sprecher auch noch so klein sein), da kann diese aus drei Gründen, die Benedict Anderson aufgeführt hat, zu einem maßgeblichen Element eines vornationalen Zusammenhalts werden (Anderson 1983, S. 51 ff. und allgemeiner über Sprache Kap. 5).

Erstens läßt sie in dieser untereinander verkehrenden Elite eine Gemeinschaft entstehen, die, wenn sie sich mit einem bestimmten territorialstaatlichen Gebiet und einer landessprachlichen Zone deckt oder damit zur Deckung gebracht werden kann, als eine Art Modell oder Versuchsprojekt für die umfassendere, bislang aber noch nicht vorhandene und miteinander verkehrende Gemeinschaft der »Nation« dienen kann. Insofern sind die gesprochenen Idiome für die zukünftige Nationalität nicht belanglos. Tote »klassische« oder rituelle Sprachen sind dagegen trotz ihres Ansehens wenig geeignet, zu Nationalsprachen zu werden, wie man in Griechenland feststellte, wo zwischen dem gesprochenen Alt- und Neugriechischen tatsächlich eine sprachliche Kontinuität bestand. Vuk Karadzić (1787-1864), der große Reformer und praktische Begründer des modernen literarischen Serbokroatisch, widersetzte sich zweifellos zu Recht den frühen Versuchen, eine solche literarische Sprache aus dem Kirchenslawischen zu schaffen. Solche Versuche wurden von denen unternommen, die die spätere Erfindung des Hebräischen aus einem modifizierten Althebräisch vorwegnahmen. Karadzić aber legte seinem Serbokroatisch die von der serbischen Bevölkerung gesprochenen Dialekte zugrunde.[8] Sowohl der Impuls, der zur Schaffung des modernen gesprochenen Hebräisch führte, als auch die Umstände, welche zu seiner endgültigen Durchsetzung beitrugen, fallen zu sehr aus dem Rahmen, um ein allgemeines Beispiel zu geben.

8 Eine ähnliche Debatte hinsichtlich der slowakischen Sprache findet sich bei Seton-Watson (1977), S. 170 f.

Sofern der Dialekt, der die Grundlage einer Nationalsprache bildet, tatsächlich gesprochen wird, spielt es allerdings keine Rolle, daß seine Sprecher eine Minderheit darstellen, solange sie nur über ein ausreichendes politisches Gewicht verfügen. In diesem Sinne war das Französische für den Begriff Frankreich wesentlich, obwohl es 1789 von 50 Prozent der Franzosen überhaupt nicht und nur von 12 bis 13 Prozent »richtig« gesprochen wurde – und außerhalb einer Zentralregion wurde es in der Regel nicht einmal im Gebiet der *langue d'oui* ständig gesprochen, mit Ausnahme der Städte (und selbst dort nicht immer auch in den Vorstädten). In Nord- und Südfrankreich sprach so gut wie niemand Französisch.[9] Während das Französische wenigstens einen Staat hatte, dessen »Nationalsprache« es sein konnte, war die einzige Basis für die Einigung Italiens die italienische Sprache, welche die gebildete Elite der Halbinsel als Lese- und Schreibkundige vereinte, obwohl nach Berechnungen zum Zeitpunkt der Vereinigung (1860) nur 2,5 Prozent der Bevölkerung diese Sprache im Alltag verwendeten (de Mauro 1963, S. 41). Denn in der Tat konnte allein diese kleine Gruppe ein italienisches Volk sein. Ein anderes gab es nicht; so war sie auch *das* italienische Volk. Desgleichen war Deutschland im 18. Jahrhundert ein reiner Kulturbegriff, und dennoch hatte allein darin »Deutschland« sein Dasein, im Unterschied zu der Vielfalt von Groß- und Kleinstaaten, die nach Religion und politischer Orientierung gespalten waren und mit Hilfe der deutschen Sprache verwaltet wurden. Deutschland bestand aus höchstens dreihundert- bis fünfhunderttausend Personen, die literarische Werke in der Landessprache lasen[10], und der höchstwahrscheinlich wesentlich kleineren Zahl derjenigen, die tatsächlich die Hoch- oder Bildungssprache für alltägliche Zwecke benutzten[11],

9 Die grundlegende Quelle zu diesem Thema ist Brunot (1927-43), vor allem Bd. 11; daneben de Certeau et al. (1975). Das Problem der Erweiterung der offiziellen Sprache einer Minderheit zu einer Nationalsprache der breiten Masse während und nach der Französischen Revolution behandelt die hervorragende Untersuchung von Balibar (1985), s. auch dieselbe und Laporte (1974).

10 Bis ins frühe 19. Jahrhundert, d.h. in einem Zeitraum von 30 bis 40 Jahren, wurden von *allen* Werken Goethes und Schillers in Werk- und Einzelausgaben insgesamt weniger als 100 000 Exemplare verkauft (Wehler 1987, Bd. 1, S. 305).

11 Abgesehen von der Schweiz ist es wahrscheinlich leicht übertrieben zu behaupten, daß »anche oggi il tedesco (Hochdeutsch), ancor piu che l'italiano, è una vera e

insbesondere die Schauspieler, die jene (neuen) Bühnenwerke aufführten, die zu den Klassikern der Landessprache wurden. Denn solange es keinen staatlichen Maßstab für die richtige Sprache gab (z.B. in England das »King's English«), wurde hier in Deutschland der Maßstab für richtiges Deutsch im Theater gesetzt.

Der zweite Grund liegt darin, daß die gemeinsame Sprache allein deshalb, weil sie nicht natürlich gewachsen, sondern konstruiert war, eine neue Fixiertheit (insbesondere in gedruckter Form) erwarb, die ihr einen größeren Anschein von Dauerhaftigkeit und damit auch (durch eine optische Illusion) von »Ewigkeit« verlieh, als es tatsächlich der Fall war. Von daher erklärt sich die Bedeutung nicht nur der Erfindung des Drucks vor allem dort, wo wie häufig die landessprachliche Version eines heiligen Buches das Fundament der Literatursprache bildete, sondern auch der großen Korrektoren und Vereinheitlicher, die in der Literaturgeschichte jeder Kultursprache aufscheinen, jedenfalls nach der Erfindung des Buchdrucks. Diese Ära tritt im wesentlichen zwischen dem späten achtzehnten und dem frühen zwanzigsten Jahrhundert mit wenigen Ausnahmen für alle europäischen Sprachen ein.

Drittens wurde die offizielle oder Bildungssprache von Herrschern und Eliten im allgemeinen über das öffentliche Schulwesen und andere verwaltungstechnische Mechanismen zur Landessprache der modernen Staaten.

All dies sind jedoch spätere Entwicklungen. Sie betreffen kaum die Sprache der normalen Bevölkerung in der vornationalistischen und ganz sicher nicht in der vorliterarischen Zeit. Das Mandarin oder Hochchinesisch hielt zweifellos ein riesiges Reich zusammen, zwischen dessen Völkern vielfach keine Verständigung möglich war,

---

propria lingua artificiale di cultura, sovradialettale, ›sotto‹ o insieme con la quale la maggior parte degli utenti si servono anche di una *Umgangssprache* locale« (Lörinczi Angioni 1981-83, S. 139), doch es traf sicherlich für das frühe 19. Jahrhundert zu. So benutzte Manzoni, dessen Roman *I Promessi sposi* (Die Brautleute) das Italienische als Nationalsprache der Prosadichtung schuf, diese Sprache nicht für den Alltagsgebrauch, sondern verkehrte mit seiner französischen Frau in deren Sprache (die er vermutlich besser beherrschte als Italienisch) und mit anderen in seiner Mailänder Muttersprache. Die erste Auflage seines großartigen Romans enthielt noch zahlreiche Spuren der Mailänder Mundart, ein Makel, den er aus der zweiten Auflage systematisch zu tilgen versuchte. Ich danke Professor Conor Fahy für diesen Hinweis.

doch geschah dies nicht unmittelbar über die Sprache, sondern durch die Verwaltung eines zentralisierten Reiches, die sich in diesem Fall eines gemeinsamen Bestands an ideographischen Zeichen und eines Kommunikationsmittels für die Elite bediente. Für die meisten Chinesen wäre es völlig gleichgültig gewesen, wenn die Mandarine sich auf Lateinisch verständigt hätten, so wie es den meisten Bewohnern Indiens gleichgültig war, daß die Ostindische Kompanie in den Jahren nach 1830 das Persische, die Verwaltungssprache des Mogulreiches, durch Englisch ersetzte. Beide waren für sie gleich fremd und – da sie weder lesen noch schreiben konnten – ohne Bedeutung. Sehr zum Kummer der späteren nationalistischen Historiker liefen die flämischen Bewohner des heutigen Belgien nicht Sturm gegen die Franzosen wegen der rücksichtslosen Französisierung der öffentlichen und administrativen Sphäre zur Zeit der Revolutions- und der Napoleonischen Kriege, und nicht einmal Waterloo führte zu einer »entschlossenen Bewegung in Flandern zugunsten der flämischen Sprache oder der flämischen Kultur« (Clough 1930, S. 25).[12] Welchen Grund hätten sie gehabt? Denen, die kein Französisch verstanden, hätte selbst ein Regime von Sprachfanatikern in der Praxis administrative Zugeständnisse machen müssen. Es kann daher nicht überraschen, daß der Zustrom frankophoner Fremden in die ländlichen Gemeinden Flanderns eher deshalb auf Ablehnung stieß, weil diese sich weigerten, sonntags zur Kirche zu gehen, als aus sprachlichen Gründen (ebd., S. 21 f.). Kurz, abgesehen von Sonderfällen besteht kein Grund zu der Annahme, daß die Sprache mehr war als ein Kriterium unter mehreren, an denen die Menschen die Zugehörigkeit zu einer Gruppe festmachten. Und es ist absolut sicher, daß die Sprache vorläufig noch kein politisches Potential hatte. So bemerkte ein französischer Beobachter im Jahr 1536 zum Turmbau von Babel:

> Es gibt heute mehr als 72 Sprachen, weil heute mehr verschiedene Nationen auf der Erde leben als damals. (Zit. n. Borst 1957-63, Bd. III, 1, S. 1123)

Die Zahl der Sprachen vermehrt sich also mit der Zahl der Staaten und nicht umgekehrt.

Wie verhält es sich mit der Zugehörigkeit zu einer Volksgruppe

---

12 Über die Langsamkeit in der Entwicklung eines Sprachbewußtseins schreibt Lorwin (1966).

(Ethnizität)? Normalerweise ist diese fast immer auf unbestimmte Weise an eine gemeinsame Herkunft und Abstammung geknüpft, woraus sich angeblich die gemeinsamen Merkmale der Mitglieder einer Volksgemeinschaft ableiten. »Verwandtschaft« und »Blut« sind offensichtlich von Vorteil, wenn es darum geht, die Mitglieder einer Gruppe aneinander zu binden und Außenstehende auszuschließen, und die beiden Begriffe stehen deshalb im Mittelpunkt eines völkisch begründeten Nationalismus. »Kultur kann nicht anerzogen werden. Kultur muß im Blute liegen. Das sehen wir heute am besten an den Juden, die höchstens unsere Zivilisation, nie aber unsere Kultur sich aneignen konnten.« Mit diesen Worten begrüßte 1938 der nationalsozialistische Kreisleiter von Innsbruck, Hans Hanak – dessen Name ironischerweise eine slawische Herkunft verrät –, die NS-Frauenschaft dieser Stadt und fuhr fort: »Nur vorübergehend vermochte fremder Einfluß die hohe und geachtete Stellung der Frau herunterzudrücken. Zwei Jahrzehnte predigte jüdischer Marxismus den Frauen die Gleichstellung gegenüber den Männern.« (Spira 1988, S. 6) Trotzdem ist Abstammung als Begründung einer ethnischen Zugehörigkeit schlicht bedeutungslos, da das wesentliche Fundament einer Volksgruppe als einer Form der gesellschaftlichen Organisation kultureller und nicht biologischer Art ist.[13]

Darüber hinaus sind die Bevölkerungen großer territorialer Nationalstaaten fast durchwegs zu heterogen, um eine gemeinsame Volkszugehörigkeit beanspruchen zu können, selbst wenn wir die Einwanderungen der Neuzeit einmal beiseite lassen; auf jeden Fall *wissen* wir aus der Bevölkerungsgeschichte großer Teile Europas, wie vielfältig die Herkunft ethnischer Gruppen sein kann, vor allem dort, wo Gebiete im Lauf der Zeit entvölkert und neu besiedelt wurden wie in weiten Landstrichen von Mittel-, Ost- und Südosteuropa oder auch in Teilen Frankreichs (Zeldin 1977, Bd. 1, S. 46 f.). Wie weit sich eigentlich vorrömische Illyrer, Römer, Griechen und eingewanderte Slawen verschiedenster Herkunft und die verschiedenen Wellen zentralasiatischer Einfälle miteinander vermischt haben, von den Awaren bis zu den osmanischen Türken, deren Nachkommen sich allesamt in jedem Volk Südosteuropas finden, diese Frage ist ein

13 Ich folge hier dem überzeugenden Argument von F. Barth (1968).

fortwährender Streitpunkt (ganz besonders in Rumänien). So sind die Montenegriner, die ursprünglich als Serben galten, heute jedoch als eine eigene »Nationalität« mit föderierter Republik angesehen werden, anscheinend ein Gemisch aus serbischen Bauern, Überresten aus dem alten serbischen Königreich und walachischen Hirten, die in diese Region nach deren Entvölkerung durch die türkischen Eroberungen eingewandert waren (Banac 1984, S. 44).[14] Natürlich soll damit nicht in Abrede gestellt werden, daß z.B. die Madjaren im 13. Jahrhundert sich wahrscheinlich als eine Volksgemeinschaft betrachtet hätten, da sie von asiatischen, in mehreren Wellen eingedrungenen Nomaden abstammten (oder eine solche Abstammung für sich beanspruchen konnten); außerdem sprachen sie Mundarten einer Sprache, die völlig anders war als die Sprachen in ihrer Umgebung, lebten im großen und ganzen in einer ganz besonderen Umwelt, hatten ihr eigenes Königreich und zweifellos verschiedene Gebräuche ihrer Vorfahren gemeinsam. Doch sind solche Fälle nicht besonders häufig.

Trotz alledem konnte und kann eine Volkszugehörigkeit im Sinne Herodots Menschen, die auf großen Territorien oder sogar zerstreut leben und kein politisches Gemeinwesen haben, miteinander zu etwas verknüpfen, das man als Vorläufer heutiger Nationen bezeichnen könnte. Das gilt etwa für Kurden, Somalis, Juden, Basken und andere. Eine solche Volkszugehörigkeit steht freilich in keinerlei historischem Bezug zum Kern der modernen Nation, nämlich der Bildung eines Nationalstaats oder überhaupt eines Staates, wie das Beispiel der alten Griechen zeigt. Man könnte sogar behaupten, daß die Völker mit dem stärksten und dauerhaftesten Gefühl der Zugehörigkeit zu einem wie immer gearteten »Stammesvolk« nicht nur der Aufoktroyierung des modernen – nationalen oder sonstwie gearteten –, sondern eines *jeden* Staates widerstanden haben, wie die Paschto-Sprechenden in Afghanistan und Nordwestpakistan ebenso bezeugen wie die schottischen Highlanders vor 1745, die Atlasberber und andere, die einem in diesem Zusammenhang einfallen.

---

14 Da diese Angaben jedoch einer umfassenden und gelehrten *Istorija Crne Gore* entnommen sind, 1970 in der Hauptstadt einer Republik erschienen, die ihre Existenz auf die Annahme gründet, daß Serben und Montenegriner nicht dasselbe sind, sollte der Leser wie stets bei einer Geschichtsdarstellung aus einem der Balkanländer seine Ohren für das Geräusch von ideologischen Äxten, die geschliffen werden, spitzen.

Sofern andererseits »das Volk« mit einem bestimmten Gemeinwesen gleichgesetzt wurde, überwand es ethnische (und sprachliche) Trennlinien, auch wenn diese noch so offensichtlich waren. Die Männer im »heil'gen Land« Tirol, die sich 1809 unter Andreas Hofer gegen die Franzosen erhoben, setzten sich ebenso aus Deutschen wie aus Italienern und zweifellos auch Ladinischsprechenden zusammen (Cole und Wolf 1974, S. 112 f.). Der Schweizer Nationalismus erstreckt sich bekanntlich über mehrere Volksgruppen. Und falls wir vermuten wollten, daß die griechischen Bergbewohner, die sich zu Byrons Tagen gegen die Türken erhoben, Nationalisten waren, was zugegebenermaßen unwahrscheinlich ist, dann kämen wir doch nicht um die Tatsache herum, daß einige ihrer größten Kämpfer keine Griechen, sondern Albaner waren (die Sulioten). Darüber hinaus stützen sich nur sehr wenige moderne Nationalbewegungen wirklich auf ein starkes ethnisches Bewußtsein, obwohl sie häufig eines erfinden, wenn sie erst einmal in Gang gekommen sind, und zwar in Form eines Rassismus. Nach alledem können wir also nicht mehr darüber überrascht sein, daß die Donkosaken sich nicht auf eine Volkszugehörigkeit oder eine gemeinsame Abstammung beriefen, wenn sie sich zu Söhnen des Heiligen Rußland erklärten. Und sie taten klug daran, denn wie so viele Gemeinschaften freier bäuerlicher Krieger waren sie ganz unterschiedlicher Herkunft. Viele von ihnen waren Ukrainer, Tataren, Polen, Litauer oder Großrussen. Was sie vereinte, war nicht das Blut, sondern der Glaube.

Ist die Volkszugehörigkeit oder »Rasse« für den modernen Nationalismus deshalb ohne Bedeutung? Das ist offenbar nicht der Fall, da sichtbare Unterschiede in den Körpermerkmalen zu sehr ins Auge springen, um übersehen werden zu können; und häufig wurden sie dazu benutzt, Unterschiede – auch nationaler Art – zwischen »ihnen« und »uns« kenntlich zu machen oder hervorzuheben. Zu diesen Unterschieden sind nur drei Dinge zu bemerken. (1) Sie haben historisch ebenso als horizontale wie als vertikale Trennlinien gedient; vor der Ära des modernen Nationalismus eher dazu, soziale Schichten als ganze Gemeinschaften voneinander abzugrenzen. Die meistverbreitete Form der Unterscheidung nach der Hautfarbe in der Geschichte ist beklagenswerterweise diejenige, die helleren Hautfarben innerhalb der gleichen Gesellschaft einen höheren Rang zuordnete (wie z.B. in Indien), obwohl massenhafte Wanderungsbewegungen und eine soziale Mobilität diesen Sachverhalt kompliziert oder gar in sein Gegenteil verkehrt haben, so daß die »richtige« Form der rassischen Zuordnung sich an den »richtigen« Rang innerhalb der gesellschaftlichen Hierarchie knüpft und nicht umgekehrt. So werden beispielsweise in den Andenländern Indianer, die der unteren Mittelschicht angehören, automatisch als »Mestizen« oder *cholos* umklassifiziert, ganz unabhängig von ihrem körperlichen Erscheinungsbild.[15]

(2) Eine »sichtbare« ethnische Zugehörigkeit ist tendenziell negativer Art, da sie weit häufiger dazu benutzt wird, die »andere« und nicht die eigene Gruppe abzugrenzen. Von daher erklärt sich die sprichwörtliche Rolle rassischer Stereotype (die »jüdische Nase«), die relative Blindheit von Kolonisatoren für Nuancen in der Hautfarbe derer, die in ihrer Gesamtheit als »Schwarze« bezeichnet werden, und die Behauptung, »für mich sehen sie alle gleich aus«, die wahrscheinlich auf einer selektiven sozialen Wahrnehmung von dem beruht, was »die anderen« der eigenen Vorstellung nach gemeinsam haben, z.B. Schlitzaugen und eine gelbe Haut. Die ethnisch-rassische Homogenität der eigenen »Nationalität« wird als etwas Selbstverständliches betrachtet, wo sie geltend gemacht wird – was keineswegs in allen Fällen geschieht –, selbst wenn eine auch nur oberflächliche Überprüfung zu Zweifeln daran führen müßte. Denn für »uns« ist es offensichtlich, daß die Mitglieder unserer »Nationalität« große Unterschiede in der Körpergröße und -gestalt aufweisen, auch wenn sie einzelne Körpermerkmale wie z.B. einen bestimmten Typ schwarzer Haare miteinander gemeinsam haben. Nur für »sie« sehen wir alle gleich aus.

(3) Eine derartige ethnische Nichtzugehörigkeit spielt beim Protonationalismus praktisch nirgendwo eine Rolle, solange sie nicht mit einer Art Staatstradition verschmolzen ist oder werden kann wie viel-

---

15 Andererseits beurteilen jene, die die gesellschaftliche Position einer Person nicht kennen – vielleicht weil sie in die Großstadt zugewandert ist –, diese allein nach der Hautfarbe und deklassieren sie damit. Ein diesbezügliches Ressentiment war offenbar in den sechziger und siebziger Jahren ein häufiger Grund für die politische Radikalisierung von Studenten in Lima, als die Kinder von aufstrebenden *cholo*-Familien aus der Provinz die rasch expandierenden Universitäten in Scharen bevölkerten. Ich danke Nicholas Lynch, der diesen Tatbestand in seiner unveröffentlichten Untersuchung über die maoistischen Studentenführer an der San Marcos-Universität festgestellt hat.

leicht in China, Korea und Japan; diese Länder zählen wirklich zu den extrem seltenen Beispielen für historische Staaten, deren Bevölkerung ethnisch weitgehend oder völlig homogen ist.[16] In solchen Fällen ist es durchaus möglich, daß ethnische Zugehörigkeit und politische Loyalität Hand in Hand gehen. Ich habe mir sagen lassen, daß sich die besondere Rolle, die die Ming-Dynastie seit ihrem Sturz 1644 bei chinesischen Aufständen spielt – ihre Wiederherstellung war und ist vielleicht noch eines der Ziele bedeutender Geheimgesellschaften – der Tatsache verdankt, daß sie im Unterschied zu ihrer Vorgängerin, der mongolischen Yüan-Dynastie und ihrer Nachfolgerin, der Mandschu-Dynastie, eine rein chinesische oder Han-Dynastie war.

Deshalb haben die offensichtlichsten ethnischen Unterschiede bei der Genese des modernen Nationalismus eine ziemlich unbedeutende Rolle gespielt. Die Indianer Lateinamerikas hatten seit der spanischen Eroberung einen ausgeprägten Sinn für ihre ethnische Eigenart gegenüber Mestizen und Weißen, insbesondere nachdem das spanische Kolonialsystem die Bevölkerung in Rassenkasten eingeteilt hatte.[17] Mir ist allerdings kein Fall bekannt, wo dieses Bewußtsein bislang zu einer nationalistischen Bewegung geführt hätte. Es hat bei den Indianern im Unterschied zu den *indigenista*-Intellektuellen nicht einmal ein besonderes Gefühl des Panindianismus hervorgerufen.[18] Die Bewohner der afrikanischen Länder südlich der Sahara ha-

16 So sind unter den nichtarabischen Staaten Asiens heute Japan sowie Nord- und Südkorea zu 99 Prozent homogen, und 94 Prozent der Bevölkerung der VR China sind Han-Chinesen. Diese Länder existieren mehr oder weniger innerhalb ihrer historischen Grenzen.

17 Das Standardwerk ist Mörner (1961); s. auch Lipschutz (1963), vor allem Kap. 5. »Während die Leyes de Indias häufig von *castes* sprechen, sind die Begriffe und die Terminologie jedoch wechselhaft und widersprüchlich« (Bagu 1952, S. 122).

18 Die große Ausnahme, die die Analyse dieses Kapitels bestätigt (s. u., S. 191), ist die Erinnerung an das Inkareich in Peru, das Mythen und Bewegungen, die seine Wiederherstellung anstreben, inspiriert hat. S. die Anthologie *Ideología mesiánica del mundo andino* (1973) und Flores Galindo (1986). Aus der hervorragenden Darstellung der indianischen Bewegungen und ihrer Anhänger durch Flores Galindo geht jedoch unzweifelhaft hervor, a) daß gegen die *mistis* gerichtete Indianerbewegungen in der Hauptsache sozial begründet waren, b) daß sie keine »nationalen« Inhalte hatten, und sei es auch nur deshalb, weil die Andenindianer bis in die Zeit nach dem Zweiten Weltkrieg kein Bewußtsein davon hatten, in Peru zu leben (S. 321), und c) daß die *indigenista*-Intellektuellen der fraglichen Zeit praktisch nichts von den Indianern wußten (z.B. S. 292).

ben gegenüber ihren hellhäutigen Eroberern eine relativ dunkle Hautfarbe gemeinsam. *Négritude* ist ein tatsächlich existierendes Empfinden, nicht nur unter schwarzen Intellektuellen und Gebildeten, sondern überall dort, wo eine Menge von Dunkelhäutigen einer Menge von Menschen mit hellerer Hautfarbe begegnet. Dieses Gefühl kann ein politischer Faktor sein, doch das bloße Bewußtsein der eigenen Hautfarbe hat keinen einzigen afrikanischen Staat hervorgebracht, nicht einmal Ghana und Senegal, dessen Gründer von panafrikanischen Ideen geleitet waren. Und es hat auch nicht der Anziehungskraft der heutigen afrikanischen Staaten widerstanden, die aus ehemaligen europäischen Kolonien hervorgingen, deren einziger innerer Zusammenhalt sich einer Kolonialverwaltung von nur wenigen Jahrzehnten verdankte.

Somit bleiben uns nur die Kriterien für das Heilige Rußland, wie sie die Kosaken im 17. Jahrhundert gesehen haben: die Religion und ein Königtum oder Kaiserreich.

Die Verbindungen zwischen Religion und Nationalbewußtsein können sehr eng sein, wie die Beispiele Polen und Irland zeigen. Sie scheinen sogar noch enger zu werden, sobald der Nationalismus nicht länger die Ideologie einer Minderheit und eine Bewegung von Aktivisten ist, sondern die Massen erfaßt. Militante Zionisten in den heroischen Tagen des palästinensischen *Yishuv* zeigten sich eher demonstrativ mit Schinkenbrötchen in der Hand als mit der rituellen Mütze auf dem Kopf, wie sie heute von israelischen Eiferern getragen wird. Der Nationalismus arabischer Länder ist heute so sehr mit dem Islam verquickt, daß Anhänger und Gegner gleichermaßen Schwierigkeiten haben, darin die verschiedenen arabischen christlichen Minderheiten, die Kopten, Maroniten und griechischen Katholiken unterzubringen, die in Ägypten und im türkischen Syrien seine hauptsächlichen Vorkämpfer waren (Antonius 1938; Rodinson 1972). Diese zunehmende Verbindung von Nationalismus und Religion ist auch für die irische Bewegung kennzeichnend. Sie kann auch nicht überraschen. Die Religion ist eine alte und bewährte Methode, Gemeinschaft durch gemeinsame Bräuche und eine Art Brüderschaft zwischen Menschen herzustellen, die ansonsten nichts miteinander gemein haben.[19] Einige ihrer Versionen wie der Judaismus wurden

19 S. Van der Mehden (1963), der in seinem Buch Länder mit ganz unterschiedlichen Religionen behandelt.

eigens als Mitgliedsausweis für bestimmte Gemeinschaften konzipiert.

Trotzdem ist die Religion ein paradoxes Bindemittel für den Protonationalismus und erst recht für den modernen Nationalismus, der ihr im allgemeinen (zumindest in seinen stärker kämpferischen Phasen) sehr zurückhaltend begegnete, weil sie den Monopolanspruch der »Nation« auf die Loyalität ihrer Mitglieder in Frage stellen konnte. Jedenfalls wirken echte Stammesreligionen normalerweise innerhalb eines zu kleinen Rahmens für moderne Nationalitäten und widersetzen sich einer übermäßigen Ausdehnung. Auf der anderen Seite sind die Weltreligionen, die zu verschiedenen Zeiten zwischen dem sechsten vorchristlichen und dem siebten nachchristlichen Jahrhundert erfunden wurden, per definitionem universell und deshalb darauf bedacht, ethnische, sprachliche, politische und andere Unterschiede nicht zu thematisieren. Spanier und Indianer im Kaiserreich, Paraguayer, Brasilianer und Argentinier seit ihrer Unabhängigkeit waren gleichermaßen treue Kinder Roms und konnten sich aufgrund ihrer Religion nicht als eigene Gemeinschaften verstehen. Zum Glück müssen universelle Wahrheiten häufig gegeneinander konkurrieren, und Völker, die an den Rändern der einen beheimatet sind, können gelegentlich eine andere als Ausweis ihrer ethnischen Zugehörigkeit wählen, so wie Russen, Ukrainer und Polen sich in unierte, orthodoxe und römisch-katholische Gläubige aufspalten konnten (nachdem sich das Christentum als die fruchtbarste Brutstätte rivalisierender universeller Wahrheiten erwiesen hatte). Vielleicht verdankt sich die Tatsache, daß das große konfuzianische Reich China auf der Landseite von einem riesigen Halbkreis kleiner Völker umgeben ist, die anderen Religionen anhängen (hauptsächlich dem Buddhismus, aber auch dem Islam), demselben Phänomen. Trotzdem muß festgehalten werden, daß die Vorherrschaft übernationaler Religionen, jedenfalls in den Religionen der Welt, in denen sich ein moderner Nationalismus entwickelt hat, einer religiös-ethnischen Identifizierung Grenzen gesetzt hat. Diese ist keineswegs universell, und selbst dort, wo es sie gibt, grenzt sie gewöhnlich das betreffende Volk nicht von allen seinen Nachbarn ab, sondern nur von einigen, so wie sich z.B. die Litauer aufgrund ihres römischen Katholizismus von den lutherischen Deutschen und Letten und von den orthodoxen Russen und Weißrussen unterscheiden, nicht jedoch von den Polen, die ebenso tiefgläubige Katholiken sind. In Europa definieren sich allein die nationalistischen Iren, die nur Protestanten als Nachbarn haben, ausschließlich durch ihre Religion.[20]

Aber was bedeutet eigentlich eine ethnisch-religiöse Identifikation dort, wo sie vorkommt? In einigen Fällen wird eine ethnische Religion offensichtlich in erster Linie deshalb gewählt, weil ein Volk einen Unterschied gegenüber seinen Nachbarvölkern oder -staaten empfindet. Anscheinend ist der Iran sowohl als zoroastrisches wie auch – seit seiner Konversion zum Islam oder zumindest seit den Safawiden – als schiitisches Land seinen eigenen göttlichen Weg gegangen. Die Iren identifizierten sich erst dann mit dem Katholizismus, als sie darauf verzichteten oder sich vielleicht auch weigerten, den Engländern in die Reformation zu folgen, und die massive Kolonisation eines Teils ihres Landes durch protestantische Siedler, die ihnen ihre besten Böden wegnahmen, war nicht gerade geeignet, sie zu bekehren.[21] Die Kirchen von England und Schottland sind politisch bestimmt, obwohl letztere den orthodoxen Calvinismus repräsentiert. Möglicherweise liefen die Einwohner von Wales, bislang nicht besonders darauf erpicht, einen eigenen religiösen Weg zu gehen, in der ersten Hälfte des 19. Jahrhunderts deshalb in Scharen zum protestantischen Nonkonformismus über, weil sie zu dieser Zeit ein Nationalbewußtsein erwarben, ein Vorgang, der unlängst genauer untersucht worden ist (Williams 1982, 1985). Auf der anderen Seite steht ebenso außer Frage, daß die Zugehörigkeit zu unterschiedlichen Religionen zur Herausbildung von zwei Nationalitäten beitragen kann, denn es sind zweifellos der römische Katholizismus (und dessen Begleiterscheinung, die lateinische Schrift) und die Orthodoxie (mit ihrer Begleiterscheinung, der kyrillischen Schrift), die die Kroaten und die Serben trotz der gemeinsamen Kultursprache

20 Im 19. Jahrhundert bot allerdings die Unterscheidung zwischen inbrünstigen Gläubigen und den Lauen oder Gottlosen zusätzliche Möglichkeiten, sich ein nationalreligiöses Abzeichen anzuheften. Das bewog die katholische Kirche dazu, mit Bewegungen wie denen der Bretonen, Basken oder Flamen zu sympathisieren.

21 In einer Grafschaft wie Antrim sagt man, daß ein Mann an der Erde, die er in seiner Hand zerkrümelt, fühlen kann, ob das Land, von dem diese Erde stammt, von Katholiken oder Protestanten bewohnt wird.

getrennt haben. Doch dann gibt es wieder Völker, die unstreitig ein protonationales Bewußtsein hatten wie die Albaner, während sie zugleich eine größere Zahl von Religionen aufweisen als sie normalerweise auf einem Territorium von der Größe Wales' vorkommen (verschiedene Formen des Islam, Orthodoxie und römischer Katholizismus). Und schließlich steht alles andere als fest, ob eine eigene religiöse Identität bei all ihrer Wirksamkeit für sich betrachtet dem Nationalismus überhaupt ähnlich ist. Die Tendenz geht in der jüngsten Zeit dahin, nicht mehr zwischen beiden zu unterscheiden, da uns das Modell eines Mehrkorporationen – Staates nicht mehr geläufig ist, in dem verschiedene Religionsgemeinschaften unter einer höchsten Obrigkeit als in mehrerer Hinsicht autonome und selbstverwaltete Organe nebeneinander bestehen wie z.B. im Millet-System unter der Osmanenherrschaft (Gibb und Bowen 1957, Bd. 1, S. 219-226). Pakistan war keineswegs das Produkt einer Nationalbewegung unter den Muslimen des damaligen Indischen Reiches, auch wenn man diesen Staat durchaus als Reaktion gegen eine panindische Nationalbewegung auffassen kann, die es versäumte, den besonderen Empfindungen oder Bedürfnissen der Muslime genügend Beachtung zu schenken. Und obwohl eine territoriale Aufteilung im Zeitalter der modernen Nationalstaaten das einzig verfügbare Mittel zu sein schien, ist es keineswegs unstrittig, daß der Moslemliga von Anfang an ein eigener Territorialstaat vorschwebte oder für sie unverzichtbar war, abgesehen von der kompromißlosen Haltung Jinnahs (der tatsächlich so etwas wie ein muslimischer Nationalist war, denn er war sicher kein religiöser Gläubiger). Und es steht außer Frage, daß der Großteil der einfachen Muslime in kommunalen und nicht in nationalen Dimensionen dachte und das Konzept einer nationalen Selbstbestimmung nicht so verstanden hätte, daß es etwas mit dem Glauben an Allah und seinen Propheten zu tun hatte.

Zweifellos sehen Pakistanis sich heute als Mitglieder einer eigenen (islamischen) Nation, ebenso wie die Bangladeschis, die für kürzer oder länger unter verschiedenen Staatsregierungen gelebt haben. Zweifellos werden sich bosnische und chinesische Muslime eines Tages jeweils als eigene Nationalität betrachten, da ihre Regierungen sie als solche behandeln. Aber wie bei so vielen anderen nationalen Phänomen wird auch dies ein Ergebnis sein, das nicht von vornherein beabsichtigt war. So stark die religiöse Identifizierung der Muslime mit dem Islam auch sein mag, innerhalb des riesigen Gebiets, in dem der Islam an andere Religionen angrenzt, gibt es mit Ausnahme der iranischen offenbar kaum eine protonationale oder nationale Bewegung, die sich eindeutig durch das Abzeichen des Islam kennzeichnen ließe. Daß sie sich heute möglicherweise gegen Israel oder vielleicht in den zentralasiatischen Sowjetrepubliken gegen die Moskauer Zentralregierung entwickeln, steht auf einem andern Blatt. Kurz, die Beziehungen zwischen Religion und einer vornationalen oder nationalen Identifikation bleiben komplex und äußerst undurchsichtig. Auf jeden Fall entziehen sie sich einer simplen Verallgemeinerung.

Die Verbindung eines Volkes mit umfassenderen Kulturen, insbesondere Schriftkulturen, häufig vermittelt durch die Konversion zur Variante einer Weltreligion, verhilft allerdings ethnischen Gruppen zu bestimmten Vorteilen, die später ihre Umwandlung und Strukturierung zu einer Nation begünstigen können (Gellner 1983). Dies läßt sich überzeugend am Beispiel afrikanischer Gruppen demonstrieren, etwa am Horn von Afrika, wo es für die christlichen Amharen ebenso wie für die muslimischen Somali einfacher war, zu »Staatsvölkern« zu werden, weil sie »Menschen des Buchs« sind, wenn auch in verschiedenen und rivalisierenden Ausgaben, wie Ernest Gellner es formuliert hat. Das klingt durchaus einleuchtend, obgleich noch nicht klar ist, wie weit die Konversion zu Varianten des Christentums sich auf die beiden anderen politischen Phänomene südlich des Saharagürtels ausgewirkt hat, die nach einem modernen Nationalismus der Massen aussehen, nämlich die Sezession Biafras 1967 und der Afrikanische Nationalkongreß (ANC).

Während die Religion selbst noch kein notwendiges Merkmal von Protonationalität ist (obgleich man sehen kann, warum sie dies für Russen im 17. Jahrhundert war, die einem doppelten Druck durch das katholische Polen und die moslemischen Türken und Tataren ausgesetzt waren), so sind es doch die heiligen Ikonen – auch für den modernen Nationalismus. Sie repräsentieren die Symbole und Rituale oder die kollektiven Bräuche, die allein einer ansonsten abstrakten Gemeinschaft eine greifbare Wirklichkeit verleihen. Es können gemeinsame Bilder (wie die Ikonen) oder Praktiken sein wie das täglich fünfmalige Gebet des Moslem oder auch rituelle Worte wie das muslimische »Allah akbar« oder das jüdische »Schema Jisroel«. Es können mit Namen versehene Bilder sein, die mit so großen Territorien identifiziert werden, daß diese eine Nation bilden könnten, wie die Heilige Jungfrau von Guadalupe in Mexiko oder die Schwarze Muttergottes von Montserrat in Katalonien. Es können regelmäßig stattfindende Festspiele oder Wettkämpfe sein, bei denen verstreut lebende Gruppen zusammenkommen, wie etwa die Olympischen Spiele oder neue nationalistische Erfindungen nach demselben Muster, so zum Beispiel die katalanischen Jocs Florals, das walisische Eisteddfod und andere. Die Bedeutung der heiligen Ikonen zeigt sich im universellen Gebrauch schlichter bunter Stoffbahnen – nämlich Flaggen – als den Symbolen moderner Nationen und deren Verbindung mit hoch besetzten rituellen Anlässen oder Akten der Verehrung.

Wie im Fall der Religion können jedoch »heilige Ikonen« jedweder Form und Art entweder zu weit oder zu eng gefaßt sein, um sich als Symbole einer Vorform der heutigen Nation zu eignen. Allein die Jungfrau Maria läßt sich schwer auf einen bestimmten Sektor innerhalb der katholischen Welt beschränken, und auf jede lokale Gottesmutter, die zu einem protonationalen Symbol wird, kommen Dutzende oder Hunderte, die Schutzpatroninnen lokaler Gemeinden bleiben oder aus anderen Gründen für unsere Zwecke ohne Bedeutung sind. Die hierfür am besten geeigneten Ikonen sind offensichtlich solche, die in besonderer Weise mit einem – noch in der vornationalen Phase befindlichen – Staat verknüpft sind, mit einem Gottkönig oder einem König oder Kaiser von Gottes Gnaden an der Spitze, dessen Reich zufällig mit einer Nation in spe zusammenfällt. Herrscher, die von Amts wegen Oberhäupter ihrer Kirche sind (wie in Rußland), bieten sich natürlich für eine solche Verbindung an, doch die magischen Königswürden in England und Frankreich machen deren Potential selbst dort sichtbar, wo Kirche und Staat getrennt sind (Bloch 1924). Da es vergleichsweise wenige Theokratien gibt, die gute Chancen haben, eine Nation zu werden, läßt sich nur schwer beurteilen, inwieweit eine rein göttliche Autorität hierfür genügt. Die Antwort auf diese Frage bleibt Kennern der mongolischen und tibetischen oder auch – näher zum Westen hin – der mittelalterlichen armenischen Geschichte vorbehalten. Im Europa des 19. Jahrhunderts reichte sie jedenfalls nicht aus, wie die sogenannten Neoguelfen in Italien entdecken mußten, als sie den Versuch unternahmen, das Papsttum zur Grundlage eines italienischen Nationalismus zu machen. Sie hatten keinen Erfolg damit, obwohl das Papsttum de facto eine italienische und vor 1860 sogar die *einzige* wirkliche allitalienische Institution war. Von der Heiligen Kirche konnte man allerdings kaum erwarten, daß sie aus sich eine lokal beschränkte nationale oder gar nationalistische Einrichtung machte, erst recht nicht unter Pius IX. Wie ein unter dem päpstlichen Banner vereintes Italien im 19. Jahrhundert ausgesehen hätte, lohnt nicht einmal die Mühe einer Spekulation.

Das führt uns zum letzten und wohl entscheidenden Kriterium des Protonationalismus, dem Bewußtsein nämlich, einem dauerhaften politischen Gemeinwesen anzugehören oder angehört zu haben.[22] Das wirksamste uns bekannte protonationale gesellschaftliche Bindemittel war zweifellos jene Eigenschaft, die in der Diktion des 19. Jahrhunderts eine »historische« Nation ausmachte, insbesondere wenn der Staat, der den Rahmen der späteren Nation abgab, mit einem besonderen »Staatsvolk« wie dem der Großrussen, der Engländer oder der Kastilier verbunden war. Hier ist allerdings eine klare Unterscheidung zu treffen zwischen den unmittelbaren und den mittelbaren Auswirkungen einer nationalen Geschichtlichkeit.

Denn in den meisten Fällen umfaßt die »politische Nation«, die den ursprünglichen Begriff für das spätere Volk als Nation liefert, nach allgemeinem Verständnis höchstens einen Bruchteil der Bewohner eines Staates, nämlich die privilegierte Elite, das heißt den hohen und den niederen Adel. Als der französische Hochadel die Kreuzzüge als *gesta Dei per francos* beschrieb, kam es niemandem in den Sinn, den Triumph des Kreuzes mit der großen Mehrheit der Bewohner Frankreichs oder auch nur des kleinen Teils jenes Sechsecks

22 Das bedeutet freilich weder, daß dieses Bewußtsein alle Gruppen der Bevölkerung gleichermaßen beeinflußte, noch daß es sich über ein Gebiet nach Art des Territoriums der modernen »Nation« erstreckte oder eine moderne »Nationalität« implizierte. Nach dem griechischen Volksbewußtsein, das vermutlich im byzantinischen Erbe wurzelt, bedeutete Griechentum (*romaiosyne*), Teil des Römischen Reiches zu sein.

in Verbindung zu bringen, das diesen Namen zum Ende des 11. Jahrhunderts trug, und sei es auch nur deshalb, weil die meisten derjenigen, die sich als die Abkömmlinge der Franken verstanden, die Bevölkerung, über die sie herrschten, als die Nachfahren von Menschen betrachteten, die von den Franken erobert worden waren. (Diese Auffassung wurde zu demokratischen Zwecken von der Republik vom Kopf auf die Füße gestellt; in den Schulbüchern wurde nun darauf gepocht, daß »unsere Vorfahren« die Gallier und nicht die Franken waren, und in reaktionärer und rassehygienischer Absicht haben die nachrevolutionären Reaktionäre wie Graf Gobineau dies erneut bekräftigt.) Dieses »nationale« Selbstbewußtsein des Adels »ist insoweit ein Vorläufer des modernen Nationalismus, als die ... drei Elemente, die Begriffe *natio*, politische *fidelitas* und *communitas*, ... bereits im Europa des 13.-15. Jahrhunderts sich im gesellschaftlich-politischen Bewußtsein und in den Emotionen einer gesellschaftlichen Gruppe vereinigen« (Szücs 1981, S. 85). Es ist dies der unmittelbare Vorläufer späterer Nationalismen in Ländern wie Polen und Ungarn, wo die Idee einer Nation von Polen und Madjaren sich ohne die mindeste Schwierigkeit mit der Tatsache vereinbaren ließ, daß ein Großteil der Bewohner unter der Stephanskrone oder des polnischen Staates im modernen Verständnis von Nation weder Madjaren noch Polen waren. Denn diese Plebejer zählten ebensowenig wie die Plebejer, die zufällig Madjaren oder Polen waren. Sie standen per definitionem außerhalb des Kreises der »politischen Nation«. Und in keinem Fall darf diese »Nation« mit einer modernen Nationalität verwechselt werden.[23]

Offenbar ließen sich Begriff und sprachliches Umfeld der »politischen Nation« schließlich auf eine Nation ausdehnen, von der man

23 »Die Adligen hielten als einzige gesellschaftliche Klasse einen systematischen Verkehr aufrecht und zwar durch ihre Verwaltungsbezirke und die Ständeversammlung, wo sie als ›kroatische politische Nation‹ über anstehende Fragen debattierten und Beschlüsse faßten. Es war eine Nation ohne ›Nationalität‹, ... d.h. ohne Nationalbewußtsein, ... da der Adel sich nicht mit anderen Mitgliedern der kroatischen ethnischen Gemeinschaft, den Bauern und Städtern, gemeinmachen konnte. Der feudale ›Patriot‹ liebte sein ›Vaterland‹, doch dieses umfaßte die Landgüter und Besitzungen seiner Standesgenossen und das ›Königreich‹. Für ihn bedeutete ›die politische Nation‹, der er zugehörte, das Territorium und die Traditionen des ehemaligen Staates.« (Gross 1981, S. 212)

unterstellte, sie bestehe aus der Mehrzahl der Einwohner eines Landes, obgleich dies höchstwahrscheinlich wesentlich später der Fall war als ein rückwärts gerichteter Nationalismus wahrhaben will. Darüber hinaus waren die Verbindungen zwischen beiden eher indirekter Art, denn es gibt zwar eine Fülle von Anhaltspunkten dafür, daß das gemeine Volk in einem Königreich sich über den höchsten Herrscher, König oder Zar, mit Land und Leuten identifizieren konnte – wie Jeanne d'Arc dies in Frankreich tat –, doch es ist wenig wahrscheinlich, daß die Bauern sich mit einem »Land« identifizierten, das aus der Gemeinschaft der Grundherren bestand, gegen die sich zwangsläufig ihre Hauptunzufriedenheit richtete. Wenn sie zufälligerweise ihrem Grundherrn zugetan und loyal ergeben waren, so implizierte dies weder eine Identifikation mit den Interessen des übrigen Landadels noch eine Anhänglichkeit an irgendein Land, das größer war als das Land ihres Herrn und ihr Heimatterritorium.

Wenn wir in der vornationalen Ära überhaupt dem begegnen, was heute als autonome Volksbewegung zur nationalen Verteidigung gegen fremde Eindringlinge angesehen würde, wie im Mitteleuropa des 15. und 16. Jahrhunderts, so war deren Ideologie anscheinend sozial und religiös, aber keineswegs national bestimmt. In den nördlichen Balkanländern beklagten sich die Bauern, sie seien von den Adligen betrogen worden, weil diese es entgegen ihrer Pflicht als *bellatores* unterlassen hätten, sie gegen die Türken zu schützen. Hatten sie vielleicht ein Geheimabkommen mit den Invasoren geschlossen? Damit blieb es dem einfachen Volk überlassen, den wahren Glauben durch einen Kreuzzug gegen die Heiden zu verteidigen (Szücs 1981, S. 112-125). Solche Bewegungen konnten unter Umständen die Grundlage für einen breiteren Nationalpatriotismus der unteren Volksschichten schaffen, wie im Böhmen der Hussiten – die ursprüngliche hussitische Ideologie war nicht tschechischnational – oder an den militärischen Grenzen christlicher Staaten unter einer Bauernschaft, die zu diesem Zweck bewaffnet und weitgehend befreit wurde. Die Kosaken sind hierfür ein uns bereits bekanntes Beispiel. Sofern die Tradition des Staates diesem Volkspatriotismus keinen festen und dauerhaften Rahmen verlieh, ging dieser jedoch im Lauf der Zeit nicht in einen modernen Nationalpatriotismus über (ebd., S. 125-130). Natürlich erwarteten dies die Vertreter des alten

Regimes auch gar nicht. Jenseits der Erfüllung militärischer Pflichten forderte man von den Untertanen Gehorsam und Ruhe, nicht Loyalität oder Hingabe. Friedrich der Große lehnte entrüstet das Angebot seiner loyalen Berliner ab, ihm zum Sieg über die Russen zu verhelfen, die drauf und dran waren, seine Hauptstadt zu besetzen, weil seiner Meinung nach Kriege die Sache von Soldaten und nicht von Zivilpersonen waren. Und wir alle erinnern uns an die Reaktion von Kaiser Franz II. auf die Erhebung seiner treuen Tiroler: »Heute sind sie Patrioten für mich, morgen mögen sie Patrioten gegen mich sein.«

Wie auch immer, in dieser oder jener Weise kann die Zugehörigkeit zu einem noch bestehenden oder ehemaligen Staat mit historischer Vergangenheit unmittelbar im Bewußtsein der einfachen Bevölkerung einen Protonationalismus hervorrufen – vielleicht sogar wie in England unter den Tudors etwas, das dem modernen Patriotismus nahekommt. (Es wäre kleinlich, dieses Etikett den propagandistischen Stücken Shakespeares über die englische Geschichte zu verweigern; aber wir sind sicherlich nicht zu der Annahme berechtigt, daß die Zuschauer auf den billigen Plätzen damals dasselbe aus ihnen herausgehört haben wie wir heute.) Es gibt keinen Grund, den Serben vor dem 19. Jahrhundert protonationale Gefühle abzusprechen, nicht weil sie orthodox und ihre Nachbarn katholisch und muslimisch waren – das hätte sie nicht von den Bulgaren unterschieden –, sondern weil die Erinnerung an das von den Türken besiegte alte Königreich in Liedern und Heldenepen, vielleicht noch mehr in der täglichen Liturgie der serbischen Kirche bewahrt wurde, die die meisten seiner Könige heiliggesprochen hatte. Daß es in Rußland einen Zaren gab, machte es den Russen zweifellos leichter, sich als eine Art Nation zu betrachten. Die potentiellen Vorteile einer die unteren Volksschichten anziehenden Staatstradition für den modernen Nationalismus, der die Nation als einen Territorialstaat etablieren will, liegt auf der Hand. Sie haben einige dieser Bewegungen dazu gebracht, auf der Suche nach einem geeigneten (und entsprechend eindrucksvollen) Nationalstaat in der Vergangenheit sogar auf historische Zeiten zurückzugreifen, die ihren Völkern gar nicht mehr erinnerlich sind, etwa wie die Armenier, deren letztes Königreich von einiger Bedeutung in das erste vorchristliche Jahrhundert fällt, oder die Kroaten, deren Nationalisten sich (wenig überzeugend) als die Erben der noblen »kroatischen politischen Nation« verstanden. Wie immer ist der Inhalt der nationalen Propaganda des 19. Jahrhunderts ein unzuverlässiger Hinweis auf das, was das niedere Volk wirklich dachte, bevor es die nationale Sache zu seiner eigenen machte.[24] Damit soll natürlich keineswegs bestritten werden, daß eine protonationale Identifikation, auf der später der Nationalismus aufbauen konnte, unter den Armeniern oder, wenn auch vermutlich in wesentlich kleinerem Ausmaß, unter kroatischen Bauern vor 1800 bestanden hat.

Trotz alledem ist in den Ländern, in denen eine scheinbar ununterbrochene Entwicklung vom Protonationalismus zum Nationalismus moderner Prägung führt, diese höchst zweifelhafter Natur. Es besteht keine wie auch immer geartete historische Kontinuität zwischen einem jüdischen Protonationalismus und dem Zionismus des 20. Jahrhunderts. Die deutschen Einwohner des heiligen Landes Tirol wurden zu einer Abart der deutschen Nationalisten in unserem Jahrhundert und sogar begeisterte Anhänger Adolf Hitlers. Doch dieser Prozeß, der in der Literatur hervorragend analysiert wurde, weist keinen inneren Zusammenhang auf mit dem Tiroler Volksaufstand von 1809 unter dem (ethnisch und sprachlich) deutschen Gastwirt Andreas Hofer, auch wenn alldeutsche Nationalisten es gern anders sähen (Cole und Wolf 1974, S. 53 und 112 f.). Gelegentlich können wir sogar das völlige Auseinanderfallen von Protonationalismus und Nationalismus selbst dort beobachten, wo sie gleichzeitig nebeneinander und in Verbindung miteinander bestehen. Die literarischen Wortführer und Organisatoren des griechischen Nationalismus zu Beginn des 19. Jahrhunderts ließen sich zweifellos von dem Gedanken an die glanzvolle hellenische Antike beseelen, die auch die Begeisterung gebildeter, das heißt klassisch gebildeter Philhellenen im Ausland entzündete. Und die nationale Literatursprache, die von ihnen und für sie entwickelt wurde, die Katharevussa, war und ist eine gestelzte neoklassische Sprache, die dem Bestreben dient, die Sprache der Nachfahren des Themistokles und des Perikles nach zwei Jahrtausenden der Sklaverei, durch die sie korrumpiert wurde,

24 Die Tatsache, daß diesem Umstand nur ungenügend Rechnung getragen wurde, nimmt der ansonsten ausgezeichneten Arbeit von Banac (1984) im Hinblick auf den kroatischen Aspekt des Problems einiges von ihrer Überzeugungskraft.

wieder ihrem wahren Erbe nahezubringen. Doch die wirklichen Griechen, die für etwas zu den Waffen griffen, das sich am Ende als die Bildung eines neuen Nationalstaats herausstellte, sprachen ebensowenig Altgriechisch wie die Italiener Latein sprechen. Sie sprachen und schrieben die neugriechische Volkssprache, die Demotiké. Perikles, Äschylos, Euripides und die glorreichen Tage des antiken Sparta und Athen bedeuteten ihnen wenig, und soweit sie davon gehört hatten, hielten sie es nicht für etwas Besonderes. Paradoxerweise traten sie eher für Rom ein als für Griechenland (*romaiosyne* = Griechentum) und sahen sich so als Erben des christianisierten römischen Reiches (d.h. Byzanz). Sie kämpften als Christen gegen muslimische Ungläubige, als Römer gegen die türkischen Hunde.

Aber selbst ohne diese Kontinuität zeigt sich deutlich – und wenn auch nur aus dem angeführten Beispiel Griechenlands –, daß ein bestehender Protonationalismus dem späteren Nationalismus, mochten die Unterschiede zwischen beiden noch so groß sein, die Aufgabe insofern erleichterte, als vorhandene Symbole und Gesinnungen einer vornationalen Gemeinschaft auch für eine moderne Sache oder einen modernen Staat mobilisiert werden konnten. Das ist jedoch weit entfernt von der Behauptung, beide seien dasselbe oder der eine müsse logischerweise oder zwangsläufig in den anderen münden.

Denn es liegt auf der Hand, daß ein Protonationalismus allein nicht ausreicht, um Nationalitäten, Nationen oder gar Staaten zu bilden. Die Zahl der nationalen Bewegungen mit oder ohne Staat ist fraglos wesentlich kleiner als die Zahl von Gruppen, die imstande sind, solche Bewegungen nach heutigen Maßstäben einer Nationwerdung hervorzubringen, und jedenfalls kleiner als die Zahl der Gemeinschaften, in denen ein Zusammengehörigkeitsgefühl herrscht, das einem protonationalen Empfinden nahekommt. Und das trotz der Tatsache, daß (wenn wir einmal die Frage der Selbstbestimmung für die 1800 Bewohner der Falklandinseln oder Malwinen beiseite lassen) ernsthafte Ansprüche auf eine unabhängige Staatlichkeit von kleinen Bevölkerungen von nicht mehr als 70000 Menschen erhoben werden, die für eine unabhängige Sahara-Nation kämpfen, oder den 120000, die praktisch die Unabhängigkeit für den türkischen Teil der Insel Zypern erklärt haben. Es ist Gellner darin zuzustimmen, daß die universelle ideologische Vorherrschaft des Nationalismus heute eine Art optische Täuschung darstellt. Eine Welt von Nationen kann nicht existieren, nur eine Welt, in der einige potentiell nationale Gruppen mit ihrem Anspruch auf diesen Status andere davon ausschließen, ähnliche Ansprüche vorzubringen, die – wie die Dinge nun einmal liegen – gar nicht von vielen erhoben werden. Wäre ein Protonationalismus genug, dann müßte es heute eine starke nationale Bewegung der Mapuche oder Aymara geben. Sollte diese eines Tages tatsächlich auf den Plan treten, dann nur deshalb, weil noch andere Faktoren wirksam geworden sind.

Zweitens kann eine protonationale Grundlage zwar wünschenswert, vielleicht sogar notwendig, aber nicht ausreichend für die Entstehung von ernstzunehmenden nationalen Bewegungen sein, die einen eigenen Staat anstreben, aber sie ist keineswegs notwendig für die Herausbildung eines Nationalpatriotismus und einer nationalen Loyalität, sobald der Staat einmal gegründet wurde. Man hat wiederholt bemerkt, daß häufiger Nationen der Errichtung eines Staates folgen als umgekehrt. Die Vereinigten Staaten und Australien sind überzeugende Beispiele für Nationalstaaten, deren für eine Nation spezifische Eigenschaften und Kriterien sich sämtlich erst bis zum Ausgang des 18. Jahrhunderts herausgebildet haben; vor der Gründung des betreffenden Staates hätte es sie überhaupt nicht geben können. Wir brauchen uns jedoch andererseits kaum daran zu erinnern, daß die bloße Errichtung eines Staates auch nicht ausreicht, um eine Nation ins Leben zu rufen.

Schließlich ist wie immer ein Wort der Warnung angebracht. Wir wissen zu wenig über das, was in den Köpfen der meisten relativ sprachlosen Männer und Frauen vorgegangen ist oder auch heute vorgeht, um einigermaßen zuverlässige Aussagen über ihr Denken und Fühlen gegenüber den Nationalitäten und Nationalstaaten zu machen, die ihre Loyalität für sich beanspruchen. Die wirklichen Beziehungen zwischen einer protonationalen Identifikation und einem späteren National- oder Staatspatriotismus müssen deshalb vielfach im dunkeln bleiben. Wir wissen, was Nelson meinte, als er seiner Flotte am Vorabend der Seeschlacht von Trafalgar zu verstehen gab, England erwarte, daß jeder Mann seine Pflicht tue, aber nicht, was an diesem Tag in den Köpfen der Seeleute Nelsons wirklich vorging, selbst wenn das Abstreiten widersinning wäre, daß man es zum Teil als patriotisches Gefühl beschreiben könnte. Wir wissen, was nationale Parteien und Bewegungen in die Motive jener Mitglieder der Nation hineinlesen, von denen sie unterstützt werden, aber wir wissen nicht, welches die wirklichen Bedürfnisse der Kunden sind, wenn sie die Kollektion ganz verschiedenartiger Waren kaufen, die ihnen von den Vertretern einer nationalen Politik als verschnürtes Paket angedient werden. Gelegentlich sehen wir ziemlich deutlich, welche Partien aus dem Angebot sie verschmähen – im Fall des irischen Volkes zum Beispiel die allgemeine Einführung der gälischen Sprache –, doch sind solche stillschweigenden Entscheidungen zu Einzelpunkten selten möglich. Wir laufen ständig Gefahr, Menschen zu benoten aufgrund eines Lehrplans, nach dem sie nicht studiert haben, und eines Examens, dem sie sich nicht unterziehen.

Deuten wir beispielsweise die Bereitschaft, fürs Vaterland zu sterben, als Zeichen des Patriotismus, eine Auffassung, die völlig einleuchtend erscheint und zu der Nationalisten und nationale Regierungen aus verständlichen Gründen geneigt haben. Dann müßten wir erwarten, daß die Soldaten Kaiser Wilhelms und Adolf Hitlers, die vermutlich dem nationalen Aufruf bereitwilliger gefolgt sind, tapferer gekämpft haben als die Hessen im 18. Jahrhundert, die von ihrem Fürsten als Söldner vermietet wurden und vermutlich weniger kampfbegeistert waren. Aber taten sie das wirklich? Und kämpften sie besser als beispielsweise die Türken im Ersten Weltkrieg, die man zu dieser Zeit wohl noch nicht als nationale Patrioten bezeichnen kann? Oder als die Gurkhas, die unstreitig weder von einem britischen noch einem nepalesischen Patriotismus getrieben waren? Solche reichlich absurden Fragen sollen keine Antworten provozieren oder zu Forschungshypothesen anregen, sondern lediglich die Dichte des Nebels andeuten, der Fragen über das Nationalbewußtsein der einfachen Männer und Frauen umgibt, vor allem in den Jahrzehnten, bevor der moderne Nationalismus zweifellos zu einer massenpolitischen Kraft wurde. Bei den meisten Nationen, auch in Westeuropa, geschah dies erst ziemlich spät im 19. Jahrhundert. Zu dieser Zeit wurden wenigstens die zur Entscheidung anstehenden Alternativen klar, wenn auch nicht, wie wir sehen werden, ihr Inhalt.

III. Kapitel
Nationalismus von oben

Erheben wir uns nunmehr aus den Niederungen des einfachen Volkes hinauf zu den Gipfeln, von denen aus die Herrscher über Staaten und Gesellschaften nach 1789 die Fragen der Nation und Nationalität betrachtet haben.

Der typische moderne Staat, der seine Gestalt im Zeitalter der Französischen Revolution angenommen hat, wenngleich in manchen Zügen vorweggenommen durch Entwicklungen in den europäischen Fürstentümern des 16. und 17. Jahrhunderts, war in mehrfacher Hinsicht etwas Neuartiges. Er war definiert als ein (vorzugsweise einheitliches, zusammenhängendes) Territorium, über dessen gesamte Einwohnerschaft er herrschte, durch klar festgelegte Landesgrenzen von anderen derartigen Territorien getrennt. Politische Herrschaft und Verwaltung erfolgten unmittelbar und nicht über vermittelnde Systeme von Herrschern und autonomen Körperschaften. Dieser Staat war nach Möglichkeit bestrebt, auf dem gesamten Territorium dieselben institutionellen und administrativen Ordnungen und Gesetze durchzusetzen, nach dem Zeitalter der Revolution allerdings keine mehr von religiöser oder sonstiger weltanschaulicher Art. Und in wachsendem Maße sah er sich genötigt, die Meinungen seiner Untertanen oder Bürger zur Kenntnis zu nehmen, da seine politischen Einrichtungen ihnen ein Mitspracherecht einräumten – im allgemeinen durch auf unterschiedliche Weise gewählte Vertreter – und/oder weil der Staat in anderer Hinsicht auf ihre praktische Zustimmung oder ihre Mitarbeit angewiesen war, zum Beispiel als Steuerzahler oder Wehrpflichtige. Kurz, der Staat herrschte über ein territorial bestimmtes »Volk« und tat dies als höchstes »nationales« Organ der

Herrschaft über sein Territorium, wobei seine Stellvertreter mit der Zeit sämtliche Bürger bis hin zum bescheidensten Bewohner des kleinsten seiner Dörfer erreichten.

Im Lauf des 19. Jahrhunderts wurden diese Eingriffe in »modernen« Staaten so universell und zu etwas so Alltäglichem, daß eine Familie schon an einem äußerst unzugänglichen Ort leben mußte, wenn nicht das eine oder andere ihrer Mitglieder regelmäßig mit dem Nationalstaat und seinen Dienern in Berührung kommen sollte: durch den Briefträger, den Dorfpolizisten oder Gendarmen und schließlich durch den Dorfschullehrer; durch die Bediensteten der Eisenbahn, sofern diese nicht privat betrieben wurde; gar nicht zu sprechen von den Kasernen und Garnisonen und den kaum zu überhörenden Militärkapellen. In wachsendem Maße verschaffte sich der Staat einen Überblick über jeden seiner Untertanen und Bürger durch die Einführung regelmäßiger Volkszählungen (die erst um die Mitte des 19. Jahrhunderts zu einer allgemeinen Einrichtung wurden), durch die – zumindest theoretisch bestehende – allgemeine Schulpflicht und durch die allgemeine Wehrpflicht dort, wo sie möglich war. In Staaten mit einem gut funktionierenden Beamten- und Polizeiwesen brachte ein System persönlicher Registrierung die Einwohner in einen noch unmittelbareren Kontakt mit dem Herrschafts- und Verwaltungsapparat, insbesondere solche Personen, die den Wohnsitz wechselten. In Staaten, die eine weltliche Alternative zur kirchlichen Feier der großen Ereignisse im menschlichen Lebenszyklus boten (und das taten sie zumeist), konnten die Einwohner den Vertretern ihres Staates bei diesen stark gefühlsgeladenen Anlässen begegnen; und immer wurden sie von den Geburts-, Heirats- und Sterberegistern erfaßt, die den Apparat der Volkszählung ergänzten. Regierung und Untertan oder Staatsbürger wurden durch tägliche Bande zwangsläufig in einer Weise miteinander verknüpft wie nie zuvor. Und die Revolutionen des 19. Jahrhunderts im Transport- und Verkehrswesen, wie sie in der Eisenbahn und dem Telegrafen beispielhaft verkörpert werden, verstärkten und vermehrten die Verbindungen zwischen der zentralen Obrigkeit und ihren abgelegensten Vorposten.

Unter dem Blickwinkel der Staaten und der herrschenden Klassen warf diese Transformation zwei schwerwiegende politische Probleme auf – wenn wir einmal die sich wandelnde Gewichtung zwischen Zentralregierung und lokalen Eliten außer acht lassen, die (in Europa, wo der Föderalismus extrem untypisch war und immer seltener wurde) sich ständig zugunsten des Zentrums verschob.[1] Erstens warf sie technisch-administrative Fragen auf über die beste Art und Weise, die neue Regierungsform ins Werk zu setzen, in der jeder erwachsene (männliche) Einwohner und als Objekt der Verwaltung überhaupt jeder Einwohner unabhängig von Alter und Geschlecht direkt mit der Staatsregierung verknüpft war. Diese Fragen betreffen uns hier nur insofern, als sie den Aufbau eines Verwaltungs- und Behördenapparats implizierten, der aus einer enormen Zahl von Staatsdienern bestand und zwangsläufig das Problem der geschriebenen oder gesprochenen Verkehrssprache oder -sprachen innerhalb des Staates aufwarf, was die Bemühungen um eine allgemeine Schulpflicht politisch brisant machen konnte. Während der Anteil dieser Staatsdiener an der erwerbstätigen Bevölkerung anfangs nach heutigen Maßstäben ziemlich niedrig lag – um 1910 betrug er höchstens fünf Prozent –, nahm er mit der Zeit mehr oder weniger schnell zu; in absoluten Zahlen waren es ca. 700 000 im zisleithanischen Österreich (1910), über eine halbe Million in Frankreich (1906), ca. 1,5 Millionen in Deutschland (1907) und 700 000 in Italien (1907), um nur einige Beispiele anzuführen (Flora 1983, Bd. 1, Kap. 5). Nebenbei bemerkt stellten sie in den einzelnen Ländern wahrscheinlich die größte Gruppe von Beschäftigten dar, die zumindest einen Grundschulabschluß vorweisen mußten.

Zum zweiten hatte diese Transformation die politisch wesentlich heikleren Probleme der Loyalität der Staatsbürger gegenüber dem Staat und dem Herrschaftssystem und der Identifikation mit diesen zur Folge. Bevor Bürger und säkularisierte nationale Herrscher einander unmittelbar gegenüberstanden, waren Loyalität gegenüber

1 Die Abschaffung eines eigenen irischen Parlaments, die Aufhebung der Autonomie »Kongreßpolens«, die Beherrschung des ehemaligen Deutschen Bundes durch ein hegemoniales Mitglied (Preußen) und einen Reichstag als einzigem parlamentarischen Organ für die gesamte Nation, die Umwandlung Italiens in einen zentralistischen Staat und der Aufbau einer einheitlichen Polizeigewalt für ganz Spanien, unabhängig von lokalen Interessen, das alles sind Beispiele für die Entwicklungsrichtung. Zentralregierungen können wie in England lokalen Initiativen durch Genehmigungen viel Spielraum lassen, aber die einzige Bundesregierung in Europa vor 1914 gab es in der Schweiz.

dem Staat und die Identifikation mit ihm vom einfachen Mann – ganz zu schweigen von der einfachen Frau – entweder nicht verlangt worden oder man hatte sich ihrer über all jene autonomen oder vermittelnden Instanzen vergewissert, die das Zeitalter der Revolutionen abgeschafft oder abgewertet hatte: durch die Religion und die gesellschaftlichen Rangunterschiede (»God bless the squire and his relations/and keep us in our proper stations«, zu deutsch etwa: »Gott segne unsern Herrn und auch sein Land/und halte jedermann in seinem Stand«), oder auch durch die autonom verfaßten Obrigkeiten unterhalb des höchsten Herrschers oder die selbstverwalteten Gemeinden und Korporationen, die wie ein Schutzschirm zwischen Untertan und Kaiser oder König standen und es der Monarchie überließen, Tugend und Gerechtigkeit zu repräsentieren. Nicht anders als die Loyalität von Kindern gegenüber ihren Eltern, von Frauen gegenüber ihren Männern, die »in ihrem Namen« handelten. Die andere Alternative wurde vom klassischen Liberalismus verkörpert, der seinen Ausdruck in den Regierungen der französischen und belgischen Revolutionen von 1830 und der Reformära nach 1832 in England fand: Er umging das Problem der politischen Beteiligung der Staatsbürger durch die Beschränkung der politischen Teilhaberechte auf die männlichen Angehörigen des Besitz- und Bildungsbürgertums.

Während des letzten Drittels des 19. Jahrhunderts wurde jedoch zusehends deutlich, daß die Demokratisierung oder zumindest die Ausdehnung des Wahlrechts auf immer weitere Bevölkerungskreise unvermeidlich war. Ebenso offensichtlich wurde spätestens seit 1880, daß überall dort, wo dem einfachen Mann auch nur die formalsten Teilhaberechte an der Politik zugestanden wurden – die einfache Frau blieb in der Regel hiervon weiterhin ausgeschlossen –, dessen Loyalität und Unterstützung gegenüber Höherstehenden oder dem Staat nicht mehr automatisch gewährleistet waren. Das war besonders dann nicht der Fall, wenn die Klassen, denen er angehörte, historisch neu waren und deshalb in der Ordnung der Dinge noch keinen Platz gefunden hatten. Damit sahen sich der Staat und die herrschenden Klassen gezwungen, mit anderen um die Loyalität der niederen Ränge zu konkurrieren.

Gleichzeitig, und dies machte der moderne Krieg anschaulich, hingen die Interessen des Staats nunmehr in einem bislang unvorstellbaren Ausmaß von der Einbeziehung der gewöhnlichen Bürger ab. Ob die Heere aus Wehrpflichtigen oder aus Freiwilligen bestanden, die Bereitschaft von Männern, in der Armee zu dienen, war nunmehr ein wesentlicher Faktor in den Überlegungen der Regierungen; und dasselbe galt für ihre körperliche und seelische Wehrtauglichkeit, die deshalb erstmals systematisch untersucht wurde – man denke nur an die berühmte Untersuchung über die »Verschlechterung des Gesundheitszustandes« in England nach dem Burenkrieg. Das Ausmaß der Opfer, die man der Zivilbevölkerung zumuten konnte, mußte in den Plänen der Strategen berücksichtigt werden: Die britischen Kriegsplaner weigerten sich aus diesen Gründen vor 1914, die Marine, den Wächter über die Nahrungsmittelimporte, durch eine Verstärkung der Landstreitkräfte zu schwächen. Die politischen Einstellungen der Bürger, insbesondere der Arbeiter, waren Fragen von lebenswichtigem Interesse angesichts des Aufstiegs der Gewerkschafts- und der sozialistischen Bewegungen. Offenbar rückte die Demokratisierung der Politik – das heißt auf der einen Seite die ständige Erweiterung des (Männer-)Wahlrechts und auf der anderen die Schaffung des modernen, die Bürger mobilisierenden und beeinflussenden Verwaltungsstaats – die Frage der »Nation« und die Empfindungen des Bürgers für das, was er als seine »Nation«, »Nationalität« oder ein anderes Zentrum der Loyalität ansah, an die Spitze der politischen Tagesordnung.

Für die Herrscher ging es mithin nicht nur einfach darum, eine neue Legitimität zu gewinnen – obwohl dieses Problem in den neuen und neuartigen Staaten ebenfalls gelöst werden mußte und hier die Identifikation mit einem »Volk« oder einer »Nation«, wie auch immer definiert, eine bequeme und elegante Möglichkeit zu seiner Lösung darstellte; in Staaten, die auf einer Volkssouveränität bestanden, war es per definitionem sogar die einzige Möglichkeit. Was sonst konnte die Monarchien von Staaten legitimieren, die zuvor als solche nie existiert hatten, wie Griechenland, Italien oder Belgien, oder die mit allen historischen Vorläufern brachen wie das Deutsche Reich von 1871? Adaptionsbedürfnisse ergaben sich selbst bei althergebrachten Regimes, und zwar aus drei Gründen. Fast alle hatten zwischen 1789 und 1815 Veränderungen erlebt – selbst die Schweiz war nach Napoleon in wichtigen Aspekten ein neues politisches Gebilde.

Die traditionellen Garanten der Loyalität wie eine dynastische Legitimität, ein göttlicher Auftrag, ein historisches Recht und die Kontinuität der Herrschaft oder der religiöse Zusammenhalt wurden nachhaltig geschwächt. Und schließlich wurden alle diese traditionellen Legitimationen staatlicher Autorität seit 1789 permanent in Frage gestellt.

Im Fall der Monarchie zeigt sich dies besonders deutlich. Die Notwendigkeit, ein neues oder zumindest ergänzendes »nationales« Fundament für diese Institution zu schaffen, wurde selbst in Staaten empfunden, die so vor einer Revolution gefeit waren wie England unter Georg III. und Rußland unter Nikolaus I. (Colley 1984).[2] Und die Monarchien waren zweifellos um Anpassung bemüht.

Daß sich die Monarchen an »die Nation« angepaßt haben, ist ein aussagekräftiger Hinweis darauf, in welchem Ausmaß traditionelle Institutionen sich nach dem Zeitalter der Revolutionen umstellen mußten, wenn sie nicht untergehen wollten; die Institution der erblichen Herrschaft durch Fürsten hingegen, wie sie sich im 16. und 17. Jahrhundert in Europa entwickelte, blieb ohne jeden inneren Zusammenhang mit der Nation. Die meisten Monarchen Europas stammten am Vorabend des Ersten Weltkriegs – als die Monarchie hier noch fast überall die Norm war – aus einer Reihe von untereinander verwandten Familien, deren Nationalität (wenn sie dem subjektiven Empfinden nach überhaupt eine hatten) für ihre Funktion als Staatsoberhäupter ganz ohne Bedeutung war. Prinz Albert, der Ehemann Victorias, schrieb an den König von Preußen als Deutscher und betrachtete Deutschland als sein persönliches Vaterland, doch die Politik, die er nachdrücklich vertrat, war noch unzweideutiger diejenige Großbritanniens (*Revolutionsbriefe 1848*). Die multinationalen Konzerne der letzten Jahrzehnte unseres Jahrhunderts neigen weit mehr dazu, ihre leitenden Angestellten aus den Angehörigen der Nation zu rekrutieren, in der ihr Stammsitz liegt, als die Nationalstaaten des 19. Jahrhunderts Könige mit Beziehungen zu ihrem Land auszuwählen pflegten.

2 Zu Graf Uwarows Vorschlag (1832), die Regierung des Zaren solle sich nicht allein auf die Prinzipien von Autokratie und Orthodoxie stützen, sondern auch auf das der »nationalnost«, s. Seton Watson (1977), S. 84.

Auf der anderen Seite hatte der nachrevolutionäre Staat, sei es mit einem erblichen Herrscher an der Spitze oder nicht, einen organischen Bezug zur »Nation«, das heißt zu den Bewohnern seines Territoriums, die in manchem Sinne als Kollektivität, als ein »Volk« betrachtet wurden, und dies, wie wir gesehen haben, sowohl aufgrund seiner Struktur als auch aufgrund der politischen Transformationen, die ihn zu einer Gesamtheit von so oder so mobilisierbaren Bürgern mit politischen Rechten oder Ansprüchen machten. Selbst wenn der Staat sich bislang in seiner Legitimität oder seinem Zusammenhang noch keiner ernsthaften Herausforderung und keiner starken subversiven Kräfte erwehren mußte, machte es allein schon die Auflösung der alten sozio-politischen Bindungen zu einem zwingenden Gebot, neue Formen der staatsbürgerlichen Loyalität zu entwikkeln und einzuüben (eine »Bürgerreligion«, um Rousseaus Begriff zu gebrauchen), da nunmehr auch mögliche andere Loyalitäten sich politisch Ausdruck verschaffen konnten. Denn welcher Staat im Zeitalter der Revolutionen, des Liberalismus, Nationalismus, der Demokratisierung und des Aufstiegs der Arbeiterklasse als Bewegung konnte sich absolut sicher fühlen? Die Soziologie, die in den beiden letzten Jahrzehnten des vorigen Jahrhunderts plötzlich aufkam, war in erster Linie eine politische Soziologie, und in ihrem Zentrum stand das Problem des gesellschaftlich-politischen Zusammenhalts im Staat. Aber ein Staat war um so mehr auf eine Bürgerreligion (»Patriotismus«) angewiesen, als er von seinen Bürgern zunehmend mehr als nur Passivität verlangte. Um noch einmal Nelson vor der Schlacht von Trafalgar zu zitieren: »England erwartet, daß jeder Mann an diesem Tag seine Pflicht tut.«

Und wenn es dem Staat aus irgendwelchen zufälligen Gründen nicht gelang, seine Bürger zu der neuen Religion zu bekehren, bevor sie anderen Predigern in die Arme liefen, konnten sie ihm leicht verlorengehen. Irland war für das Vereinigte Königreich verloren, wie Gladstone erkannte, nachdem ein demokratisiertes Stimmrecht 1884/85 gezeigt hatte, daß praktisch die Gesamtheit der katholischen Parlamentssitze auf dieser Insel künftig an eine irische (das heißt nationalistische) Partei gehen würde; trotzdem blieb es ein Vereinigtes Königreich, weil seine übrigen nationalen Bestandteile den am Staat orientierten Nationalismus von »Großbritannien« akzeptierten, der sich – weitgehend zu ihrem eigenen Vorteil – im Lauf des 18. Jahrhunderts entwickelt hatte und den Theoretikern, die einen eher orthodoxen Nationalismus vertreten, immer noch Rätsel aufgibt.[3] Das Habsburgerreich, eine ganze Ansammlung von Irlands, hatte weniger Glück. Hier liegt ein entscheidender Unterschied zwischen dem, was der österreichische Romanschriftsteller Robert Musil als »Kakanien« bezeichnete (nach den beiden »k« in »k. u. k. Monarchie« für »kaiserliche und königliche Monarchie«), und dem, was Tom Nairn in seiner Nachfolge »Ukanien« (nach »UK« für »United Kingdom«) genannt hat.

Ein nur auf den Staat bezogener Patriotismus muß nicht wirkungslos sein, da allein schon Existenz und Aufgaben des modernen Territorialstaats die Bürger fortwährend einbeziehen und zwangsläufig eine ganz eigenartige »Landschaft« aus Institutionen und Verfahren vorgeben, die den Rahmen für das auf diese Weise weitgehend bestimmte Alltagsleben darstellt. Dieser neue Nationalstaat braucht nur wenige Jahrzehnte zu existieren, kürzer als ein Menschenleben, um zu bewirken, daß sich die Bürger zumindest passiv mit ihm identifizieren. Wäre es anders, dann hätte das Aufkommen des revolutionären Schia-Fundamentalismus im Iran beträchtliche Rückwirkungen auf den Irak sowie unter den Schiiten des geteilten Libanon haben müssen, denn die Mehrheit der (nichtkurdischen) muslimischen Bevölkerung jenes Staats, in dem sich übrigens die bedeutendsten heiligen Stätten dieser Sekte befinden, hängt demselben Glauben an wie die Iraner.[4]

Dennoch ist der bloße Gedanke eines souveränen laizistischen Nationalstaats in der Golfregion historisch noch jüngeren Datums als der eines jüdischen Territorialstaats. Ein extremes Beispiel für die potentielle Wirksamkeit eines reinen Staatspatriotismus ist die Loyalität der Finnen gegenüber dem Zarenreich während des größten Teils des 19. Jahrhunderts, genauer bis zu dem Zeitpunkt, als die

3 Zur Entwicklung des britischen Bewußtseins allgemein Samuel (1989), doch vor allem Colley (1982 und 1986). Zum Rätsel für die Theoretiker vgl. Nairn (1988), Teil 2.

4 Zweifellos wurde die Äußerung darartiger Sympathien im Irak gewaltsam unterdrückt; andererseits haben auch die beträchtlichen kurzfristigen Erfolge der eindringenden iranischen Revolutionsarmeen an diesem Sachverhalt offenbar nichts geändert. Seit der Zertrümmerung des Irak durch den Golfkrieg mögen die Dinge anders liegen.

Politik der Russifizierung nach 1880 eine russenfeindliche Reaktion auslöste. Während Denkmäler zur Erinnerung an das Herrscherhaus der Romanows in Rußland selbst kaum zu finden sind, steht noch immer eine Statue von Zar Alexander II., dem Befreier, stolz auf dem Hauptplatz Helsinkis.

Man könnte sogar noch weiter gehen. Die ursprüngliche, revolutionär-volkstümliche Idee des Patriotismus war staatsorientiert und nicht nationalistisch, da sie sich auf das souveräne Volk selbst bezog, das heißt auf den Staat, der seine Macht in dessen Namen ausübte. Ethnische Zugehörigkeit oder andere Elemente einer geschichtlichen Kontinuität waren für die »Nation« in diesem Sinne irrelevant und die Sprache war nur oder hauptsächlich aus pragmatischen Gründen von Belang. »Patrioten« im ursprünglichen Wortsinn waren das Gegenteil derer, die an »my country, right or wrong« glaubten, nämlich – wie es Samuel Johnson anspielungsreich ausdrückte – »vom Parteiengeist beseelte Störenfriede der Regierung« (vgl. Conningham 1981). Weniger scherzhaft verstand die Französische Revolution (die den Begriff so, wie vor ihr zuerst Amerikaner und dann die holländische Revolution von 1783 gebrauchte [Godechot 1956, Bd. 1, S. 254]), unter einem Patrioten einen Menschen, der die Liebe zu seinem Land durch den Wunsch unter Beweis stellte, es durch Reformen oder eine Revolution zu erneuern. Und *la patrie,* der ihre Loyalität galt, war das Gegenteil von einer wesenhaft vorgegebenen, bereits bestehenden Einheit, sondern eine Nation, die durch die politische Entscheidung ihrer Mitglieder geschaffen worden war, die damit ihre früheren Loyalitäten aufkündigten oder zumindest abwerteten. Die 1200 Nationalgardisten aus dem Languedoc, der Dauphiné und der Provence, die am 19. November 1789 in der Nähe von Valence zusammenkamen, schworen einen Loyalitätseid auf die Nation, das Gesetz und den König und erklärten, nicht länger Dauphinois, Provençaux und Languedociens zu sein, sondern nur noch Franzosen; dasselbe taten auch die Nationalgardisten aus dem Elsaß, aus Lothringen und der Franche Comté bei ähnlichen Zusammenkünften im selben Jahr und machten damit sogar die Bewohner von Provinzen, die von Frankreich vor kaum einem Jahrhundert annektiert worden waren, zu Franzosen (Godechot 1956, Bd. 1, S. 73). Wie es Lavisse ausdrückte: »La Nation consentie, voulue par elle-même«, das sei Frankreichs Beitrag zur Geschichte (zit. bei Nora 1986, Bd. 2, S. 363). Dieser revolutionäre Begriff der Nation, die sich durch die bewußte politische Entscheidung ihrer potentiellen Staatsbürger konstituiert, ist natürlich immer noch in Reinkultur in den USA bewahrt. Amerikaner ist jeder, der dies sein möchte. Aber auch der französische Begriff der »Nation« als Analogon zu einem Plebiszit (»un plébiscite de tous les jours«, wie Renan es ausdrückte) verlor seinen wesentlich politischen Charakter nicht. Französische Nationalität war französische Staatsbürgerschaft: Ethnische Zugehörigkeit, Geschichte, die Sprache oder der in der Familie gesprochene Patois waren für die Definition der »Nation« ohne Bedeutung.

Außerdem war die so verstandene Nation – als Gemeinschaft von Staatsbürgern, denen aufgrund entsprechender Rechte das Wohl des Landes am Herzen lag und die dadurch den Staat bis zu einem gewissen Grad zu »ihrem eigenen« machten – nicht nur ein Phänomen revolutionärer und demokratischer Regimes, obwohl revolutionsfeindlichen und sich nur widerwillig demokratisierenden Regierungen diese Tatsache nur äußerst langsam ins Bewußtsein drang. Das ist auch der Grund, warum 1914 die kriegslüsternen Regierungen so überrascht waren, daß ihre Völker in einem (kurzzeitigen) Anfall von Patriotismus zu den Waffen eilten (Ferro 1969, S. 23; Offner 1985, S. 225 f.).

Der bloße Akt der Demokratisierung von Politik, das heißt die Verwandlung von Untertanen in Bürger, erzeugt ein populistisches Bewußtsein, das sich in mancher Hinsicht von einem nationalen oder gar chauvinistischen Patriotismus kaum unterscheiden läßt – denn wenn »das Land« irgendwie »meines« ist, dann wird es eher als etwas empfunden, das der Heimat von Ausländern vorzuziehen ist, vor allem wenn diese nicht die Rechte und die Freiheit echter Staatsbürger genießen. E.P. Thompsons »freigeborene Engländer«, die Briten des 18. Jahrhunderts, die niemals Sklaven sein würden, grenzten sich nur zu gern von den Franzosen ab. Das bedeutete nicht unbedingt eine Sympathie mit den herrschenden Klassen oder deren Regierungen, und diese mochten wiederum der Loyalität der Militanten aus der Unterschicht mißtrauen, denen die Reichen und die Aristokraten, die die kleinen Leute ausbeuteten, unmittelbarer und dauerhafter vor Augen standen als die verhaßtesten Ausländer. Das Klassenbewußtsein, das die Arbeiterklassen zahlreicher Länder in den Jahrzehnten vor dem Ersten Weltkrieg erwarben, bedeutete, ja behauptete einen Anspruch auf Menschen- und Bürgerrechte und somit auch einen potentiellen Patriotismus. Das politische Massenbewußtsein oder Klassenbewußtsein hatte auch einen Begriff des »Vaterlands« zum Inhalt, wie die Geschichte des Jakobinertums und von Bewegungen wie dem Chartismus zeigt: Die meisten Chartisten waren gegen die Reichen und gegen die Franzosen.

Was diesen populistisch-demokratischen und jakobinischen Patriotismus so extrem verletzlich machte, war die objektive und – in der Arbeiterklasse – subjektive Unterlegenheit dieser Staatsbürgermassen. Denn überall, wo der Patriotismus sich entwickelte, wurde sein politisches Programm von den Regierungen und den herrschenden Klassen formuliert. Die Entfaltung eines politischen und Klassenbewußtseins unter den Arbeitern lehrte diese, Bürgerrechte zu fordern und auszuüben. Die tragische Ironie aber bestand darin, daß die Arbeiter gerade dort, wo sie diese Rechte wahrzunehmen gelernt hatten, sich um so bereitwilliger in das gegenseitige Massaker des Ersten Weltkriegs stürzten. Aber es ist bezeichnend, daß die kriegführenden Regierungen um Unterstützung für diesen Krieg warben, indem sie ihre Propaganda ganz wesentlich an Zivilisten und Staatsbürger richteten und nicht nur an einen blinden Patriotismus appellierten und noch weniger an männlichen Ruhm und Heldentum. Alle großen kriegführenden Staaten stellten den Krieg als einen Verteidigungskrieg dar, alle begründeten ihn mit der Bedrohung der in ihrem Land oder auf ihrer Seite einzigartigen bürgerlichen Errungenschaften durch das Ausland; alle lernten, ihre (etwas widersprüchlichen) Kriegsziele nicht nur als die Ausschaltung dieser Bedrohung, sondern auch in mancher Hinsicht als die gesellschaftliche Umgestaltung des Landes im Interesse seiner ärmeren Bürger hinzustellen (»eine Heimat für Helden«).

Eine Demokratisierung konnte mithin automatisch zur Lösung der Probleme beitragen, wie Staaten und Regime in den Augen ihrer Bürger Legitimität selbst dann erwerben konnten, wenn diese unzufrieden waren. Sie verstärkte den Staatspatriotismus, wenn sie ihn nicht sogar erst hervorbrachte. Dennoch hatte sie ihre Grenzen, vor allem, wenn ihr leichter mobilisierbare Kräfte entgegengesetzt wurden, die jene Loyalität auf sich zogen, die legitimerweise allein dem Staat gebühren sollte. Nationalismen ohne Verbindung zum Staat waren die gefährlichsten Rivalen, und wie wir noch sehen werden, nahmen sie sowohl an Zahl wie an Anziehungskraft zu und begünstigten während des letzten Drittels des 19. Jahrhunderts Ambitionen, die sie zu einer noch stärkeren Bedrohung für den Staat machten. Man hat wiederholt behauptet, gerade die Modernisierung des Staates habe diese Kräfte gestärkt oder überhaupt erst ins Leben gerufen. In der neueren Literatur spielen Theorien des Nationalismus, die ihn als Funktion der Modernisierung erklären, eine herausragende Rolle (Deutsch 1953; Gellner 1983; allgemein Breuilly 1985). Doch ungeachtet des Zusammenhangs zwischen Nationalismus und dem Modernisierungsprozeß der Staaten im 19. Jahrhundert traf der Staat mit dem Nationalismus auf eine von ihm unabhängige politische Kraft, die etwas ganz anderes war als »Staatspatriotismus«; mit ihr mußte er sich auseinandersetzen. Wenn es allerdings gelang, diese Kraft in den Staatspatriotismus zu integrieren, so daß sie zu dessen tragendem emotionalen Bestandteil wurde, dann konnte der Nationalismus zu einem durchschlagenden Aktivposten für die Regierung werden.

Das war natürlich häufig möglich durch die bloße Projektion der Gefühle aus einer echten, existentiellen Identifikation mit dem eigenen »kleinen« Vaterland auf das große; dies schlägt sich nieder in der philologischen Ausdehnung des Bedeutungsumfangs solcher Wörter wie »pays«, »paese«, »pueblo« oder gar »patrie«, ein Wort, das von der Académie française noch 1776 rein lokal definiert worden war. »Das Land eines Franzosen war lediglich der Teil, in dem er zufällig geboren wurde.« (Thompson 1944, S. 121) Allein dadurch, daß sie zu einem »Volk« wurden, wuchsen die Bürger eines Landes zu einer Art Gemeinschaft zusammen, wenn diese auch nur vorgestellt war, und deren Mitglieder machten sich auf die Suche nach Dingen, die sie miteinander gemein hatten – Stätten, Gebräuche, Persönlichkeiten, Erinnerungen, Zeichen und Symbole – und fanden sie auch. Andererseits konnte das Erbe von Gruppen, Regionen und Lokalitäten der neuentstandenen »Nation« in ein gesamtnationales Erbe eingehen, so daß selbst alte Konflikte deren Versöhnung auf einer höheren, umfassenderen Ebene symbolisierten. Walter Scott hat auf diese Weise ein einziges Schottland auf dem Territorium errichtet, das von dem Blut der sich befehdenden Highlanders und Lowlanders, Könige und Covenanters getränkt war, und er tat dies, indem er deren alte Zwistigkeiten betonte. In einem allgemeineren Sinne mußte das theoretische Problem, das in Vidal de la Blaches großem *Tableau de la géographie de la France*[5] von 1903 so gut auf den Begriff gebracht worden war, von praktisch jedem Nationalstaat gelöst werden, nämlich »wie ein Fragment der Erdoberfläche, das weder eine Insel noch eine Halbinsel ist und das aufgrund seiner geophysikalischen Beschaffenheit nicht als selbständige Einheit betrachtet werden kann, in den Stand eines politischen Landes aufgestiegen ist und schließlich zu einem Vaterland (*patrie*) wurde«. Denn jede Nation auch nur von mittlerer Größe mußte ihre Einheit auf der Grundlage einer offensichtlichen Vielfalt konstruieren.

Staaten und Regime hatten allen Grund, einen Staatspatriotismus mit den Gesinnungen und Symbolen der »vorgestellten Gemeinschaft« nach Kräften zu verstärken, wo immer und wie immer diese entstanden, und sie auf sich selbst zu konzentrieren. Wie es der Zufall wollte, war die Zeit, als die Demokratisierung der Politik es erforderlich machte, »unsere Herren zu erziehen«, »Italiener zu schaffen«, »Bauern zu Franzosen zu machen« und alle auf die Nation und die Fahne einzuschwören, zugleich auch die Zeit, da volksnationalistische oder jedenfalls fremdenfeindliche Gesinnungen und solche einer nationalen Überlegenheit, wie sie von der neuen Pseudowissenschaft des Rassismus gepredigt wurden, leichter zu mobilisieren waren. Denn die Zeit von 1880 bis 1914 war auch die Zeit der größten bislang erlebten Wanderungsbewegungen innerhalb von Staaten und zwischen ihnen, des Imperialismus und der zunehmenden Rivalitäten, die in den Weltkrieg mündeten. Sie alle unterstrichen die Unterschiede zwischen »ihnen« und »uns«. Und es gibt kein wirksameres Mittel, die zerstreuten Gruppen ruheloser Völker zusammenzuschließen, als sie gegen Außenstehende zu vereinigen. Man braucht nicht vom absoluten »Primat der Innenpolitik« überzeugt zu sein, um anzuerkennen, daß Regierungen ein beträchtliches innenpolitisches Interesse daran hatten, den Nationalismus unter

5 Es war als erster Band der berühmten, von Lavisse herausgegebenen mehrbändigen *Histoire de la France* konzipiert, einem Denkmal positivistischer Wissenschaft und republikanischer Ideologie (vgl. Guiomar 1986).

ihren Bürgern zu schüren. Umgekehrt heizte auf beiden Seiten nichts so sehr den Nationalismus an wie ein internationaler Konflikt. Die Bedeutung der 1840 geführten Auseinandersetzungen um den Rhein für die Entwicklung der französischen und deutschen nationalistischen Klischees ist bekannt.[6]

Aus naheliegenden Gründen bedienten sich die Staaten eines immer leistungsfähigeren Apparats zur Kommunikation mit den Einwohnern – vor allem der Grundschule –, um das Bild und Erbe der »Nation« zu verbreiten, die Liebe zu ihr einzuimpfen und alle auf das Land und die Fahne einzuschwören; zu diesem Zweck wurden häufig Traditionen oder selbst Nationen »erfunden« (Hobsbawm 1983; Vincent 1980, Kap. 8, insbes. S. 188-193). Der Autor erinnert sich noch daran, Mitte der zwanziger Jahre in einer österreichischen Volksschule selbst einer solchen (fruchtlosen) politischen Erfindung ausgesetzt gewesen zu sein, einer neuen Nationalhymne, mit der man verzweifelt versuchte, Kinder davon zu überzeugen, daß einige wenige verbliebene Provinzen, nachdem die übrigen Teile des großen Habsburgerreiches sich abgetrennt hatten oder von ihnen weggerissen worden waren, ein einziges zusammenhängendes Ganzes bildeten, das ihre Liebe und patriotische Hingabe verdiente. Diese Aufgabe wurde nicht im mindesten durch die Tatsache erleichtert, daß das einzige Gemeinsame dieser Provinzen darin bestand, daß die überwältigende Mehrheit ihrer Bewohner den Wunsch hatte, sich Deutschland anzuschließen. »Deutsch-Österreich«, so begann diese merkwürdige und kurzlebige Hymne, »du herrliches Land, wir lieben dich«, und fuhr fort, wie man vielleicht erwarten konnte, mit einem Reisebericht oder einer Geographiestunde, wobei sie den Alpenflüssen von den Gletschern hinab ins Donautal und nach Wien folgte und mit der Beteuerung

6 Auf der französischen Seite wurde dadurch die Vorstellung von den »natürlichen Grenzen« der Nation zu einem Allgemeingut, ein Begriff, der entgegen dem historischen Mythos wesentlich ins 19. Jahrhundert gehört. Vgl. hierzu Nordmann (1986), insbes. S. 52. Auf deutscher Seite führte die öffentliche Kampagne im Herbst 1840 zum »Durchbruch des modernen deutschen Nationalismus als Massenphänomen«, das fast sogleich – und zum erstenmal – von Fürsten und Regierungen anerkannt wurde (Wehler 1987, Bd. 2, S. 399). Aus ihr entstand auch das »Deutschlandlied«, das später zu einer Quasi-Nationalhymne wurde.

schloß, daß dieses neue Rumpf-Österreich »mein Heimatland« war.[7]

Auch wenn es außer Zweifel stand, daß die Regierungen bewußt und gezielt mit ideologischer Beeinflussung arbeiteten, so wäre es doch ein Irrtum, in solchen Übungen nur eine Manipulation von oben zu sehen. Sie waren vielmehr dort von besonderem Erfolg gekrönt, wo sie auf inoffiziellen, bereits vorhandenen nationalistischen Gesinnungen aufbauen konnten, ob auf solchen einer Fremdenfeindlichkeit oder eines »Chauvinismus« der einfachen Volksschichten – das Stammwort selbst erscheint wie der Begriff des »Jingoismus« erstmals im demagogischen Volks- oder Varietétheater (Puymège 1986, S. 51 ff.; der historische Chauvin war anscheinend an der Eroberung von Algier beteiligt) – oder, was wahrscheinlicher war, auf einem Nationalismus in den mittleren und unteren bürgerlichen Klassen. Soweit solche Gesinnungen von den Regierungen nicht erzeugt, sondern nur von ihnen übernommen und genährt wurden, gerieten diese in die Rolle von Zauberlehrlingen. Im besten Fall konnten sie die freigesetzten Kräfte nicht völlig unter ihre Kontrolle bringen, im schlimmsten Fall wurden sie zu deren Gefangenen. So ist es kaum vorstellbar, daß die britische Regierung von 1914 oder überhaupt die herrschende Klasse Großbritanniens den Wunsch gehegt haben sollte, jene Orgie an Deutschenfeindlichkeit zu organisieren, die das Land nach der Kriegserklärung überzog, was übrigens die britische Königsfamilie zwang, den ehrwürdigen dynastischen Namen der Welfen gegen den weniger deutsch klingenden Namen Windsor auszuwechseln. Denn wie wir noch sehen werden, hatte die gegen Ende des 19. Jahrhunderts aufkommende Form des Nationalismus keine grundlegende Ähnlichkeit mit dem Staatspatriotismus, selbst wenn er sich mit diesem verband. Die grundsätzliche Loyalität des neuen Nationalismus galt paradoxerweise nicht »dem Land«, sondern allein seiner besonderen Auffassung von diesem Land – einer ideologischen Konstruktion.

7 Diese Hymne wurde später durch eine andere ersetzt, die geographisch zwar allgemeiner gehalten war, dafür jedoch (da nur wenige Österreicher an Österreich glaubten) das Deutschtum des Landes stärker betonte und Gott mit ins Spiel brachte – übrigens zu der Melodie von Haydn, auf die sowohl die Habsburger Hymne als auch das Deutschlandlied gesungen wurden.

Die Verbindung eines Staatspatriotismus mit einem nicht auf den Staat bezogenen Nationalismus war politisch riskant, da die Kriterien des einen umfassend waren, zum Beispiel alle Bürger der französischen Republik einschlossen, während die des anderen exklusiv waren und etwa nur jene Bürger der französischen Republik berücksichtigten, die Französisch sprachen und im Extremfall blond und schmalgesichtig waren.[8] Die potentiellen Kosten einer Anreicherung des einen durch den anderen waren somit hoch, sobald die Identifikation mit der einen Nationalität andere verschreckte, die sich weigerten, von ihr assimiliert oder eliminiert zu werden. Es gab in Europa nur ganz wenige wirklich homogene Nationalstaaten wie etwa Portugal, obwohl es in der Mitte und auch gegen Ende des 19. Jahrhunderts noch immer sehr viele Gruppen gab, die man durchaus als »Nationalitäten« hätte klassifizieren können und die nicht mit den Ansprüchen der offiziell dominanten »Nation« rivalisierten, und sehr viele Individuen, die aktiv eine Assimilierung an die eine oder andere dominierende Nationalität und Bildungssprache erstrebten.

Wenn jedoch die Identifikation des Staates mit einer Nation schon Gefahr lief, einen Gegen-Nationalismus hervorzurufen, so machte der Prozeß seiner Modernisierung dies noch weit wahrscheinlicher, da er eine Homogenisierung und Vereinheitlichung seiner Einwohner vor allem mit Hilfe einer geschriebenen »Nationalsprache« implizierte. Sowohl die direkte Verwaltung einer umfangreichen Bevölkerung durch moderne Regierungen als auch die technische und wirtschaftliche Entwicklung erfordern dies, denn sie machen eine allgemeine Grundschulbildung wünschenswert und den Ausbau sekundärer Bildungseinrichtungen fast unverzichtbar. Es sind das Ausmaß, in dem der Staat tätig wird, sowie dessen Bedarf an *unmittelbaren* Kontakten mit seinen Bürgern, die das Problem aufwerfen. So muß die Bildung der Massen aus praktischen Gründen in einer Landessprache erfolgen, während die Bildung einer zahlenmäßig beschränkten Elite in einer Sprache möglich ist, die von einem Großteil der Bevölkerung nicht verstanden oder gesprochen wird, im Fall der »klassischen« Sprachen wie Latein, dem klassischen Per-

8 Zum starken rassistischen Element inden Debatten über den französischen Nationalismus vgl. Taguieff (1987), S. 126 ff. Zur Neuartigkeit dieses sozialdarwinistischen Nationalismus vgl. Nagel (1975).

sisch oder dem klassischen Schrift-Chinesisch außerhalb der Eliten sogar von überhaupt niemandem. Administrative oder politische Transaktionen an der Spitze können in einer Sprache durchgeführt werden, die für die Mehrheit der Bevölkerung unverständlich ist, so wie der ungarische Adel seine parlamentarischen Angelegenheiten bis 1840 auf Lateinisch abwickelte oder so wie Englisch bis heute die Amtssprache in Indien darstellt, während eine Wahlkampagne unter demokratischem Wahlrecht in der Landessprache geführt werden muß. Wirtschaft, Technik und Politik erfordern zunehmend eine Sprache *gesprochener* Massenkommunikation – eine Notwendigkeit, die durch das Aufkommen von Film, Funk und Fernsehen noch gesteigert wird –, so daß Sprachen, die ursprünglich als Verkehrssprachen für Benutzer wechselseitig unverständlicher Landessprachen oder als Bildungssprachen für die Gebildeten gedacht waren oder fungierten, als Medien für die nationale Rede in Dienst genommen werden: das Mandarin-Chinesisch, Bahasa Indonesia und das Pilipino.[9]

Folgte die Wahl der »offiziellen« Nationalsprache lediglich Zweckmäßigkeitserwägungen, so wäre sie vergleichsweise einfach. Man bräuchte nur die Sprache zu wählen, die vermutlich von der größten Zahl der Einwohner gesprochen und/oder verstanden wird oder die ihren Umgang untereinander am leichtesten macht. Die Entscheidung Josephs II. für Deutsch als Amtssprache seines Vielvölkerreichs war in diesem Sinne ganz pragmatisch, ebenso Gandhis Wahl des Hindi für das zukünftige unabhängige Indien – seine eigene Muttersprache war Gudscharati – sowie seit 1947 die Wahl des Englischen als jenes Mediums der nationalen Kommunikation, das für die Inder am wenigsten inakzeptabel war. In Vielvölkerstaaten ließ sich das Problem der Theorie nach in der Weise lösen, wie die Habsburger es seit 1848 ständig versuchten, daß die Umgangssprache auf einer geeigneten Verwaltungsebene eine gewisse offizielle Anerkennung erfuhr. Je lokal beschränkter und je ungebildeter, das heißt je näher am traditionellen Leben auf dem Land, desto seltener der Anlaß für Konflikte zwischen unterschiedlichen Sprachebenen oder geographischen Einheiten. Selbst auf dem Höhepunkt des Konflikts zwischen Deutschen und Tschechen im Habsburgerreich war es immer noch möglich, zu schreiben:

9 Zu den Philippinen vgl. »Land of 100 tongues...«. Zum Problem allgemein Fishman (1974).

In einem Staate, den viele Nationen bewohnen, ist auch für solche, die keine öffentliche Stellung bekleiden, der zwingende Antrieb zur Erlernung der zweiten Sprache, der faktische Sprachenzwang gegeben, so für Kaufleute, Handwerker, Arbeiter. Am wenigsten ist von diesem faktischen Zwang der Bauer berührt. Die selbst in unserer Zeit noch fortwirkende Abgeschlossenheit und Selbstgenügsamkeit des Dorflebens lässt ihm die Nähe eines anderssprachigen Ortes nur selten zum Bewusstsein kommen, wenigstens in Böhmen und Mähren, wo das Landvolk beider Nationen ökonomisch und sozial gleich hoch stehen. In solchen Gebieten verschiebt sich die Sprachgrenze jahrhundertelang gar nicht, zumal die Heiraten im Dorfe und das faktisch ausgeübte Vorkaufsrecht der Gemeindegenossen die Aufnahme Fremder in den Dorfverband hemmen. Die wenigen Fremden werden rasch angeglichen und einverleibt. (Renner 1918, S. 65)[10]

Aber das Problem der »Nationalsprachen« ist nur selten eine pragmatische und noch weniger eine leidenschaftslose Frage, wie sich an dem Widerstreben zeigt, sie aufgrund ihrer Historisierung und der für sie erfundenen Traditionen als Konstruktionen zu durchschauen.[11] Am allerwenigsten pragmatisch und leidenschaftslos sollte sie für die Ideologen jenes Nationalismus werden, wie er nach 1830 aufkam und gegen Ende des 19. Jahrhunderts eine neue Form annahm. Für sie war die Sprache die Seele einer Nation und, wie wir sehen werden, zunehmend das entscheidende Kriterium der Nationalität. In welcher Sprache oder in welchen Sprachen auf den weiterführenden Schulen von Celje (Cilli) unterrichtet werden sollte, deren Schüler teils Deutsch und teils Slowenisch als Muttersprache hatten, war alles andere als eine Frage der administrativen Zweckmäßigkeit. (Dieses besondere Problem bewegte 1895 die österreichische Politik; s. Macartney 1971, S. 661.) Alle Regierungen in mehrsprachigen Ländern (bis auf einige wenige besonders glückliche) waren sich der Brisanz des Sprachenproblems bewußt.

Noch brisanter wurde es durch den Umstand, daß unter den gegebenen Verhältnissen jeder Nationalismus, falls er nicht bereits mit einem Staat verbunden war, notwendig zu einem *politischen* Na-

10 Ich entnehme dieses Zitat der zweiten, umgeschriebenen Auflage von *Der Kampf der österreichischen Nationen um den Staat* (1902) des austromarxistischen Autors, der selbst von einem deutschen Bauern in Mähren abstammte.

11 »Viele Sprechergemeinschaften erfinden und kultivieren Mythen und Genealogien, die den Ursprung und die Entwicklung der Standard-Varianten [ihrer Sprache] zum Inhalt haben, um deren zahlreiche jüngere Bestandteile zu bagatellisieren... Eine Variante erlangt historischen Rang, wenn sie mit einer großen ideologischen oder nationalen Bewegung oder Tradition verknüpft wird.« (Fishman 1974, S. 164)

tionalismus wurde. Denn nur über einen Staatsapparat konnte man aus einer »Nationalität« eine »Nation« machen oder auch nur ihren gegenwärtigen Status vor einer zukünftigen Erosion oder Assimilation schützen. Wie weiter unten noch ausgeführt wird, ging und geht es beim sprachlich begründeten Nationalismus im wesentlichen um die Sprache als Unterrichts- und als Amtssprache. Ihm geht es um »Amt und Schule«, wie Polen, Tschechen und Slowenen nicht müde wurden, schon seit 1848 zu wiederholen (Burian 1970/71, S. 87). Es geht darum, ob der Unterricht an den walisischen Schulen auf Englisch und Walisisch oder nur auf Walisisch gehalten werden soll; um die Notwendigkeit, in Wales auch jenen Ortschaften einen walisischen Namen zu geben, die noch nie einen hatten, weil sich dort noch nie Waliser angesiedelt hatten; um die Sprache von Verkehrs- und Straßenschildern; um staatliche Subventionen für ein TV-Programm in walisischer Sprache; um die Sprache, in der Debatten in den Bezirksräten geführt und in der sie protokolliert werden; um die Sprache der Antragsformulare für die Zulassung zur Führerscheinprüfung oder die Einrichtung eines Stromzählers oder auch nur darum, ob Formulare zweisprachig oder zum Teil in englischer und zum Teil in walisischer Sprache oder eines Tages überhaupt nur auf Walisisch gedruckt werden sollen. Denn wie ein nationalistischer Autor es ausdrückt:

> Zu einer Zeit, als das Walisische noch einigermaßen ungefährdet war, sah Emrys ap Iwan die Notwendigkeit, sie erneut zu einer Amts- und Unterrichtssprache zu machen, wenn sie überleben sollte. (Thomas 1973, S. 83)

Die Regierungen sahen sich darum gezwungen, sich auf diese oder jene Weise mit dem neuen »Nationalitätsprinzip« und dessen Symptomen auseinanderzusetzen, gleichgültig ob sie es für ihre eigenen Zwecke einspannen konnten oder nicht. Um dieses Kapitel sinnvoll zu beschließen, werfen wir noch einen kurzen Blick auf die Entwicklung der Einstellungen im 19. Jahrhundert zum Problem von Nation und Sprache. Die Frage läßt sich etwa anhand der Debatten von Experten verfolgen, nämlich der regierungsamtlichen Statistiker, die bemüht waren, die periodischen Volkszählungen zu koordinieren und zu vereinheitlichen, die seit der Mitte des Jahrhunderts zu einem normalen Bestandteil des Dokumentationsapparats wurden, der von allen »fortschrittlichen« oder modernen Staaten benötigt wurde. Das Problem, das auf dem Ersten Internationalen Statistischen Kongreß 1853 auftrat, bestand in der Frage, ob die »gesprochene Sprache« in eine solche Volkszählung mit aufgenommen werden sollte und welchen Einfluß dies gegebenenfalls auf Nation und Nationalität hatte.

Die Angelegenheit wurde ursprünglich von dem Belgier Quetelet zur Sprache gebracht, dem Begründer der Sozialstatistik, der zudem aus einem Land stammte, in dem das Verhältnis zwischen Französisch und Flämisch bereits eine gewisse politische Bedeutung erlangt hatte. Der Internationale Statistische Kongreß von 1860 beschloß, eine Frage zur Muttersprache in Volkszählungen nicht obligatorisch zu machen, sondern es den einzelnen Regierungen zu überlassen, ob eine solche Frage von »nationaler« Bedeutung sei oder nicht. Der Kongreß von 1873 sprach sich hingegen dafür aus, diese Frage künftig in alle Volkszählungen mit aufzunehmen.

Die ursprüngliche Auffassung der Experten war, die »Nationalität« eines Individuums nicht durch Befragung im Rahmen einer Volkszählung festzulegen – ausgenommen in der Bedeutung, die dem Wort von den Franzosen gegeben wurde, nämlich der Staatsbürgerschaft des Befragten. In diesem Sinne war Sprache für die »Nationalität« irrelevant, obgleich dies in der Praxis lediglich bedeutete, daß die Franzosen und jeder andere, der diese Definition akzeptierte, wie etwa die Madjaren, innerhalb ihrer Grenzen offiziell nur eine Sprache anerkannten. Die Franzosen ignorierten einfach die übrigen Sprachen, während die Madjaren, die dazu kaum in der Lage waren, da weniger als die Hälfte der Bewohner ihres Königreichs Madjarisch sprachen, sich genötigt sahen, sie juristisch als »nicht magyarisch sprechenden Magyaren« (Renner 1899, S. 13) zu kennzeichnen, so wie die Griechen später die Bewohner der von ihnen annektierten Teile Mazedoniens als »slawophone Griechen« bezeichneten. Kurz, ein Sprachenmonopol gab sich als außersprachliche Definition der Nation aus.

Was die Nationalität ausmachte, war offensichtlich zu komplex, um allein durch die Sprache erfaßt zu werden. Die Habsburger Statistiker, die darin mehr Erfahrung hatten als alle anderen, vertraten die Auffassung, daß sie (a) kein Attribut von Individuen, sondern von

Gemeinschaften war und (b) »geographische Studien über die Lage, Grenzen und die klimatischen Verhältnisse desselben sowie ... anthropologische und ethnologische Studien [erforderte] über physische und geistige, äußere und innere Eigenschaften des Volkes, über dessen Gebräuche, Sitten usw.«[12] Dr. Glatter, ehemaliger Leiter des Wiener Statistischen Instituts, verstieg sich ganz im Geist des 19. Jahrhunderts sogar zu der Behauptung, nicht die Sprache, sondern die Rasse sei für die Nationalität ausschlaggebend.

Aber die Nationalität war ein zu großes politisches Problem, als daß die Volkszähler es hätten übersehen können. Sie stand unstreitig in einem *gewissen* Zusammenhang mit der gesprochenen Sprache, und sei es auch nur deshalb, weil die Sprache etwa seit 1840 zunehmend eine Rolle in internationalen territorialen Auseinandersetzungen spielte – ganz besonders in der Schleswig-Holstein-Frage zwischen Dänen und Deutschen (Wambaugh 1920, insbes. S. 138), während sie vor dem 19. Jahrhundert nicht als Argument zur Unterstützung territorialer Ansprüche von Staaten vorgebracht wurde (Nordmann 1986, S. 52). Doch 1842 las man bereits in der *Revue de Deux Mondes*, »die wahren natürlichen Grenzen wurden nicht durch Berge und Flüsse bestimmt, sondern durch die Sprache, die Gebräuche, die Erinnerungen, alles, was eine Nation von einer anderen unterscheidet«, ein Argument, das zugegebenermaßen zur Begründung dafür herangezogen wurde, warum Frankreich *nicht* unbedingt den Rhein als Westgrenze anstreben sollte; ebenso wie das Argument, daß »die in Nizza gesprochene Sprache mit dem Italienischen nur eine entfernte Ähnlichkeit [aufweist]«, Cavour als offizielle Entschuldigung dafür diente, warum er diesen Teil des Königreichs Savoyen an Napoleon III. abtrat (Nordmann, S. 55 f.). Die Tatsache bleibt bestehen, daß die Sprache nicht mehr nur in der Innenpolitik bestimmter Staaten, sondern auch in der internationalen Diplomatie zu einem wichtigen Faktor geworden war. Außerdem war sie der einzige Aspekt der Nationalität, wie der Internationale Statistische Kongreß in St. Petersburg bemerkte, der sich zumindest objektiv zahlenmäßig erfassen und in Tabellen darstellen ließ (Brix 1982, S. 90).

12 Hier und im folgenden stütze ich mich auf Brix (1982); das Zitat stammt von S. 76.

Indem er die Sprache als ein Kriterium der Nationalität akzeptierte, nahm der Kongreß nicht nur eine verwaltungstechnische Perspektive ein, sondern schloß sich auch den Argumenten eines deutschen Statistikers an, der in einflußreichen Veröffentlichungen 1866 und 1869 behauptet hatte, Sprache sei der einzige angemessene Indikator für nationale Zugehörigkeit (Böckh 1866 und 1869). Das war seit langem die Auffassung deutscher Intellektueller und Nationalisten angesichts des Fehlens eines einzigen deutschen Nationalstaats und der über ganz Europa verstreut lebenden Gemeinden, die eine deutsche Mundart sprachen und deren gebildete Mitglieder Hochdeutsch schrieben und sprachen. Das war nicht notwendig gleichbedeutend mit der Forderung nach einem einzigen deutschen Nationalstaat, der alle diese Deutschen in sich einschloß – eine solche Forderung war und blieb völlig unrealistisch[13] –, und in Böckhs rein philologischer Version ist überhaupt noch nicht geklärt, wie weit ein gemeinsames Bewußtsein und eine gemeinsame Kultur darin eingingen, denn wie wir gesehen haben, rechnete er aus linguistischen Gründen notwendig auch die Sprecher des Jiddischen zu den Deutschen, jenes mittelalterlichen deutschen Dialekts, der zur Universalsprache der Ostjuden umgebildet wurde. Wie auch immer, auf das Argument der Sprache gestützte territoriale Ansprüche waren nunmehr möglich – die deutsche Kampagne von 1840 hatte das französische Verlangen nach einer Verschiebung der Westgrenze Frankreichs bis zum Rhein aus ebendiesem Grund zurückgewiesen –, und in welcher Form auch immer die Sprache zu ihrer Begründung herangezogen wurde, politisch konnten solche Ansprüche nicht länger ignoriert werden.

Aber was sollte eigentlich genau zahlenmäßig erfaßt werden? An diesem Punkt löste sich die von den Volkszählern vorgetäuschte Analogie von Sprache und Geburtsort, Alter oder Familienstand auf. Die Angabe der Sprache setzte eine politische Vorentscheidung voraus. Der österreichische Statistiker Ficker sprach sich als Wissenschaftler dagegen aus, die Sprache des öffentlichen Lebens zu wählen, die möglicherweise durch die Regierung oder eine Partei der Be-

13 Selbst Hitler machte einen Unterschied zwischen »Reichsdeutschen« und »Volksdeutschen«, wobei die letzteren außerhalb der Reichsgrenzen lebten, jedoch die Möglichkeit erhielten, »heim ins Reich« zu kommen.

völkerung aufgezwungen worden war, während dies für seine französischen oder ungarischen Kollegen durchaus akzeptabel war. Aus demselben Grund war er gegen die Kirchen- und die Unterrichtssprache. Dafür bemühten sich die Habsburger Statistiker ganz im Geist des Liberalismus ihres Jahrhunderts, den ständigen Wandel der Sprache und vor allem die sprachliche Assimilierung zu berücksichtigen, indem sie die Bürger nicht nach deren Muttersprache oder (im Wortsinne) nach der Sprache fragten, die sie als erste von ihren Müttern gelernt hatten, sondern nach deren »Familiensprache«, das heißt, nach der »Sprache, deren sich das betreffende Individuum im Familienkreis gewöhnlich bedient« (Brix 1982, S. 94 f.).

Niemand war über diese Gleichsetzung von Sprache und Nationalität glücklich: weder die Nationalisten, weil dadurch Individuen, die in der Familie eine bestimmte Sprache sprachen, daran gehindert wurden, sich für eine andere Nationalität zu entscheiden, noch die Regierungen – auf jeden Fall die des Habsburgerreiches –, weil sie ein heißes Eisen nicht erst anzufassen brauchten, um es als solches zu erkennen. Dennoch unterschätzten sie dessen Selbsterhitzungspotential. Die Habsburger gedachten die Sprachenfrage so lange aufzuschieben, bis die nationalen Gemüter, die sich in dem Jahrzehnt nach 1860 so sichtbar überhitzt hatten, wieder abgekühlt waren. Sie wollten erst 1880 mit dem Zählen beginnen. Kaum einer kam auf den Gedanken, daß allein schon das Stellen einer solchen Frage zu einem sprachlichen Nationalismus führen mußte. Jede Volkszählung wurde zu einem Kampfplatz zwischen den einzelnen Nationalitäten, und alle noch so ausgeklügelten Versuche der Behörden, den Streit zwischen den feindseligen Parteien zu schlichten, blieben erfolglos. Sie produzierten lediglich Monumente einer unvoreingenommenen Gelehrsamkeit wie die Volkszählungen von 1910 in Österreich und Belgien, die nur den Historiker zufriedenstellen. In Wirklichkeit *zwangen* die Volkszählungen mit ihrer Frage nach der Sprache zum erstenmal jedermann, nicht nur eine Nationalität, sondern eine sprachliche Nationalität zu wählen (Brix 1982, S. 114). Die Erfordernisse des modernen Verwaltungsstaates trugen einmal mehr dazu bei, das Aufkommen des Nationalismus zu begünstigen, dessen Wandlungen wir im folgenden Kapitel nachgehen wollen.

IV. Kapitel
Die Wandlungen des Nationalismus: 1870-1918

> Auf bestimmter Höhe der europäischen Entwicklung treten die Sprach- und Kulturgemeinschaften der Völker nach jahrhundertelangem stillen Heranreifen aus der Welt passiver Volkheit heraus, fühlen sich als geschichtlich berufene Macht, verlangen nach Verfügung über den Staat als das höchste gegebene Werkzeug der Macht und erstreben ihre politische Selbstbestimmung. Der Geburtstag der politischen Idee der Nation und das Geburtsjahr dieses neuen Bewußtseins ist 1789, das Jahr der französischen Revolution.
>
> *(Renner 1918, S. 89)*

Zweihundert Jahre nach der Französischen Revolution wird kein ernsthafter Historiker – und hoffentlich niemand, der das Buch bis hierher gelesen hat – Äußerungen wie die oben zitierte als etwas anderes ansehen denn als Übung in programmatischer Mythologie. Dennoch wirkt das Zitat wie eine repräsentative Formulierung jenes »Nationalitätsprinzips«, das die internationale Politik Europas nach 1830 erschütterte und eine Anzahl neuer Staaten ins Leben rief, die, soweit es machbar war, Mazzinis Forderung »jede Nation ein Staat« entsprachen, nicht jedoch deren Fortsetzung »nur ein Staat für die ganze Nation« (Renner 1899, S. 9). Sie ist in fünffacher Hinsicht repräsentativ: in der Betonung der Sprach- und Kulturgemeinschaft, eine Neuerung des 19. Jahrhunderts (vgl. Schieder 1985, S. 128), in der Betonung des Nationalismus, der danach strebte, Staaten zu bilden oder von ihnen Besitz zu ergreifen, statt der »Nationen« bereits bestehender Staaten, in ihrem Historismus und Bewußtsein einer geschichtlichen Mission, in ihrer Reklamation von 1789 als dem Ursprung der neuen Entwicklung und schließlich in ihrer begrifflichen Unbestimmtheit und Phrasenhaftigkeit.

Während sich dieses Zitat auf den ersten Blick fast wie ein von Mazzini geschriebener Text liest, wurde es in Wirklichkeit siebzig Jahre nach den Revolutionen von 1830 geschrieben, von einem marxistischen Sozialisten mährischer Herkunft in einem Buch über die Probleme des Habsburgerreiches. Kurzum, während man es irrigerweise in Verbindung mit dem »Nationalitätsprinzip« bringen könnte, das die politische Landkarte Europas zwischen 1830 und 1875 veränderte, gehört es tatsächlich zu einer späteren und anderen Phase der nationalistischen Entwicklung in der europäischen Geschichte.

Der Nationalismus der Jahre von 1880 bis 1914 unterschied sich im wesentlichen in drei Punkten von seiner mazzinischen Phase. Erstens gab er das »Schwellenprinzip« auf, das – wie wir gesehen haben – im Zentrum des Nationalismus während der liberalen Ära stand. Von nun an beanspruchte *jede* Gemeinschaft von Menschen, die sich als eine »Nation« betrachteten, das Recht auf Selbstbestimmung, das letzten Endes das Recht auf einen eigenen, souveränen und unabhängigen Staat auf ihrem Territorium bedeutete. Zweitens und als Folge dieser Vermehrung potentieller Nationen ohne Geschichte wurden ethnische Zugehörigkeit und Sprache zu zentralen, zunehmend entscheidenden oder gar den einzigen Kriterien für die potentielle Nation. Es gab aber noch eine dritte Veränderung, die weniger die immer zahlreicher und ehrgeiziger werdenden nationalen Bewegungen ohne Staat betraf, sondern vielmehr die nationalen Gesinnungen innerhalb der etablierten Nationalstaaten; eine deutliche Wendung zur politischen Rechten, für die der Begriff »Nationalismus« Ende des 19. Jahrhunderts überhaupt erst erfunden wurde. Das Zitat von Renner bringt die beiden ersten Änderungen zum Ausdruck, ganz sicher jedoch – da der Autor der Linken angehört – nicht die dritte.

Es gibt drei Gründe, warum man so selten bemerkt hat, wie spät eigentlich das ethnisch-sprachliche Kriterium so dominierend für die Nation wurde. Erstens beruhten die beiden bedeutendsten nichtstaatlichen nationalen Bewegungen der ersten Hälfte des 19. Jahrhunderts im wesentlichen auf Gemeinschaften der Gebildeten, die einander über politische und geographische Grenzen hinweg durch die Verwendung einer etablierten, hochkultivierten Sprache und ihrer Literatur verbunden waren. Für Deutsche und Italiener diente ihre Nationalsprache nicht nur administrativen Zwecken oder der Vereinheitlichung der Kommunikation im gesamten Staatswesen, wie es das Französische in Frankreich seit der Verfügung von Villers-Cotterets im Jahre 1539 gewesen war, und auch nicht als revolutionäres Hilfsmittel, um die Wahrheiten der Freiheit, der Wissenschaft und des Fortschritts allen nahezubringen und das Wiederaufleben der Hierarchie des Ancien régime zu verhindern, wie es dies für die Jakobiner gewesen war.[1] Ihre Sprache war sogar noch mehr als das Medium einer hochentwickelten Literatur und als ein universelles geistiges Ausdrucksmittel. Sie allein schuf Deutsche oder Italiener, und so hatte sie einen weit größeren Anteil an der nationalen Identität als etwa das Englische für alle, die diese Sprache schreiben und lesen konnten. Während allerdings die Sprache für die liberalen bürgerlichen Klassen hier somit ein zentrales Argument für die Schaffung eines einheitlichen Nationalstaates lieferte, war dies in der ersten Hälfte des 19. Jahrhunderts nirgendwo sonst der Fall. Die politischen Ansprüche Polens und Belgiens auf Unabhängigkeit stützten sich nicht auf die Sprache, so wenig wie die Aufstände verschiedener Balkanvölker gegen das Osmanische Reich, aus denen einige unabhängige Staaten hervorgingen, oder die irische Unabhängigkeitsbewegung in England. Andererseits war die nationale Selbstbestim-

1 »Alle Glieder des Souveräns (des Volkes) können alle Ämter bekleiden; es ist wünschenswert, daß sie diese alle der Reihe nach einnehmen, bevor sie ihre landwirtschaftliche oder handwerkliche Tätigkeit wieder aufnehmen. Diese Lage der Dinge stellt uns vor folgende Alternative. Werden die Ämter mit Personen besetzt, die nicht fähig sind, sich in der Nationalsprache auszudrücken oder diese zu schreiben, wie können dann die Rechte der Bürger durch Dokumente gewährleistet werden, deren Texte begriffliche Irrtümer enthalten, und durch Gedanken, denen es an Präzision fehlt – mit einem Wort, die alle Symptome der Unwissenheit aufweisen? Wenn auf der anderen Seite diese Unwissenheit dazu führen sollte, Männer von öffentlichen Ämtern auszuschließen, so würden wir bald die Wiedergeburt jener Aristokraten erleben, die einstmals den *patois* als Zeichen einer fürsorglichen Freundlichkeit gebrauchten, wenn sie es mit Personen zu tun hatten, die von ihnen überheblich als ›die kleinen Leute‹ bezeichnet wurden. Nicht lange, und die Gesellschaft hätte wieder unter den ›anständigen Leuten‹ (*des gens comme il faut*) zu leiden ... Zwischen zwei geschiedenen Klassen wird sich eine Art Hierarchie bilden. Auf diese Weise würde eine Unkenntnis der Sprache das gesellschaftliche Wohlergehen gefährden, oder sie würde die Gleichheit zerstören.« (Abbé Grégoire, Rapport, zit. n. Brunot 1938-40, Bd. 9, S. 207 f.)

mung (im Unterschied zur kulturellen Anerkennung) dort, wo Bewegungen für eine eigene Sprache bereits über eine nennenswerte politische Basis verfügten, wie in den tschechischen Ländern, noch kein Streitpunkt, und niemand dachte ernsthaft an die Errichtung eines eigenen Staates.

Seit dem späten 18. Jahrhundert (und weitgehend unter deutschem Einfluß) wurde Europa indessen von einer romantischen Leidenschaft für die reine, einfache und unverdorbene Landbevölkerung ergriffen, und für diese folkloristische Wiederentdeckung »des Volkes« waren die von diesem gesprochenen Landessprachen von wesentlicher Bedeutung. Während diese volksnahe kulturelle Renaissance vielen späteren nationalen Bewegungen als Fundament diente und deshalb mit Recht als die erste Phase (»Phase A«) ihrer Entwicklung angesehen wurde, macht Miroslav Hroch deutlich, daß sie jedoch in keiner Weise bereits eine politische Bewegung der betroffenen Menschen selbst war und mit ihr auch keine politischen Ziele oder programmatischen Forderungen verbunden waren. In den meisten Fällen war die Entdeckung einer volkstümlichen Tradition und deren Umwandlung in die »nationale Tradition« einer ländlichen Bevölkerung, die von der Geschichte vergessen worden war, das Werk von Enthusiasten aus der (fremden) herrschenden Klasse oder Elite wie der Baltendeutschen oder der finnischen Schweden. Die Gesellschaft für finnische Literatur (gegründet 1831) wurde von Schweden ins Leben gerufen, ihre Berichte wurden auf Schwedisch abgefaßt, und der Chefideologe des finnischen Kulturnationalismus, Snellman, schrieb offenbar alle seine Veröffentlichungen in schwedischer Sprache (Juttikala und Pirinen 1975, S. 176). Während sich die vielfältigen kulturellen und sprachlichen Erneuerungsbewegungen in Europa zwischen 1780 und 1850 nicht bestreiten lassen, wäre es dennoch ein Fehler, Hrochs Phase A mit seiner Phase B zu verwechseln, in der sich eine neu aufkommende Gruppe von Aktivisten im Interesse der »nationalen Idee« der politischen Agitation widmet, und erst recht mit seiner Phase C, in der sich zunehmend auch die Massen für die »nationale Idee« gewinnen lassen. Wie das Beispiel der Britischen Inseln zeigt, besteht im übrigen kein notwendiger Zusammenhang zwischen kulturellen Erneuerungsbewegungen dieser Art und den späteren nationalen Agitationen oder Bewegungen eines politischen

Nationalismus, und umgekehrt ist es möglich, daß derartige nationalistische Bewegungen ursprünglich wenig oder gar nichts mit einer Bewegung der kulturellen Erneuerung zu tun hatten. Die Folklore Society (1878) und die Wiederbelebung des Volksliedes in England waren so wenig nationalistisch wie die Gypsy Lore Society.

Der dritte Grund betrifft eher die ethnische als die sprachliche Identifikation. Er liegt darin, daß bis spät ins 19. Jahrhundert hinein einflußreiche Theorien oder Pseudotheorien fehlen, die Nation mit biologischer Abstammung gleichsetzten. Wir werden auf diesen Punkt noch zurückkommen.

Die immer größere Bedeutung der »nationalen Frage« in den vier Jahrzehnten vor dem Ausbruch des Ersten Weltkriegs bemißt sich nicht nur an deren Intensivierung innerhalb der alten Vielvölkerstaaten Österreich-Ungarn und Türkei. Sie war mittlerweile zu einem wichtigen Aspekt der Innenpolitik fast aller europäischen Staaten geworden. So beschränkte sie sich nicht einmal mehr im Vereinigten Königreich auf das irische Problem, auch wenn der irische Nationalismus unter diesem Namen ebenfalls zunahm – die Zahl der Zeitungen, die sich als »national« oder »nationalistisch« bezeichneten, stieg von 1 (1871) über 13 (1881) auf 33 (1891)[2] – und für die politische Politik zu einer höchst brisanten Angelegenheit wurde. Dabei wird allerdings häufig übersehen, daß dies zugleich die Periode war, in der die erste offizielle Anerkennung walisischer Nationalinteressen erfolgte (der Welsh Sunday Closing Act von 1881 ist als »das erste spezifisch walisische Gesetz« bezeichnet worden; *Report of the Commissioners...* 1881 und Morgan 1982, S. 36); und als in Schottland eine bescheidene Home-rule-Bewegung aufkam, richtete die britische Regierung ein Schottisches Ministerium ein und garantierte über die sogenannte »Goschen-Formel« den Schotten einen nationalen Anteil an den öffentlichen Ausgaben Großbritanniens. Der Nationalismus im Lande konnte auch – wie in Frankreich, Deutschland und Italien – als Aufstieg jener rechten Bewegungen in Erscheinung treten, für die der Begriff »Nationalismus« überhaupt erst in dieser Periode ge-

2 Ich verdanke diese Daten, die dem Newspaper Press Directory jener Jahre entnommen sind, unveröffentlichten Untersuchungen über die irische Provinzpresse (1852-1892) von Mary Lou Legg vom Birkbeck College.

prägt wurde, oder allgemeiner als Aufkommen des politischen Fremdenhasses, der seinen erbärmlichsten, aber keineswegs einzigen Ausdruck im Antisemitismus fand. Daß ein so relativ ruhiger Staat wie Schweden in dieser Zeit durch den nationalen Abfall Norwegens (1907) erschüttert wurde (den vor 1890 niemand gefordert hatte), ist zumindest ebenso aufschlußreich wie die Lähmung der Politik des Habsburgerreiches durch rivalisierende nationalistische Bewegungen.

Außerdem ist es diese Periode, in der die Zahl nationalistischer Bewegungen selbst in Regionen zunimmt, in denen sie bislang unbekannt waren, oder unter Völkern, die bisher bestenfalls das Interesse von Volkskundlern auf sich gezogen hatten, und (symbolisch) erstmals sogar in der außerwestlichen Welt. Wieweit die neuen antiimperialistischen Bewegungen als nationalistische bezeichnet werden können, muß offen bleiben, obwohl der Einfluß westlicher nationalistischer Ideologien auf ihre Wortführer und Aktivisten außer Zweifel steht – wie im Fall des irischen Einflusses auf den indischen Nationalismus. Aber selbst wenn wir uns auf Europa und dessen Nachbarregionen beschränken, finden wir 1914 eine Fülle von Bewegungen, die es noch 1870 kaum oder überhaupt nicht gegeben hatte: bei den Armeniern, Georgiern, Litauern und anderen baltischen Völkern und den Juden (in zionistischen und nichtzionistischen Spielarten), bei den Mazedoniern und Albanern auf dem Balkan, den Ruthenen und Kroaten im Habsburgerreich – der kroatische Nationalismus darf nicht verwechselt werden mit der früheren Unterstützung eines jugoslawischen oder »illyrischen« Nationalismus durch die Kroaten –, bei den Basken und Katalanen, den Walisern und in Belgien eine deutlich radikalisierte flämische Bewegung sowie bislang unerwartete Ansätze eines lokalen Nationalismus in Gegenden wie Sardinien. Wir können sogar erste Anzeichen für einen arabischen Nationalismus im Osmanenreich ausmachen.

Wie bereits gesagt, stellten die meisten dieser Bewegungen nunmehr das sprachliche und/oder ethnische Element in den Vordergrund. Daß dies vielfach etwas Neues war, läßt sich leicht zeigen. Bis zur Gründung der Gälischen Liga (1893), die anfangs keine politischen Ziele verfolgte, war die irische Sprache in der irischen Nationalbewegung kein Thema. Sie war es weder in O'Connells Repeal-

Agitation [gegen die parlamentarische Union Irlands mit England; Anm. d. Ü.] – obwohl O'Connell aus Kerry stammte und Gälisch sprach – noch im Programm der Fenier. Selbst ernsthafte Versuche, aus dem üblichen Wust von Dialekten eine einheitliche irische Sprache zu schaffen, wurden erst nach 1900 unternommen. Dem finnischen Nationalismus ging es um die Verteidigung der Autonomie des Großherzogs unter den Zaren, und die finnischen Liberalen, die nach 1848 aufkamen, nahmen für sich in Anspruch, eine einzige, zweisprachige Nation zu vertreten. Der finnische Nationalismus wurde erst etwa in den sechziger Jahren des 19. Jahrhunderts wesentlich sprachlich geprägt (als ein zaristisches Sprachreskript die Stellung der finnischen Sprache gegenüber der schwedischen verbesserte), aber noch zwanzig Jahre lang blieb der Sprachenkampf weitgehend ein interner Klassenkampf zwischen der finnischen Unterschicht (vertreten durch die »Fennomanen«, die für eine einzige Nation mit Finnisch als Nationalsprache eintraten) und der zahlenmäßig in der Minderheit befindlichen schwedischen Oberschicht (vertreten durch die »Svekomanen«, die sich für zwei Nationen und zwei Sprachen in einem Land aussprachen). Erst nach 1880, als der Zarismus den Weg eines eigenen, russifizierenden Nationalismus einschlug, fielen der Kampf um Autonomie und der um eine eigene Sprache und Kultur zusammen (Juttikala und Pirinen 1975, S. 176-186).

Auch der Katalanismus als eine (konservative) kulturell-sprachliche Bewegung läßt sich kaum weiter als bis in die fünfziger Jahre des vorigen Jahrhunderts zurückverfolgen, da das Fest der Jocs Florals (ähnlich dem walisischen Eisteddfodau) erst 1859 wiederbelebt wurde. Die Sprache selbst wurde erst im 20. Jahrhundert amtlicherseits vereinheitlicht (Riba 1984; es handelt sich um eine erstmals 1939 gehaltene Vorlesung), und der katalanische Regionalismus nahm sich des Sprachproblems erst gegen Ende des Jahrzehnts nach 1880 an (Vallverdú 1980). Die Entwicklung des baskischen Nationalismus hinkte nach manchen Autoren um dreißig Jahre dem Katalanischen hinterher, obgleich die ideologische Verschiebung des baskischen Autonomismus von der Verteidigung oder Restauration alter Feudalrechte zu einem sprachlich-rassischen Argument ganz plötzlich erfolgte: Im Jahr 1894, weniger als zwanzig Jahre nach dem

Ende des Zweiten Carlistenkrieges, gründete Sabino Arana seine Baskische Nationalpartei (PNV), wobei er übrigens auch den baskischen Namen für dieses Land erfand (»Euskadi«), den es bislang gar nicht gegeben hatte (Puhle 1982, S. 61).

Am östlichen Rand Europas hatten die Nationalbewegungen der Baltenvölker zum letzten Drittel des 19. Jahrhunderts soeben ihre erste (kulturelle) Phase hinter sich gelassen, und in den fernen Balkanländern, wo die mazedonische Frage nach 1870 ihr blutiges Haupt erhob, war die Idee, daß die verschiedenen auf diesem Gebiet lebenden Nationalitäten nach ihrer *Sprache* unterschieden werden sollten, das letzte, was den Staaten Serbien, Griechenland, Bulgarien und der Hohen Pforte, die alle ein Interesse an Mazedonien hatten, in den Sinn gekommen wäre (Carnegie Endowment 1914, S. 27). Die Bewohner Mazedoniens hatte man nach der Religion unterschieden und Ansprüche auf den einen oder anderen Landesteil waren auf die Geschichte – vom Mittelalter bis zurück zum Altertum – gegründet worden oder auch auf ethnographische Argumente über gemeinsame Bräuche und Riten. Erst im 20. Jahrhundert wurde Mazedonien zu einem Schlachtfeld für slawische Philologen, als die Griechen, die auf diesem Terrain nicht mithalten konnten, dafür eine imaginäre ethnische Gemeinsamkeit geltend machten.

Zur gleichen Zeit – etwa in der zweiten Hälfte des 19. Jahrhunderts – erfuhr der ethnisch begründete Nationalismus enorme Verstärkungen, in der Praxis durch die immer umfangreicher werdenden Massenwanderungen ganzer Völker und in der Theorie durch die Umformung des Zentralbegriffs der Sozialwissenschaft des 19. Jahrhunderts, der »Rasse«. Auf der einen Seite wurde nunmehr die seit langem bestehende Aufteilung der Menschheit aufgrund ihrer Hautfarbe in einige wenige »Rassen« weiterentwickelt zu einer Reihe »rassischer« Unterscheidungsmerkmale, mit deren Hilfe auch Völker von ähnlich heller Hautfarbe voneinander unterschieden werden konnten, etwa die »Arier« von den »Semiten« oder innerhalb der »Arier« zwischen Menschen vom »nordischen«, »alpinen« oder »mediterranen« Typus. Auf der anderen Seite verschaffte der darwinische Evolutionismus, später ergänzt durch die heute unter der Bezeichnung Genetik bekannte Vererbungslehre, dem Rassismus eine Anzahl scheinbar höchst triftiger »wissenschaftlicher« Begründungen dafür, sich gegenüber Fremden abzuschließen oder sie, wie sich dann zeigte, sogar zu vertreiben und umzubringen. All dies erfolgte vergleichsweise spät. Der Antisemitismus nahm erst um 1880 einen »rassischen« (im Gegensatz zu einem religiös-kulturellen) Charakter an; die Hauptpropheten des deutschen und französischen Rassismus (Vacher de Lapouge, Houston Stewart Chamberlain) fallen in die Zeit nach 1890, und die »nordische« Rasse taucht nicht vor der Jahrhundertwende im rassistischen oder irgendeinem anderen Diskurs auf (Romein 1978, S. 108).[3]

Die Verbindungen zwischen Rassismus und Nationalismus lagen auf der Hand. »Rasse« und Sprache wurden leicht miteinander verwechselt wie im Fall der »Arier« und der »Semiten«, sehr zum Unwillen gewissenhafter Wissenschaftler wie Max Müller, der darauf verwies, daß »Rasse«, ein Begriff aus der Vererbungslehre, nicht aus der Sprache, die nichts Vererbtes sei, erschlossen werden könne. Außerdem besteht eine nicht zu übersehende Analogie zwischen dem Beharren von Rassisten auf der Bedeutung der Reinhaltung der Rasse und den Schrecken der Rassenmischung einerseits und andererseits dem Pochen so vieler – fast müßte man sagen der meisten – Formen eines sprachlichen Nationalismus auf der Notwendigkeit, die Nationalsprache von fremden Elementen zu säubern. Im 19. Jahrhundert standen die Engländer ziemlich allein da, wenn sie sich ihrer undefinierbaren Abstammung rühmten (Briten, Angelsachsen, Skandinavier, Normannen, Schotten, Iren usw.) und sich der philologischen Mischung ihrer Sprache erfreuten. Was jedoch »Rasse« und »Nation« noch näher zusammenbrachte, war die Praxis, beide de facto als Synonyme zu betrachten, wobei nach damaliger Mode ebenso wild über allgemeine Merkmale eines »Rassen-« und »Nationalcharakters« spekuliert wurde. So stellte ein französischer Autor fest, vor der englisch-französischen Entente Cordiale von 1904 habe man aufgrund der »Erbfeindschaft« zwischen den beiden Rassen ein

3 Eine »nordische« Rasse erscheint unter dieser Bezeichnung erstmals in der klassifikatorischen Literatur der Anthropologie im Jahr 1898 (OED Supplement: »nordic«). Der Begriff geht anscheinend zurück auf Deniker (1900), wurde jedoch von Rassisten aufgegriffen, die darin eine zweckmäßige Beschreibung der blonden, schmalgesichtigen Rasse sahen, die von ihnen mit Überlegenheit in Verbindung gebracht wurde.

Einverständnis zwischen beiden Ländern als Ding der Unmöglichkeit abgetan (Finot 1906, S. V f.). Auf diese Weise bestärkten der sprachliche und der ethnische Nationalismus sich gegenseitig.

Es kann kaum wunder nehmen, daß der Nationalismus in den Jahrzehnten vor dem Ersten Weltkrieg so schnell an Boden gewann. Er war eine Funktion der sozialen wie der politischen Veränderungen, ganz zu schweigen von einer internationalen Lage, die viele Vorwände lieferte, um Ausländern feindselig gegenüberzutreten. Auf der gesellschaftlichen Ebene gab es drei Entwicklungen, die neuartigen Formen der Erfindung »vorgestellter« oder auch tatsächlicher Gemeinschaften als »Nationalitäten« Vorschub leisteten: der Widerstand traditioneller Gruppen, die sich durch den Ansturm der Moderne bedroht fühlten, die neuen, gänzlich traditionslosen Klassen und Schichten, die jetzt in den sich verstädternden Gesellschaften der entwickelten Länder sehr schnell anwuchsen, und die beispiellosen Wanderungsbewegungen, die eine vielfache Diaspora von Völkern über dem ganzen Erdball zur Folge hatten, wobei diese den Einheimischen ebenso fremd waren wie den Angehörigen der anderen Wanderungsvölker und sich noch keine Bräuche und Konventionen einer Koexistenz ausgebildet hatten. Alleine schon Wucht und Tempo der Veränderungen dieser Zeit würden als Erklärung ausreichen, warum unter solchen Umständen die Reibungsmöglichkeiten zwischen einzelnen Gruppen zunahmen, selbst wenn wir von den Auswirkungen der »Großen Depression« absehen, die in diesen Jahren so häufig das Leben der Armen und wirtschaftlich Schwachen und Unsicheren erschütterte. Alles, was es für den Eintritt des Nationalismus in die Politik brauchte, waren Gruppen von Männern und Frauen, die sich in welcher Hinsicht auch immer als »Fantasier« sahen oder so von anderen gesehen wurden und immer bereitwilliger dem Argument Glauben schenkten, ihre Unzufriedenheit habe auf diese oder jene Weise ihre Ursache in der (häufig unbestreitbaren) schlechteren Behandlung von Fantasiern, sei es durch andere Nationalitäten oder im Vergleich zu diesen oder durch einen nicht-fantasischen Staat oder eine nicht-fantasische herrschende Klasse. Auf jeden Fall gab es 1914 kaum noch eine europäische Bevölkerung, die für einen nationalen Appell gänzlich unempfänglich gewesen wäre, auch wenn das nicht zwangsläufig gleichbedeutend war mit der Bindung an ein nationalistisches Programm. Bürger der Vereinigten Staaten, die aus Einwandererfamilien stammten, forderten von der Bundesregierung keinerlei sprachliche oder andere Konzessionen an ihre Nationalität, und dennoch wußte jeder Großstadtpolitiker der Demokratischen Partei nur zu gut, daß es sich auszahlte, Iren als Iren und Polen als Polen anzusprechen.

Wie wir gesehen haben, bestanden die wichtigsten politischen Veränderungen, die aus einer potentiellen Empfänglichkeit für nationale Appelle eine tatsächliche machten, in der Demokratisierung der Politik in einer wachsenden Zahl von Staaten und in der Schaffung des modernen Verwaltungsstaats, der seine Bürger mobilisierte und prägte. Aber das Aufkommen der Massenpolitik führt uns eher zu einer Neuformulierung der Frage nach den Gründen für die massenhafte Unterstützung des Nationalismus als zu einer Antwort darauf. Es geht darum, was denn nationale Parolen in der Politik eigentlich bedeuteten, ob sie für unterschiedliche soziale Wählerschichten dieselbe Bedeutung besaßen, wie sie sich veränderten und unter welchen Umständen sie sich mit anderen Parolen, mit denen sich die Wähler ebenfalls mobilisieren ließen, verbanden oder mit diesen unvereinbar waren, und wie sie über diese anderen Parolen die Oberhand gewannen oder auch nicht.

Die Ineinssetzung von Nation und Sprache trägt zur Beantwortung solcher Fragen bei, da ein sprachlicher Nationalismus ganz wesentlich die Kontrolle über einen Staat oder zumindest die offizielle Anerkennung der Sprache erfordert. Das ist natürlich nicht für alle Schichten oder Gruppen innerhalb eines Staates oder einer Nationalität oder für jeden Staat und jede Nationalität in derselben Weise von Bedeutung. Dennoch sind es Probleme von Macht, Status, Politik und Ideologie und nicht der Kommunikation oder gar Kultur, die den Kern des sprachlichen Nationalismus ausmachen. Wäre Kommunikation oder Kultur der entscheidende Punkt, dann hätte sich die jüdische nationalistische (zionistische) Bewegung nicht für ein modernes Hebräisch als Nationalsprache entschieden, das bislang von niemandem gesprochen wurde, und zudem in einer anderen Aussprache, als sie in den europäischen Synagogen üblich war. Sie verwarf das Jiddische, das von 95 Prozent der aschkenasischen Juden aus dem europäischen Osten und ihren nach Westen ausgewanderten Glaubensbrüdern gesprochen wurde – mit anderen Worten von einer überwältigenden Mehrheit der Juden in aller Welt. Im Jahr 1935 war Jiddisch angesichts der umfangreichen, vielfältigen und anspruchsvollen Literatur, die sich an seine zehn Millionen Sprecher richtete, »eine der führenden ›Literatursprachen‹ der Zeit« (Glinert 1983, S. 634). Und die irische Nationalbewegung hätte sich nach 1900 nicht auf eine vergebliche Kampagne eingelassen, die Iren wieder zu einer Sprache zu bekehren, die von den meisten gar nicht mehr verstanden wurde und selbst von jenen, die sich daran machten, sie ihren Landsleuten beizubringen, erst vor kurzem und nur höchst unvollständig erlernt worden war (Kiberd 1979, S. 223).

Wie andererseits das Beispiel der jiddischen Sprache zeigt und jenes Goldene Zeitalter der Mundartliteratur – das 19. Jahrhundert – bestätigt, brachte die Existenz einer von vielen gesprochenen oder gar geschriebenen Sprache nicht zwangsläufig einen sprachlichen Nationalismus hervor. Solche Sprachen und Literaturen konnten sich selbst ganz bewußt als Ergänzung statt als Rivalen einer hegemonialen Sprache der allgemeinen Kultur und Kommunikation verstehen (und wurden auch so verstanden).

Das politisch-ideologische Element zeigt sich deutlich im Prozeß der Sprachkonstruktion, die von der bloßen »Korrektur« und Vereinheitlichung bestehender Literatur- und Bildungssprachen über die Bildung solcher Sprachen aus dem üblichen Komplex sich überschneidender Dialekte bis hin zur Wiederbelebung toter oder fast ausgestorbener Sprachen (was praktisch auf die Erfindung neuer Sprachen hinausläuft) reichen kann. Denn im Gegensatz zum nationalistischen Mythos ist die Sprache eines Volkes nicht die Grundlage seines Nationalbewußtseins, sondern – in der Formulierung Einar Haugens (1966 und 1968) – ein »Kulturartefakt«. Die Entwicklung der modernen indischen Landessprache führt dies besonders eindringlich vor Augen.

Die gezielte Sanskritisierung des Hochbengali, das im 19. Jahrhundert als Kultursprache aufkam, trieb nicht nur einen Keil zwischen die gebildeten Oberschichten und die einfache Bevölkerung, sondern führte auch zur Hinduisierung der bengalischen Hochkultur und degradierte dadurch die muslimischen bengalischen Volksmassen; dagegen hat man eine gewisse Entsanskritisierung in der

Sprache von Bangladesch (Ostbengalen) seit der Teilung des Landes festgestellt. Noch aufschlußreicher ist der Versuch Gandhis, eine einzige Hindisprache, die auf der Einheit der nationalen Bewegung beruhte, zu entwickeln und beizubehalten – das heißt zu verhindern, daß sich die Hindu- und Moslemvarianten der gemeinsamen Verkehrssprache in Nordindien zu weit voneinander entfernten – und zugleich eine nationale Alternative zur englischen Sprache zu schaffen. Den ökumenisch gesinnten Fürsprechern des Hindi widersetzte sich jedoch eine starke hindufreundliche und moslem- (und damit urdu)feindliche Gruppe, die in den dreißiger Jahren die Kontrolle über die vom Nationalkongreß zur Ausbreitung dieser Sprache gegründete Organisation erlangte, was den Rücktritt von Gandhi, Nehru und anderen Kongreßführern aus dieser Organisation (dem Hindi Sahitya Samuelan oder HSS) zur Folge hatte. 1942 nahm Gandhi ohne Erfolg das Projekt der Schaffung eines »umfassenden Hindi« wieder auf. Inzwischen schuf der HSS ein standardisiertes Hindi nach seinen eigenen Vorstellungen und errichtete schließlich Prüfungszentren für Gymnasial- und Hochschulprüfungen in dieser Sprache, die deshalb für Unterrichtszwecke vereinheitlicht wurde; 1950 wurde ein »Amt für wissenschaftliche Terminologie« zur Erweiterung ihres Wortschatzes gegründet, und die Krönung des Unternehmens war eine 1956 begonnene Hindi-Enzyklopädie (Bhattacharyya 1987; Mukherjee 1976; Das Gupta und Gumperz 1968).

Sprachen werden überhaupt zu bewußteren Übungen in angewandter Sozialwissenschaft, je mehr ihre symbolische Bedeutung gegenüber ihrem aktuellen Gespräch überwiegt, was sich an den zahlreichen Bewegungen ablesen läßt, die ihre Aufgabe darin sehen, Fremdwörter »einzudeutschen« oder »nationalgetreuer« zu machen, wofür der Kampf französischer Regierungen gegen das »Franglais« das bekannteste Beispiel aus der jüngeren Vergangenheit ist. Die hier zugrundeliegenden Leidenschaften sind leicht nachzuvollziehen, aber sie haben mit dem Sprechen, Schreiben, Verstehen oder auch nur dem Geist von Literatur nichts zu tun. Das dänisch beeinflußte Norwegisch ist bis heute das Hauptmedium der norwegischen Literatur. Die Reaktion dagegen im 19. Jahrhundert war nationalistisch. Wie der Ton verrät, ging es in einer Erklärung des Deutschen Kasinos in Prag in den neunziger Jahren des vorigen Jahrhunderts, derzufolge das Erlernen des Tschechischen – damals die Sprache von 93 Prozent der Prager Bevölkerung – »Verrat« sei, nicht um Fragen der Kommunikation (Suttner 1960/65, II, S. 86 ff.). Die Walisischbegeisterten, die auch heute noch an kymrischen Bezeichnungen für Ortschaften basteln, die noch nie einen solchen Namen trugen, wissen nur zu gut, daß Walisischsprechende so wenig eine Kymrisierung der Bezeichnung für Edinburgh brauchen wie für Bamako oder irgendeine andere ausländische Stadt. Aber wie auch immer, ungeachtet der Motive von Sprachkonstrukteuren und -manipulatoren und unabhängig vom Umfang der angestrebten Modifikation einer Sprache: Ohne staatliche Macht und Autorität war hier nichts zu erreichen.

Wie anders als durch staatliche Autorität konnte der rumänische Nationalismus 1863 (gegenüber den benachbarten Slawen und Madjaren) auf seinen lateinischen Ursprüngen bestehen, wenn er die Sprache in römisch-lateinischen statt den bisher üblichen kyrillischen Buchstaben schrieb und druckte? (Graf Sedlnitzky, der Habsburger Polizeichef unter Metternich, hatte eine ähnliche Form von Kultur- und Sprachenpolitik betrieben, indem er den Druck orthodoxer religiöser Schriften in lateinischer statt in kyrillischer Schrift subventionierte, um panslawistischen Tendenzen unter den slawischen Bevölkerungsteilen im Habsburgerreich vorzubeugen [Fishman 1974, S. 1753]). Wie anders als mit Unterstützung durch staatliche Behörden und die Anerkennung im Unterrichtswesen und in der Verwaltung ließen sich regionale oder ländliche Idiome in Sprachen überführen, die mit den dominierenden Sprachen der nationalen oder der Weltkultur konkurrieren konnten, und wie sonst sollte man praktisch nichtexistenten Sprachen Leben einhauchen? Was wäre aus dem Hebräischen geworden, hätte nicht die britische Mandatsregierung 1919 diese Sprache als eine von drei offiziellen Sprachen Palästinas akzeptiert, zu einer Zeit, als die Zahl derjenigen, die Hebräisch als Umgangssprache benutzten, weniger als 20 000 betrug? Was außer einem System der höheren und weiterführenden Bildung in finnischer Sprache hätte an der Tatsache etwas ändern können, daß mit zunehmender Verfestigung der Sprachgrenzen in Finnland gegen Ende des 19. Jahrhunderts »unter den Intellektuellen der Anteil der Schwedischsprechenden um ein Vielfaches größer war als unter den einfachen Leuten«, das heißt, daß gebildeten Finnen das Schwedische nützlicher erschien als ihre Muttersprache (Juttikala und Pirinen 1975, S. 176)?

Doch neben ihrem Symbolwert für nationale Träume haben Sprachen auch eine ganze Reihe von (gesellschaftlich differenzierten) Nutzanwendungen, und folglich bestehen Unterschiede in der Einstellung zu den für Verwaltungs-, Unterrichts- oder andere Zwecke offiziell gewählten Sprachen. Erinnern wir uns einmal mehr daran, daß der Streit im Kern um die *geschriebene*, für den *öffentlichen Gebrauch* bestimmte Sprache ging. Die innerhalb der Privatsphäre der Kommunikation gesprochenen Sprachen werfen selbst dort keine gravierenden Probleme auf, wo sie neben öffentlichen Sprachen bestehen, da jede ihren eigenen Raum einnimmt, wie jedes Kind weiß, wenn es von der den Eltern gegenüber üblichen zu einer gegenüber Freunden oder Lehrern angemessenen Sprache wechselt.

Überdies ermutigte oder zwang die außergewöhnliche soziale und geographische Mobilität jener Zeit eine beispiellos große Zahl von Männern und selbst Frauen (trotz ihrer Beschränkung auf die Privatsphäre), neue Sprachen zu lernen; dieser Prozeß führte aber von sich aus nicht zwangsläufig zu ideologischen Auseinandersetzungen, sofern nicht eine Sprache bewußt *abgelehnt* und durch eine andere *ersetzt* wurde, um im allgemeinen – um nicht zu sagen fast überall – als Eintrittskarte in eine umfassendere Kultur oder eine höhere soziale Schicht, die mit einer anderen Sprache gleichgesetzt wurde, zu dienen. Das war gewiß oft der Fall, etwa bei den assimilierten aschkenasischen Juden der Mittelschicht in Mittel- und Westeuropa, die stolz darauf waren, kein Jiddisch zu sprechen oder auch nur zu verstehen, oder wohl zu irgendeinem Zeitpunkt in der Familiengeschichte der zahlreichen leidenschaftlichen deutschen Nationalisten oder Nationalsozialisten in Mitteleuropa, deren Nachnamen auf ihre offensichtlich slawische Herkunft verwiesen. Wie auch immer, in den meisten Fällen lebten alte und neue Sprachen in einer Symbiose miteinander, jede in ihrer eigenen Sphäre. Für die gebildete Mittelschicht Venedigs bedeutete das Sprechen der italienischen Sprache ebensowenig den Verzicht auf die venezianische Mundart in der Familie oder auf dem Markt wie die Zweisprachigkeit für Lloyd George einen Verrat an seiner walisischen Muttersprache.

Die gesprochene Sprache warf demnach weder für die oberen Schichten noch für die Masse der arbeitenden Bevölkerung größere politische Probleme auf. Die Spitzen der Gesellschaft sprachen eine der Sprachen der umfassenderen Kultur, und wenn ihre eigene National- oder ihre Familiensprache nicht dazu gehörte, lernten die Männer – und Anfang des 20. Jahrhunderts manchmal auch die Frauen – mindestens eine von ihnen. Natürlich sprachen sie die nationale Hoch- oder Bildungssprache mit oder ohne regionalen Akzent oder einigen Einsprengseln des regionalen Vokabulars – in der Regel jedoch in einer Art und Weise, die sie als Angehörige ihrer sozialen Schicht auswies.[4] Möglicherweise sprachen sie den Patois, Dialekt oder die Mundart der niederen Volksschichten, mit denen sie in Berührung kamen, je nach ihrer familiären Herkunft, ihrem Wohnort, ihrer Erziehung, den Konventionen ihrer Klasse und natürlich dem Ausmaß, in dem der Verkehr mit diesen niedrigeren Schichten Kenntnisse ihrer Sprachen oder einer Mischsprache wie z.B. des Kreolischen oder Pidgin erforderte. Der offizielle Status einer jeden dieser Sprachen war unwichtig, denn welches auch immer die Amts- und Unterrichtssprache war, sie stand ihnen zu Gebote.

Für die des Lernens und Schreibens Unkundigen in der einfachen Bevölkerung war die Welt der Worte ganz und gar eine der mündlichen Verständigung, und folglich hatte jede geschriebene Sprache für Amts- oder sonstige Zwecke für sie keinerlei Bedeutung, es sei denn in zunehmendem Maße als Erinnerung an ihren Mangel an Wissen und Macht. Die Forderung albanischer Nationalitäten, ihre Sprache dürfe weder in arabischer noch griechischer Schrift geschrieben werden, sondern müsse dem lateinischen Alphabet folgen, das weder den Türken noch den Griechen gegenüber eine Minderwertigkeit implizierte, sagte Menschen, die keine Schrift lesen konnten, offensichtlich nichts. Als Menschen aus den unterschiedlichsten Herkunftsländern zunehmend miteinander in Berührung kamen und die wirtschaftliche Autarkie der Dörfer ausgehöhlt wurde, da gewann das Problem, eine gemeinsame Sprache für den Verkehr miteinander

4 Kein Wiener Fiakerkutscher, der den Dialekt eines Ochs von Lerchenau auch nur hörte, ohne den Sprecher zu sehen, hätte an der gesellschaftlichen Schicht, der dieser zugehörte, den geringsten Zweifel gehegt.

zu finden, an Konturen – weniger für Frauen, die auf einen beschränkten Bereich verwiesen waren, und für Ackerbauern und Viehzüchter –, und für den einzelnen bestand die Lösung darin, zumindest so viel von der (oder einer) Nationalsprache zu lernen, daß er zurechtkam. Dies um so mehr, als die beiden großen Institutionen zur Bildung der Massen, die Grundschule und das Heer, gewisse Kenntnisse der offiziellen Sprache in jede Familie brachten.[5] Daß Sprachen, die auf Regionen oder gesellschaftliche Schichten beschränkt waren, gegenüber Sprachen von umfassenderem Geltungsbereich an Boden verloren, kann nicht überraschen. Auch findet sich nirgendwo ein Hinweis, daß solche Veränderungen und Anpassungen in der Sprache auf irgendeinen Widerstand von unten gestoßen wären. Dort, wo zwei Sprachen nebeneinander bestanden, bot diejenige mit dem größeren Verbreitungsgebiet gewichtige und offenkundige Vorteile und keine sichtbaren Nachteile, da ja nichts den Gebrauch der Muttersprache unter Einsprachigen verhinderte. Doch war der einsprachige Bretone außerhalb seiner Heimatregion und ihren traditionellen Beschäftigungsmöglichkeiten völlig hilflos. Sobald er diese verließ, war er kaum mehr als ein stummes Geschöpf: ein sprachloses Muskelbündel. Unter dem Blickwinkel von armen Menschen, die Arbeit suchten und bessere Lebensverhältnisse in einer modernen Welt anstrebten, war nichts Falsches daran, wenn Bauern zu Franzosen gemacht wurden oder Polen und Italiener in Chicago Englisch lernten und den Wunsch hegten, Amerikaner zu werden.

Waren schon die Vorteile der Kenntnis einer nicht regional beschränkten Sprache offensichtlich, so galt dies erst recht für schulische Kenntnisse in einer Sprache mit größerer Verbreitung, vor allem einer Weltsprache. Nachdrückliche Forderungen nach einem Schulunterricht in einheimischen Indianersprachen (die gar keine Schriftsprachen sind!), wie sie in Lateinamerika vorgetragen werden, kommen gar nicht von den Indianern selbst, sondern von *indigenista*-Intellektuellen. Einsprachig zu sein bedeutet, gefesselt zu sein, sofern

5 Bereits 1794 bemerkte der Abbé Grégoire mit Genugtuung, daß »in unseren Bataillonen im allgemeinen Französisch gesprochen wird«, vermutlich, weil häufig Männer mit unterschiedlicher regionaler Herkunft zu Militäreinheiten zusammengefaßt wurden.

die eigene Muttersprache nicht zufälligerweise auch eine Weltsprache ist. Die Vorteile von Französischkenntnissen waren so eindeutig, daß zwischen 1846 und 1910 in Belgien weit mehr Personen mit flämischer Muttersprache Französisch dazulernten als umgekehrt (Zolberg 1974). Der Niedergang regional oder auf kleine Gruppen begrenzter Sprachen, die neben verbreiteten Sprachen existierten, läßt sich auch anders als durch die Hypothese einer nationalsprachlichen Unterdrückung erklären. Im Gegenteil, bewundernswürdige und systematische Anstrengungen zu ihrer Erhaltung, häufig unter hohen Kosten, haben nicht mehr bewirkt, als den Rückzug des Sorbischen, Rätoromanischen (romanisch/ladinisch/friaulisch) oder des schottischen Gälischen zu verlangsamen. Trotz der bitteren Erinnerungen von Intellektuellen, die mit einer solchen Sprache aufgewachsen waren und denen phantasielose Pädagogen deren Gebrauch in den Schulräumen verboten hatten, gibt es keinen Hinweis, daß die Eltern der Schüler in der überwiegenden Mehrheit auf einem ausschließlichen Unterricht in ihrer eigenen Sprache bestanden hätten. Ein obligatorischer Schulunterricht in einer anderen Sprache mit *beschränkter* Verbreitung – z.B. in rumänischer statt bulgarischer Sprache – wird selbstverständlich auf mehr Widerstand gestoßen sein.

Demnach gab es keine besondere Begeisterung für einen sprachlichen Nationalismus, weder auf seiten der Aristokratie oder des Großbürgertums noch auf seiten der Arbeiter und Bauern. Die »Großbourgeoisie« als solche war nicht notwendig einer der beiden Spielarten des Nationalismus verpflichtet, die gegen Ende des 19. Jahrhunderts auf den Plan traten: dem imperialistischen Chauvinismus und dem Nationalismus kleiner Völker und noch weniger dem sprachlichen Eifer kleiner Nationen. Die flämische Bourgeoisie in Gent und Antwerpen war und ist vielleicht zum Teil bis heute entschieden frankophon und flamenfeindlich. Die polnischen Industriellen, die sich zumeist eher als Deutsche oder als Juden denn als Polen verstanden (Dlugoborski 1988), sahen ihre wirtschaftlichen Interessen offensichtlich am besten gewahrt, wenn sie den gesamtrussischen oder einen anderen übernationalen Markt belieferten – und zwar in einem Ausmaß, das Rosa Luxemburg zur Unterschätzung des polnischen Nationalismus verleitete. Und die schottischen Geschäftsleute, die sich so viel auf ihr Schottentum zugute hielten, hätten jeden Vorschlag zur Aufhebung der Union von 1707 als sentimentalen Schwachsinn abgetan.

Die arbeitenden Klassen waren – wie wir gesehen haben – kaum geneigt, sich über Fragen der Sprache als solche zu ereifern, auch wenn diese als Aufhänger für andere Zwistigkeiten dienen konnte. Daß die meisten Arbeiter in Gent und Antwerpen sich mit ihren Genossen in Lüttich und Charleroi nicht einmal ohne Dolmetscher verständigen konnten, hinderte beide nicht daran, eine einzige Arbeiterbewegung zu bilden, in der die Sprache so wenig Anstoß erregte, daß ein Standardwerk über den Sozialismus in Belgien noch 1903 die flämische Frage nicht einmal ansprach: eine Situation, die heute undenkbar wäre (Destrée und Vandervelde 1903).[6] In Südwales verbündeten sich sogar liberale Interessen des Bürgertums und der Arbeiterklasse, um sich Versuchen der nationalistischen Liberalen Partei von Nordwales unter dem jungen Lloyd George zu widersetzen, das Walisertum mit sprachlichem Walisertum gleichzusetzen und die Liberale Partei – den nationalen Teil von Wales – mit dessen Verteidigung. Damit hatten sie in den letzten Jahren vor 1900 Erfolg.

Die Schichten, die mit dem offiziellen Gebrauch der geschriebenen Landessprache standen und fielen, waren die sozial bescheiden lebenden, aber gebildeten Mittelschichten, zu denen auch jene gehörten, die genau deshalb den Status der unteren Mittelschicht erwarben, weil sie einer nichtmanuellen Beschäftigung nachgingen, die eine gewisse Schulbildung erforderte. Die Sozialisten jener Zeit, die das Wort »Nationalismus« nur selten ohne das Attribut »kleinbürgerlich« gebrauchten, wußten, wovon sie redeten. Die Schützengräben des sprachlichen Nationalismus waren bemannt mit Provinzjournalisten, Volksschullehrern und aufstrebenden Subalternbeamten. Die Auseinandersetzungen in der Habsburger Politik zu der Zeit, als das nationale Streben die österreichische Hälfte des Reiches praktisch unregierbar machte, gingen um die Unterrichtssprache in höheren Schulen oder um die Nationalität von Bewerbern um den Posten eines Bahnhofsvorstehers. Desgleichen rekrutierten sich die ultranationalistischen alldeutschen Aktivisten im Deutschen Reich unter Wilhelm II. ganz besonders aus den Schichten der Gebildeten

6 Erstveröffentlichung 1898. Um genau zu sein, enthält die 48seitige Bibliographie nur einen einzigen Titel zur flämischen Frage: ein Flugblatt zu einer Wahl.

– allerdings eher unter den Oberlehrern als den Professoren – und der Halbgebildeten einer expandierenden und sozial mobilen Gesellschaft.

Ich möchte den sprachlichen Nationalismus nicht auf eine Frage der Konkurrenz um Arbeitsplätze reduzieren, so wie vulgärmaterialistische Liberale Kriege auf eine Frage der Profite der Rüstungsindustrie zu reduzieren pflegten. Dennoch läßt sich dieser Nationalismus und erst recht der Widerstand dagegen nicht zureichend verstehen, wenn wir die einheimische Sprache nicht unter anderem auch als ein ureigenes Recht der Schichten mit geringerer Schulbildung ansehen. Außerdem vervielfachte jeder Schritt, der der Landessprache insbesondere als Unterrichtssprache einen höheren offiziellen Rang einräumte, die Zahl der Männer und Frauen, die an diesem Recht Anteil haben konnten. Die Schaffung von (im Grunde genommen) Sprachprovinzen in Indien nach der Unabhängigkeit und der Widerstand gegen die zwangsweise Einführung einer einzigen Landessprache (Hindi) als Nationalsprache sind gleichmaßen ein Ausdruck dieser Situation: Innerhalb von Tamil Nadu (dem früheren Madras) ist eine Schulbildung in Tamil der Schlüssel zu einer Stelle im Staatsdienst im ganzen Bundesstaat, während die Pflege der englischen Sprache einen in Tamil examinierten Bewerber auf nationaler Ebene gegenüber Mitbewerbern mit einer anderen Landessprache nicht benachteiligt. Deshalb ist das entscheidende Moment bei der Umwandlung einer Sprache zu einem potentiellen Aktivposten nicht deren Zulassung als Medium der Grundschulbildung (obwohl dadurch zahlreiche Arbeitsplätze für Grundschul- und Sprachlehrer geschaffen werden), sondern ihre Zulassung als Medium der höheren Bildung, wie dies in Finnland und Flandern nach 1880 erreicht wurde. Denn dies war es – und die finnischen Nationalisten haben das genau erkannt –, was soziale Mobilität mit der Landessprache und über diese mit dem sprachlichen Nationalismus verknüpfte. »Es war zu einem Großteil in Antwerpen und Gent, daß eine neue, diesseitig orientierte Generation, die auf den höheren Schulen ihren Unterricht in flämischer Sprache genossen hatte ... viele der Individuen und Gruppen hervorbrachte, die die neue *Flamingant*-Ideologie ausbildeten und aufrechterhielten.« (Zolberg 1974, S. 227)

Mit dem Aufkommen sprachlich privilegierter Mittelschichten traten allerdings die Unterlegenheit, die Statusunsicherheit und das

Ressentiment, die für die unteren Mittelschichten so charakteristisch waren und den neuen Nationalismus für sie so anziehend machten, noch deutlicher hervor. So sah sich in Belgien die neue Mittelschicht, die ihre Bildung in flämischer Sprache erhalten hatte, zwischen den Stühlen: auf der einen Seite die flämischen Massen, deren aufstrebende Elemente wegen der damit verbundenen praktischen Vorteile zur französischen Sprache hingezogen wurden, und auf der anderen die höheren Ränge der belgischen Verwaltung, Kultur und anderer öffentlicher Angelegenheiten, die unerschütterlich frankophon blieben (ebd., S. 209 ff.). Die bloße Tatsache, daß bei einer Bewerbung um denselben Posten ein Flame zweisprachig sein mußte, während ein Bewerber mit Französisch als Muttersprache der anderen Sprache nicht die geringste Beachtung zu schenken brauchte, unterstrich die Unterlegenheit der geringeren Sprache, wie dies später z.B. in Quebec wieder der Fall sein sollte. (Zudem waren Stellen, bei denen Zweisprachigkeit ein echtes Plus darstellte, in der Regel subalterne Positionen.)

Man hätte erwarten können, daß die Flamen wie die Einwohner Quebecs angesichts einer sie begünstigenden demographischen Entwicklung zuversichtlich in die Zukunft blickten. Schließlich waren sie in dieser Hinsicht besser dran als die Sprecher alter und im Niedergang begriffener ländlicher Idiome wie des Irischen, Bretonischen, Baskischen, Friesischen, Romanischen oder auch des Walisischen, die, sich selbst überlassen, in einem darwinschen Kampf der Sprachen ums Dasein wohl keine ernstzunehmenden Rivalen waren. Flämisch und das kanadische Französisch waren als Sprachen in keiner Hinsicht bedroht, und ihre Sprecher beanspruchten keine gesellschaftlich-sprachliche Elitestellung; umgekehrt brauchten die Sprecher der dominanten Sprache die gebildeten Benutzer der Landessprache auch nicht als Elite anzuerkennen. Bedroht war nicht die Sprache, sondern der Status und die soziale Stellung der flämischen oder quebecoisen Mittelschichten. Dem konnte allein durch politische Protektion begegnet werden.

Die im wesentlichen gleiche Situation ergab sich dort, wo das Sprachenproblem in der Verteidigung einer untergehenden Sprache bestand – häufig ein Idiom, das wie das Baskische und Walisische in den neuen industriestädtischen Zentren des Landes praktisch kurz vor dem Aussterben stand. Zweifellos bedeutete die Verteidigung der alten Sprache die Verteidigung der alten Lebensweisen und Traditionen einer ganzen Gesellschaft gegen die Zerrüttungen durch die Moderne; von daher erklärt sich die Unterstützung, die die Bewegungen der Bretonen, Flamen, Basken und anderer durch den katholischen Klerus erfuhren. Insofern waren sie nicht einfach Bewegungen von Mittelschichten. Dennoch war der sprachliche Nationalismus der Basken keine Bewegung der traditionellen Landbevölkerung, die tatsächlich noch immer die Sprache sprach, die der spanischsprechende Gründer der Baskischen Nationalpartei (PNV) – wie so viele andere Kämpfer für eine eigene Sprache nach ihm – als Erwachsener erst noch lernen mußte. Die baskischen Bauern zeigten wenig Interesse an dem neuen Nationalismus. Dieser »wurzelt[e] überwiegend in einem ... konservativen, katholischen und kleinbürgerlichen Milieu« der Städte und Küstenprovinzen und reagierte auf die Bedrohung durch die Industrialisierung und den gottlosen proletarischen Sozialismus der Einwanderer, während er sich gegen die baskische Großbourgeoisie wandte, deren Interessen sie an die allspanische Monarchie banden (Puhle 1982, S. 62). Im Gegensatz zur katalanischen Autonomiebewegung fand der PNV nur vorübergehend Unterstützung beim Bürgertum. Und der Anspruch auf eine sprachliche und rassische Besonderheit, auf den der baskische Nationalismus sich gründete, klingt jedem vertraut in den Ohren, der mit der kleinbürgerlichen radikalen Rechten vertraut ist: Die Basken waren anderen Völkern aufgrund ihrer rassischen *Reinheit* überlegen, was sich an der Einzigartigkeit ihrer Sprache zeigte, ein Beweis für ihre Weigerung, sich mit anderen Völkern, insbesondere Juden und Arabern, zu vermischen. Weitgehend das gleiche gilt für den ausschließlich kroatischen Nationalismus, der in den Jahren nach 1860 aufkam (»unterstützt vom Kleinbürgertum, in erster Linie den kleinen Handwerkern und Geschäftsleuten«) und während der Großen Depression gegen Ende des 19. Jahrhunderts an Boden gewann – wiederum bei den wirtschaftlich hart bedrängten unteren Mittelschichten. Er »brachte die Opposition des Kleinbürgertums gegenüber dem Jugoslawismus als einer Ideologie der wohlhabenderen Bourgeoisie zum Ausdruck«. Da in diesem Fall weder eine eigene Sprache noch eine Rasse zur Verfügung standen, um das auserwählte Volk vor den übrigen auszuzeichnen, mußte eine historische Mission der kroatischen Nation zur Verteidigung des Christentums gegen Einfälle aus dem Osten herhalten, um den mit einem unzulänglichen Selbstbewußtsein ausgestatteten Bevölkerungsschichten zu dem nötigen Überlegenheitsgefühl zu verhelfen (Gross 1979/80, insbes. S. 80, 20 f. und 34).

Dieselben Gesellschaftsschichten bildeten den Kern des politischen Antisemitismus, jener Unterart des Nationalismus, die in den beiden letzten Jahrzehnten vor 1900 aufkommt, vor allem in Deutschland (Stöcker), Österreich (Schönerer, Lueger) und Frankreich (Drumont; die Dreyfusaffäre). Die Ungewißheit über Status und Stellung in der Gesellschaft, die Unsicherheit breiter Schichten, die zwischen den unzweifelhaften Söhnen und Töchtern der Arbeiterklasse und den unangefochtenen Mitgliedern der Ober- und der oberen Mittelschichten angesiedelt waren, eine Überkompensation durch Ansprüche auf Besonderheit und Überlegenheit – all dies ermöglichte eine Verbindung zwischen den unteren Mittelschichten und einem militanten Nationalismus, den man fast als Reaktion auf Bedrohungen definieren könnte, wie sie ausgingen von den Arbeitern, von fremden Staaten und Menschen, von Einwanderern, von den Kapitalisten und Finanzleuten, die sich so umstandslos mit den Juden gleichsetzen ließen, in denen zugleich auch die revolutionären Aufwiegler gesehen wurden. Denn diese Mittelschichten befanden sich nach ihrem eigenen Selbstverständnis in Kampf und Gefahr. Das Schlüsselwort im politischen Vokabular der französischen Rechten in den achtziger Jahren des vorigen Jahrhunderts war nicht »Familie«, »Ordnung«, »Tradition«, »Religion«, »Moral« oder irgendein ähnlicher Begriff. Es war das Wort »Bedrohung« (Prost 1974, S. 37).

Bei der unteren Mittelschicht mutierte der Nationalismus somit von einem Begriff, der mit dem Liberalismus und der Linken in Verbindung gebracht wurde, zu einer chauvinistischen, imperialistischen und fremdenfeindlichen Bewegung der Rechten oder genauer der radikalen Rechten; diese Schwenkung ist bereits in dem mehrdeutigen Gebrauch solcher Begiffe wie »patrie« und »patriotisme« in Frankreich um 1870 zu beobachten (Dubois 1962, S. 65). Der Begriff »Nationalismus« selbst wurde geprägt, um das Aufkommen dieser

Tendenz zu bezeichnen, vor allem in Frankreich und wenig später auch in Italien, wo die romanische Sprache sich für diese Wortbildung anbot (Sternhell 1972; Valtutti und Perfetti 1983). Am Ende des Jahrhunderts war er offenbar noch recht neu. Doch auch dort, wo es eine Kontinuität gab, wie bei den Turnerverbänden, den Massenorganisationen des deutschen Nationalismus, läßt sich die Rechtsschwenkung der neunziger Jahre an der Ausbreitung des Antisemitismus von Österreich auf die deutschen Ableger ebenso ablesen wie an der Verdrängung der (liberal-nationalen) Fahne Schwarz-Rot-Gold durch die kaiserlichen Farben Schwarz-Weiß-Rot sowie an der neuen Begeisterung für einen imperialen Expansionismus (John 1976, S. 41 ff.). In welcher Höhe innerhalb der Mittelschichten sich der Schwerpunkt solcher Bewegungen befindet – z.B. jenes »Aufstand[s] von Gruppen des kleinen und mittleren städtischen Bürgertums gegen das als feindlich empfundene Proletariat«, der Italien in den Ersten Weltkrieg hineinzog, mag offen bleiben (Cappa 1923, S. 32; zit. n. Petersen 1983, S. 122). Dennoch lassen die Untersuchungen über die Zusammensetzung der sozialen Basis des italienischen und deutschen Faschismus keinen Zweifel daran, daß diese Bewegungen ihre Stärke hauptsächlich aus den Mittelschichten bezogen (Kater 1983, insbes. S. 236; Petersen 1975).

Während bei etablierten Nationalstaaten und Mächten die patriotische Begeisterung dieser Zwischenschichten den Regierungen, die sich auf eine imperiale Expansion und eine nationale Konkurrenz gegenüber anderen Staaten eingelassen hatten, natürlich mehr als willkommen war, blieben derartige Empfindungen, wie wir gesehen haben, etwas Eigenständiges und ließen sich nicht gänzlich von oben manipulieren. Kaum eine Regierung war selbst in den Jahren vor 1914 so chauvinistisch wie die nationalistischen Ultras, deren Druck sie standhalten mußte. Und bislang gab es noch keine Regierungskoalitionen, die unter Beteiligung der Ultras zustande gekommen wären.

Wenn nun auch die Regierungen den neuen Nationalismus nicht ganz unter ihre Kontrolle bekommen und er seinerseits noch nicht die Regierungen beherrschen konnte, so war für das nationalistische Kleinbürgertum und die unteren Mittelschichten eine Identifikation mit dem Staat doch unverzichtbar. Wenn sie noch keinen Staat hatten, dann würde die nationale Unabhängigkeit ihnen zu der Position verhelfen, die ihnen ihrer Meinung nach zustand. Die Rückbesinnung Irlands auf seine alte Sprache wäre dann nicht mehr nur ein propagandistisches Schlagwort für jene Frauen und Männer, die die Anfangsgründe des Gälischen in Abendkursen in Dublin lernten und ihr neuerworbenes Wissen an andere Mitkämpfer weitergaben. Wie die Geschichte des Irischen Freistaats zeigen sollte, wurde die Kenntnis dieser Sprache zur Bedingung für nahezu alle Stellen imöffentlichen Dienst, und so zeugte ein Examen in irischer Sprache von der Zugehörigkeit zu den akademischen und intellektuellen Kreisen. Wenn sie aber bereits in einem Nationalstaat lebten, dann verlieh ihnen der Nationalismus jene gesellschaftliche Identität, die die Proletarier aus ihrer Klassenbewegung bezogen. Man könnte behaupten, daß sich die unteren Mittelschichten – sowohl die Schicht der hilflosen kleinen Handwerker und Geschäftsleute als auch neue soziale Schichten, wenn man etwa an das beispiellose Wachstum von Arbeitsplätzen für Personen mit höherer Schulbildung und Universitätsabschluß denkt – nicht so sehr als eine Klasse verstanden, sondern als die Gruppe der eifrigsten, loyalsten und »achtbarsten« Söhne und Töchter des Vaterlandes.

Was immer das Wesen des Nationalismus sein mochte, der in dem halben Jahrhundert vor 1914 aufkam, alle seine Spielarten hatten offenbar eines gemeinsam: die Ablehnung der neuen proletarischen sozialistischen Bewegungen, nicht nur, weil sie proletarisch waren, sondern auch, weil sie *internationalistisch* (oder zumindest nichtnationalistisch) gesinnt und aktiv waren.[7] Nichts scheint deshalb näher zu liegen, als die Einflüsse des Nationalismus und des Sozialismus als sich gegenseitig ausschließend zu betrachten und das Vordringen des einen mit dem Rückzug des anderen gleichzusetzen. Und es ist auch tatsächlich unter Historikern anerkannt, daß in dieser Periode der Nationalismus der Massen über andere Ideologien triumphierte, vor allem über den klassenbewußten Sozialismus, wie sich zum einen beim Ausbruch des Weltkriegs zeigte, der die Hohlheit des sozialistischen Internationalismus entlarvte, und zum anderen am überwältigenden Triumph des »Nationalitätsprinzips« in den Friedensverträgen nach 1918.

7 Eingehender hierzu Hobsbawm (1984), Kap. 4, und Hobsbawm (1988).

Entgegen der allgemeinen Annahme aber schlossen die verschiedenen Prinzipien, auf die der politische Appell an die Massen sich gründete – insbesondere der Klassenappell der Sozialisten, der konfessionelle Appell der religiösen Bekenntnisse und der nationale Appell –, einander nicht aus. Es gab nicht einmal eine scharfe Trennlinie, die das eine vom anderen schied – selbst dort nicht, wo beide Seiten auf eine Unvereinbarkeit quasi von Amts wegen pochten: bei Religion und gottlosem Sozialismus. Anders als man Schuhe aussucht, von denen man weiß, daß man immer nur ein Paar auf einmal anziehen kann, hegten (und hegen) Männer und Frauen mehrere Vorlieben und Loyalitäten nebeneinander, wozu auch die Nation gehört, und sie sind gleichzeitig mit verschiedenen Aspekten des Lebens beschäftigt, die je nach äußerem Anlaß die anderen in ihrem Bewußtsein in den Hintergrund drängen. Lange Zeit hindurch stellten diese Bindungen keine unvereinbaren Anforderungen, so daß ein Mann keine Probleme damit hatte, sich als Sohn eines Iren, Ehemann einer Deutschen, Mitglied der Bergarbeitergemeinschaft, als Arbeiter, Anhänger des Barnsley Football Club, Liberalen, Methodisten, patriotischen Engländer, möglicherweise als Republikaner und Anhänger des britischen Empire zu verstehen.

Erst als eine dieser Loyalitäten mit einer (oder mehreren) anderen in unmittelbaren Konflikt geriet, stellte sich das Problem, zwischen ihnen wählen zu müssen. Die Minderheit der politisch militant Engagierten war natürlich wesentlich sensibler gegenüber solchen Unverträglichkeiten, so daß man getrost behaupten kann, daß der August 1914 für die meisten englischen, französischen und deutschen Arbeiter eine weit weniger traumatische Erfahrung bedeutete als für die Führer ihrer sozialistischen Parteien, einfach weil – aus Gründen, die zum Teil bereits oben erörtert wurden (s. Kap. 3, S. 106 f.) – die Unterstützung der eigenen Regierung im Krieg den gewöhnlichen Arbeitern durchaus vereinbar schien mit der Demonstration von Klassenbewußtsein und Feindseligkeit gegenüber den Arbeitgebern. Die südwalisischen Bergarbeiter, die ihre revolutionären syndikalistischen und internationalistischen Führer schockierten, als sie zu den Fahnen eilten, riefen weniger als ein Jahr später im Kohlerevier einen Generalstreik aus, ohne sich von dem Vorwurf, sie seien unpatriotisch, beeindrucken zu lassen. Aber auch militante Kämpfer brachten mühelos zusammen, was der Theorie nach unmöglich zusammenpaßte: zum Beispiel französischen Nationalismus und eine unbedingte Loyalität gegenüber der Sowjetunion, wie etliche Mitglieder der Kommunistischen Partei Frankreichs bewiesen haben.

Allein schon die Tatsache, daß die neuen politischen Massenbewegungen – ob nationalistisch, sozialistisch, konfessionell oder was auch immer – häufig um dieselben Massen konkurrierten, läßt vermuten, daß ihre potentiellen Wähler bereit waren, alle diese Appelle für sich zu berücksichtigen. Das Bündnis zwischen Nationalismus und Religion fällt besonders in Irland und Polen ins Auge. Was steht hier an erster Stelle? Die Antwort ist alles andere als einfach. Wesentlich überraschender und weniger bekannt ist die weitgehende Überschneidung zwischen den Appellen an die nationale und die soziale Unzufriedenheit, die Lenin mit seinem üblichen Scharfblick für politische Realitäten zu einer der Grundlagen für die kommunistische Politik in der kolonialen Welt machen sollte. Die bekannten marxistischen Debatten über die »nationale Frage« drehen sich nicht nur um die Anziehungskraft nationalistischer Schlagwörter auf Arbeiter, die eigentlich nur ein Ohr für den Internationalismus und die Klasse hätten haben dürfen. Sie drehten sich auch (und vielleicht unmittelbarer) um die Frage, wie man mit Parteien der Arbeiterklasse umgehen sollte, die gleichzeitig nationalistische und sozialistische Forderungen unterstützen (Haupt et al. 1974, S. 39-43).[8] Und es steht darüber hinaus – obwohl dies in den damaligen Debatten kaum eine Rolle spielte – heute sogar außer Frage, daß es ursprünglich sozialistische Parteien gab, die die *eigentlichen Transmissionsriemen der Nationalbewegung ihres Volkes* waren (oder wurden), so wie es im Grunde genommen sozial gesinnte Bauernparteien gab, die (wie in Kroatien) auch eine nationale Seite entwickelten. Kurz, die Einheit der sozialistischen und nationalen Befreiung, von der Connolly in Irland träumte, wurde anderswo Wirklichkeit.

Man kann sogar noch weiter gehen. Die Verbindung sozialer und nationaler Forderungen erwies sich aufs ganze gesehen als wesentlich wirksamer, um die Massen zur Unabhängigkeit zu mobilisieren, als der reine Nationalismus, dessen Anziehungskraft sich auf die unzu-

8 Die polnische Frage war wohl die hauptsächliche, aber nicht die einzige dieser Art.

friedenen unteren Mittelschichten beschränkte, für die allein er ein sowohl soziales als auch politisches Progamm *ersetzte* (oder zu ersetzen schien).

Polen ist hierfür ein aufschlußreiches Beispiel. Die Restauration des Landes nach anderthalb Jahrhunderten der Teilung wurde nicht unter dem Banner einer der politischen Bewegungen erreicht, die sich ausschließlich diesem Ziel gewidmet hatten, sondern unter dem der Polnischen Sozialistischen Partei, deren Führer, der spätere Marschall Pilsudski, zum Befreier seines Landes wurde. In Finnland wurde die Sozialistische Partei de facto zur Nationalpartei der Finnen und vereinigte in den letzten (freien) Wahlen vor der Russischen Revolution von 1917 47 Prozent der Stimmen auf sich. In Georgien war es wiederum eine sozialistische Partei – der Menschewiki –, die diese Funktion übernahm; in Armenien waren es die Daschnaks, die sich der Sozialistischen Internationale angeschlossen hatten.[9] Unter den Juden Osteuropas beherrschte die sozialistische Ideologie nationale Organisationen in der nichtzionistischen (bundistischen) wie der zionistischen Version. Und dieses Phänomen war auch keineswegs auf das Zarenreich beschränkt, wo tatsächlich fast jede Organisation und Ideologie, die eine Änderung anstrebte, sich in erster Linie als Repräsentantin der sozialen und politischen Revolution verstehen mußte. In Großbritannien fanden die nationalen Gefühle der Waliser und Schotten keinen Ausdruck in speziellen nationalistischen Parteien, sondern in den großen, im gesamten Vereinigten Königreich vertretenen Oppositionsparteien – erst die Liberalen, dann die Labour Party. In den Niederlanden (doch nicht in Deutschland) wurden die gemäßigten, aber echten Nationalgefühle eines kleinen Volkes hauptsächlich in einen linken Radikalismus überführt. Infolgedessen sind die Friesen in der Geschichte der niederländischen Linken ebenso überrepräsentiert wie die Schotten und Waliser in der britischen Linken. Der herausragendste Führer der frühen Sozialdemokratischen Arbeiterpartei Hollands, Pieter Jelles Troelstra (1860-1930), hatte seine Laufbahn als friesischer Dichter

9 Die vergeblichen Versuche des finnischen Nationalismus, mit der Sozialistischen Partei zu konkurrieren, behandelt Kirby (1986), vor allem S. 164. Für die Georgier und Armenier s. Suny (1983), besonders Teil II mit den Beiträgen von Suny, Ter Minassian und Libaradian.

und Führer der Erneuerungsbewegung »Jung Friesland« begonnen (Fejtsma 1982). In den letzten Jahrzehnten war dieses Phänomen erneut zu beobachten, obgleich es die alten kleinbürgerlichen nationalistischen Bewegungen und Parteien, die ursprünglich mit den vor 1914 herrschenden rechten Ideologien verbunden waren (wie in Wales, Euskadi, Flandern und anderswo), mit ihrem modischen Kostüm der Sozialrevolution und des Marxismus etwas zugedeckt haben. Andererseits begann der DMK, heute das wichtigste Sprachrohr für nationalistische Forderungen von Tamilen in Indien, sein Dasein als regionale sozialistische Partei in Madras, und ähnliche Kehrtwendungen, diesmal zu einem Nationalismus singhalesischer Prägung, lassen sich leider auch bei der Linken in Sri Lanka ausmachen.[10]

Bei diesen Beispielen geht es nicht darum, die Anteile nationalistischer und sozialistischer Elemente an diesen Bewegungen zu bemessen, die aus völlig verständlichen Gründen der Sozialistischen Internationale Kopfzerbrechen bereiteten. Vielmehr soll gezeigt werden, daß Massenbewegungen Bestrebungen zum Ausdruck bringen konnten, die nach unseren Vorstellungen einander ausschließen, und daß Bewegungen mit primär sozialrevolutionärem Programm den Mutterboden für die späteren nationalen Massenbewegungen der Völker bilden konnten.

Gerade dasjenige Beispiel, das so oft als der entscheidende Beweis für die Durchschlagskraft des nationalen gegenüber dem Klassenappell zitiert wurde, macht in Wirklichkeit ihr komplexes Verhältnis deutlich. Dank einer Reihe hervorragender Untersuchungen sind wir heute recht gut informiert über einen maßgeblichen Fall, anhand dessen sich ein derartiger Ideenkonflikt beurteilen läßt, nämlich den Vielvölkerstaat der Donaumonarchie (vgl. Zeman 1961; Plaschka und Mack 1970). Im folgenden fasse ich eine interessante Studie von Peter Hanák (1970) über die Meinung im Volk zusammen; sie beruht auf der Auswertung einer großen Zahl von Briefen zwischen Soldaten und ihren Angehörigen, die in Wien und Budapest während des Ersten Weltkriegs zensiert oder konfisziert wurden. In den ersten

10 Eine knappe Darstellung des Wandels von einem Linksextremismus zu einem singhalesischen Chauvinismus in der JVP-Bewegung (Janatha Vimukti Peramuna), die den Aufstand der linken »Jugend« auf dem Land im Jahr 1971 anführte, findet sich bei Jayawardene (1985), S. 84-90.

Jahren findet sich wenig Nationalismus oder Monarchiefeindlichkeit unter den Briefschreibern, diejenigen ausgenommen, die einer *Irredenta* zugehörten wie die Serben (insbesondere aus Bosnien und der Wojwodina), die sehr oft als Serben mit dem serbischen Königreich und als Slawen und Orthodoxe mit dem Heiligen Rußland sympathisierten; er findet sich auch unter den Italienern und – nach dem Eintritt Rumäniens in den Krieg – unter den Rumänen. Der gesellschaftliche Träger der serbischen Ablehnung Österreichs war eindeutig die einfache Bevölkerung, doch der Löwenanteil der nationalistischen Briefe von Italienern und Rumänen stammte aus der Mittelschicht oder der Intelligenz. Das einzige weitere bedeutende nationale Dissidententum wurde bei den Tschechen festgestellt (nach den Briefen von Kriegsgefangenen zu urteilen, unter deren Autoren sich zugegebenermaßen ein hoher Anteil patriotischer Deserteure befand). Doch mehr als die Hälfte der aktiven Gegner Habsburgs und der Freiwilligen für die tschechischen Truppen in Rußland stammten aus der Mittelschicht und der Intelligenz. (Die aus Böhmen abgeschickten Briefe an Kriegsgefangene waren wesentlich vorsichtiger abgefaßt und deshalb weniger aufschlußreich.)

Im Verlauf des Krieges und ganz besonders mit der Februarrevolution in Rußland nahm der politische Gehalt der zensierten Briefe deutlich zu. In den Berichten der Zensurbehörde über die Volksmeinung wird einhellig festgestellt, daß die Russische Revolution das erste politische Ereignis seit dem Ausbruch des Krieges war, das auch die unteren Volksschichten erschütterte:

> Im Kreise der nationalen Führungsschichten, besonders bei den Polen und Ukrainern, erwachten neue Hoffnungen auf politische Reformen, auf Selbständigkeit. Doch war in den Frühlingsmonaten nicht dies die dominierende Stimmungstendenz, sondern der Wunsch nach Frieden und *sozialen* Umwandlungen. (Hanák 1970, S. 61)

Die politischen Meinungen, die jetzt selbst in den Briefen von Bauernfrauen, Arbeiterinnen und Tagelöhnern sichtbar werden, lassen sich am besten mit Hilfe dreier miteinander verzahnter Gegensatzpaare analysieren: reich-arm (oder Herr-Bauer, Vorgesetzter-Arbeiter), Krieg-Frieden und Ordnung-Unordnung. Die Verknüpfungen zwischen ihnen sind – zumindest in den Briefen – evident: Die Reichen leben gut und dienen nicht im Heer, die armen Leute sind den

Reichen und Mächtigen, den staatlichen Behörden, dem Militär usw. auf Gedeih und Verderb ausgeliefert. Das Neue liegt nicht nur in der größeren Häufigkeit von Beschwerden des Inhalts, daß die Armen an der Front und auch zu Hause maßlos zu leiden hatten, sondern auch darin, daß jetzt eine revolutionäre Erwartung grundlegender Änderungen als Alternative zur passiven Hinnahme des Schicksals möglich ist.

Das Grundthema in der Korrespondenz der Armen war der Krieg als eine Erschütterung und Störung der *Ordnung von Arbeit und Leben.* Folglich bedeutete der Wunsch, zu einem anständigen, geordneten Leben zurückzukehren, die Ablehnung von Krieg, Militärdienst, Kriegswirtschaft etc. und den Wunsch nach Frieden. Und auch hier werden die Klagen in Widerstand umgemünzt. Aus »wenn bloß der Herrgott uns schon den Frieden herbeiführen würde» wird »nun haben wir genug davon« oder »die Sozialisten machen Frieden«.

Ein Nationalgefühl dringt nur vermittelt in diese Argumente ein, hauptsächlich aus dem Grund, wie es bei Hanák heißt, »weil bis 1918 im beträchtlichen Teil der breiten Volksschichten das nationale Gefühl sich noch nicht zum stabilen Bewußtseinselement kristallisierte oder die Diskrepanz zwischen der Loyalität zum Staat (zum ›Vaterland‹) und der zur Nation noch nicht bewußt oder entschieden war« (ebd., S. 62). Die Nationalität erscheint am häufigsten als ein Aspekt des Konflikts zwischen reich und arm, vor allem wo beide unterschiedlichen Nationalitäten zugehören. Doch selbst dort, wo wir die stärkste nationale Stimmung finden – in den Briefen der tschechischen, serbischen und italienischen Soldaten –, stoßen wir zugleich auf den überwältigenden Wunsch nach einer sozialen Änderung.

Ich werde auf die Veränderung der Stimmung im Jahr 1917 nicht im Detail eingehen – wie es die Zensoren taten. Aber Hanáks Analyse einer Stichprobe von rund 1500 Briefen, die zwischen dem 15. November 1917 und dem 15. März 1918 geschrieben wurden – also nach der Oktoberrevolution –, ist sehr aufschlußreich. Zwei Drittel dieser Briefe wurden von Bauern und Arbeitern geschrieben, ein Drittel von Intellektuellen; die Anteile der einzelnen Nationen entsprachen der Zusammensetzung der Bevölkerung des Habsburgerreiches. 18 Prozent dieser Briefe sprechen primär das soziale Thema an, zehn Prozent den Wunsch nach Frieden, 16 Prozent die nationale

Frage und die Einstellung zur Monarchie und 56 Prozent behandeln eine Verbindung dieser Themen. Etwas salopp ausgedrückt sind dies: Brot und Frieden 29 Prozent, Brot und die Nation 9, Frieden und die Nation 18 Prozent. Das soziale Thema wird demnach in 56 Prozent der Briefe angesprochen, das Thema Frieden in 57 und das nationale Thema in 43 Prozent aller Briefe. Die soziale und letztlich revolutionäre Note wird besonders in den Briefen der Tschechen, Ungarn, Slowaken, Deutschen und Kroaten angeschlagen. Der Friede, den ein Drittel der Briefschreiber von Rußland erhofft, ein Drittel von der Revolution und ein Fünftel von einer russischen Revolution, war natürlich ein Wunsch der Briefschreiber aller Nationen – mit einer bemerkenswerten Einschränkung. Diejenigen Briefe, die das nationale Thema ansprechen, sind zu 60 Prozent monarchiefeindlich und bringen mehr oder weniger offen den Wunsch nach Unabhängigkeit zum Ausdruck, 40 Prozent sind loyal (ohne die Briefe aus Deutschland und Ungarn sind es 28 Prozent). 35 Prozent der »nationalen« Briefschreiber versprechen sich die Unabhängigkeit von einem Sieg der Alliierten, doch zwölf Prozent sind immer noch überzeugt, daß die von ihnen gewünschten Veränderungen sich innerhalb der Donaumonarchie verwirklichen lassen.

Wie zu erwarten war, ging der Wunsch nach Frieden Hand in Hand mit dem nach einer Sozialrevolution, insbesondere bei den Deutschen, Tschechen und Ungarn. Doch die Sehnsucht nach Frieden und nationale Bestrebungen ließen sich allein deshalb schon nicht leicht miteinander vereinbaren, weil eine nationale Unabhängigkeit weitgehend von einem Sieg der Alliierten abzuhängen schien. Während der Verhandlungen von Brest-Litowsk sprachen sich viele der nationalen Briefschreiber aus genau diesem Grund gegen einen sofortigen Friedensschluß aus. Das gilt ganz besonders für die gebildeten Tschechen, Polen, Italiener und Serben. Die Zeit, in der die ersten Wirkungen der Oktoberrevolution spürbar wurden, war zugleich die Zeit, in der das soziale Element in der allgemeinen Meinung am stärksten im Vordergrund stand, während der aber auch – wie sowohl Zeman als auch Hanák feststellen – die nationalen und die sozialen Elemente in dem Wunsch nach einer Revolution auseinanderzulaufen und miteinander in Konflikt zu geraten begannen. Die großen Januarstreiks von 1918 bezeichneten eine Art Wendepunkt. Wie Zeman bemerkt, sorgten die Spitzen der Habsburger Monarchie mit ihrer Entscheidung, die revolutionäre Agitation zu unterdrücken und einen verlorenen Krieg fortzusetzen, in gewisser Hinsicht dafür, daß es ein Wilsonsches und kein sowjetisches Europa geben würde. Doch selbst als das nationale Thema im Laufe des Jahres 1918 im allgemeinen Bewußtsein schließlich vorherrschend wurde, war es nicht vom sozialen Aspekt losgelöst oder stand diesem entgegen. Für die meisten Armen gehörten beide zusammen, als die Monarchie zusammenbrach.

Was können wir aus diesem kurzen Überblick schließen? Erstens wissen wir nach wie vor sehr wenig darüber, was Nationalbewußtsein für die meisten betroffenen Nationalitäten bedeutete. Um diese Lücke zu schließen, brauchen wir nicht nur eine große Zahl von Forschungsarbeiten nach dem Muster von Hanáks Analyse zensierter Briefe, sondern zuallererst einen nüchternen und entmystifizierenden Blick für die Terminologie und Ideologie im Umfeld der »nationalen« Frage zu dieser Zeit, insbesondere ihrer nationalistischen Variante. Zweitens läßt sich die Entwicklung eines nationalen Bewußtseins nicht trennen von der Entwicklung anderer Formen eines sozialen und politischen Bewußtseins während dieser Zeit: Sie alle gehen Hand in Hand. Drittens erfolgt das Anwachsen des Nationalbewußtseins (sofern es nicht mit einem integralistischen oder rechtsextremen Nationalismus einhergeht) weder geradlinig noch zwangsläufig auf Kosten anderer Elemente eines gesellschaftlichen Bewußtseins. Unter dem Blickwinkel des August 1914 hätte man zu dem Schluß gelangen können, daß die Nation und der Nationalstaat über alle rivalisierenden sozialen und politischen Loyalitäten den Sieg davongetragen hatten. Hätte man dasselbe auch unter dem Blickwinkel des Jahres 1917 behaupten können? Der Nationalismus hatte inden ehemals unabhängigen Nationalitäten des kriegführenden Europa insofern den Sieg davongetragen, als die Bewegungen, welche die wirklichen Nöte der Armen in Europa zu ihrer Sache machten, 1918 scheiterten. Als das geschah, eröffnete sich den mittleren und unteren Mittelschichten der unterdrückten Nationalitäten die Chance, zu den herrschenden Eliten der neuen unabhängigen Wilsonschen Kleinstaaten zu werden. Eine nationale Unabhängigkeit ohne soziale Revolution war unter dem Schirm der siegreichen

Alliierten für diejenigen, die von beidem geträumt hatten, eine geeignete Auffangstellung. Für die großen kriegführenden Staaten, die vernichtend oder nur zum Teil geschlagen waren, gab es eine solche Auffangstellung nicht. Ihr Zusammenbruch führte zur sozialen Revolution. Die Räte, selbst kurzlebige Räterepubliken, fanden sich nicht bei den Tschechen und Kroaten, sondern in Deutschland, Deutschösterreich, Ungarn – und ihre Schatten fielen auf Italien. Dort feierte der Nationalismus seine Wiederauferstehung nicht als schwächerer Ersatz für eine soziale Revolution, sondern als Mobilisierung von ehemaligen Offizieren und Zivilisten der mittleren und unteren Mittelschicht für die Gegenrevolution. Nun gab er den Nährboden für den Faschismus ab.

V. Kapitel

Der Nationalismus auf dem Höhepunkt: 1918-1950

Wenn es einen Zeitpunkt gab, da das »Nationalitätsprinzip« des 19. Jahrhunderts triumphierte, dann am Ende des Ersten Weltkriegs, obwohl dies weder vorherzusehen noch die Absicht der späteren Sieger war. Tatsächlich war es das Ergebnis zweier unbeabsichtigter Entwicklungen: des Zusammenbruchs der großen Vielvölkerstaaten in Mittel- und Osteuropa einerseits und der Russischen Revolution andererseits – so daß es den Alliierten geraten schien, die Wilsonsche gegen die bolschewistische Karte auszuspielen. Denn wie wir wissen, war das, was die Massen 1917/18 innerlich bewegte, weniger die nationale Selbstbestimmung als die soziale Revolution. Man kann darüber spekulieren, welche Folgen eine siegreiche gesamteuropäische Revolution für die Nationalitäten des Kontinents gehabt hätte, doch sind solche Spekulationen müßig. Mit Ausnahme Sowjetrußlands erfolgte der Wiederaufbau in Europa nicht auf der Grundlage der bolschewistischen Politik zur »nationalen Frage«. Der Kontinent wurde zum ersten und letzten Mal in seiner Geschichte zu einem Puzzlespiel von Staaten, die sich mit ganz wenigen Ausnahmen sowohl als Nationalstaaten als auch in der einen oder anderen Form als bürgerlich-parlamentarische Demokratien verstanden. Dieser Zustand war allerdings von extrem kurzer Dauer.

Das Europa zwischen den Kriegen erlebte außerdem den Triumph jenes anderen Aspekts der »bürgerlichen« Nation, der in einem früheren Kapitel erörtert wurde: die Nation als »Volkswirtschaft«. Obwohl die meisten Ökonomen, Geschäftsleute und westlichen Regierungen von einer Rückkehr zur Weltwirtschaft von 1913 träumten, erwies sich dies als unmöglich. Und selbst wenn es möglich gewesen wäre, hätte es keine Rückkehr zur Wirtschaft des freien Privatunternehmertums und des Freihandels gegeben, wie sie das Ideal und einen Teil der Wirklichkeit der Weltwirtschaft in der Blütezeit britischer Weltmacht darstellten.

1913 bewegten sich die kapitalistischen Wirtschaften bereits in hohem Tempo in Richtung auf große Blöcke konzentrierter Unternehmen zu, die von den Regierungen unterstützt, geschützt und bis zu einem gewissen Grad sogar gelenkt wurden. Der Krieg selbst hatte diese Wendung zu einem staatlich gelenkten, ja staatlich geplanten Kapitalismus wesentlich beschleunigt. Als Lenin die sozialistische Planwirtschaft der Zukunft ins Auge faßte, auf die der Sozialismus vor 1914 praktisch keinen Gedanken verschwendet hatte, orientierte er sich am Modell der deutschen Kriegswirtschaft 1914-1917. Natürlich hätte selbst die Rückkehr zu einer solchen Verbundwirtschaft zwischen Großunternehmen und Staat nicht die internationalen Verhältnisse von 1913 wiederhergestellt, wenn wir an die dramatische Umverteilung wirtschaftlicher und politischer Macht denken, die sich als Folge des Krieges in der westlichen Welt vollzog. Doch jede Hoffnung auf eine Rückkehr zu den Vorkriegsverhältnissen erwies sich als weltfremde Träumerei. Die Wirtschaftskrisen der Zwischenkriegszeit verstärkten die Abschottung der »Volkswirtschaften« nach außen in besonders auffälliger Weise. Einige Jahre lang schien sich die Weltwirtschaft selbst am Rande des Zusammenbruchs zu bewegen, als die großen Ströme der internationalen Wanderungen zu Rinnsalen austrockneten, scharfe Devisenkontrollen den internationalen Zahlungsverkehr behinderten, der internationale Handel zusammenschrumpfte und die Auslandsinvestitionen vorübergehend dem Zusammenbruch nahe waren. Als 1931 selbst die Briten sich vom Freihandel abkehrten, schien kein Zweifel mehr zu bestehen, daß die Staaten sich weitgehend hinter einem so defensiven Protektionismus verschanzten, daß es schon fast auf eine Autarkiepolitik hinauslief, ein wenig durch bilaterale Handels- und Wirtschaftsabkommen abgemildert. Kurz, als die Weltwirtschaft von eisigen Stürmen heimgesucht wurde, zog sich der Weltkapitalismus in die Höhlen seiner nationalstaatlichen Wirtschaften und der mit ihnen verbundenen Imperien zurück. Konnte er nicht anders? Der Theorie nach war er dazu nicht gezwungen. Schließlich hat es als Reaktion auf die weltwirtschaftlichen Erschütterungen der siebziger und achtziger Jahre unseres Jahrhunderts – bislang – keine vergleichbaren Rückzüge gegeben, in den Jahren zwischen den beiden Weltkriegen jedoch sehr wohl.

Die damalige Situation bietet uns somit eine selten günstige Gelegenheit, Potential und Grenzen des Nationalismus von Nationalstaaten einzuschätzen. Zuvor wollen wir jedoch einen kurzen Blick auf das Muster von Nationalstaaten werfen, wie es dem europäischen Kontinent durch die Friedensverhandlungen in Versailles und die damit verbundenen Verträge einschließlich – aus Gründen der Logik und der Zweckmäßigkeit – des englisch-irischen Vertrags von 1921 auferlegt wurde. Dabei zeigt sich sofort, wie wenig sich das Wilsonsche Prinzip, staatliche Grenzen mit Nationalitäts- und Sprachgrenzen zur Deckung zu bringen, in die Praxis umsetzen ließ. Denn die Friedensordnung nach 1918 war in der Tat bemüht, dieses Prinzip weitmöglichst zu verwirklichen, abgesehen von bestimmten politisch-strategischen Beschlüssen über die Grenzen Deutschlands und einigen widerwilligen Zugeständnissen an den Expansionismus Italiens und Polens. Jedenfalls ist weder vorher noch nachher in Europa oder anderswo ein ähnlich systematischer Versuch unternommen worden, die politische Karte nach strategischen Gesichtspunkten neu zu entwerfen.

Es funktionierte einfach nicht. Angesichts der bestehenden Verteilung der Völker waren die meisten der neuen, auf den Trümmern der alten Reiche errichteten Staaten nicht weniger multinational als die alten »Völkerkerker«, an deren Stelle sie traten. Die Tschechoslowakei, Polen, Rumänien und Jugoslawien sind Beispiele hierfür. Deutsche, slowenische und kroatische Minderheiten in Italien nahmen den Platz italienischer Minderheiten im alten Habsburgerreich ein. Die hauptsächliche Änderung bestand darin, daß die Staaten jetzt im Durchschnitt viel kleiner waren und daß die in ihnen lebenden »unterdrückten Völker« jetzt »unterdrückte Minderheiten« genannt wurden. Die logische Konsequenz aus dem Versuch, einen Kontinent säuberlich in zusammenhängende Territorialstaaten aufzuteilen, die jeweils von einer ethnisch und sprachlich homogenen Bevölkerung bewohnt wurden, war die massenhafte Vertreibung oder Vernichtung von Minderheiten. Das war und ist die mörderische reductio ad absurdum eines Nationalismus in seiner territorialen Spielart, obwohl dies erst in den Jahren nach 1940 deutlich zu sehen war. Allerdings traten Massenvertreibung und sogar Völkermord bereits während des Ersten Weltkriegs und danach im Südosten Europas auf, als die Türken 1915 mit der massenhaften Vernichtung der Armenier begannen und nach dem griechisch-türkischen Krieg von 1922 zwischen 1,3 und 1,5 Millionen Griechen aus Kleinasien vertrieben, wo diese seit den Zeiten Homers ansässig gewesen waren; dafür vertrieben die Griechen 400 000 Türken aus ihrem Territorium (Macartney 1934; Eddy 1931). Später war es Adolf Hitler, in dieser Hinsicht ein konsequenter Wilsonscher Nationalist, der Vorkehrungen traf, Deutsche, die nicht auf dem Boden ihres Vaterlands lebten, z.B. in Südtirol, »heim ins Reich« zu holen, und außerdem die endgültige Vernichtung der Juden in die Wege leitete. Nach dem Zweiten Weltkrieg, als die Juden aus dem breiten Gürtel in Europa zwischen Frankreich und dem Inneren der Sowjetunion praktisch völlig verschwunden waren, kam die Reihe an die Deutschen, und sie wurden massenhaft vor allem aus Polen und der Tschechoslowakei vertrieben. Jetzt zeigte sich, daß sich das Programm einer homogenen territorialen Nation nur von Barbaren oder zumindest nur mit barbarischen Mittel verwirklichen ließ.

Ein paradoxes Ergebnis der Entdeckung, daß es unmöglich war, staatliche und nationale Grenzen zusammenfallen zu lassen, bestand darin, daß die Grenzen des Versailler Vertrags, so absurd sie nach den Wilsonschen Maßstäben sein mochten, sich als dauerhaft erwiesen, abgesehen von den Fällen, in denen die Interessen einer Großmacht eine Änderung erforderten, d.h. die Interessen Deutschlands vor 1945 und die der Sowjetunion nach 1940. Trotz zahlreicher kurzlebiger Versuche, die Grenzen der Nachfolgestaaten des Habsburger- und des Osmanischen Reiches neu zu ziehen, verlaufen sie noch immer mehr oder weniger so, wie sie nach dem Ende des Ersten Weltkriegs gezogen wurden.

Das Wilsonsche System hatte jedoch auch noch andere bedeutsame, nicht immer erwartete Ergebnisse zur Folge. Erstens bewies es, daß der Nationalismus kleiner Völker mit Minderheiten ebenso unduldsam verfuhr wie der von Lenin gebrandmarkte «großnationale Chauvinismus«. Das war natürlich nichts Neues für die Kenner

Ungarns zur Zeit der Donaumonarchie. Unerwarteter und bedeutsamer war dagegen die Entdeckung, daß die »nationale Idee«, wie sie von ihren offiziellen Vorreitern propagiert wurde, nicht notwendig mit dem tatsächlichen Selbstverständnis der Betroffenen zusammenfiel. Die nach 1918 in verschiedenen Regionen mit national unterschiedlichen Bevölkerungen durchgeführten Plebiszite, mit denen über die Zugehörigkeit der Bewohner zu rivalisierenden Nationalstaaten entschieden werden sollte, förderten einen beträchtlichen Anteil von Personen zutage, die sich für die Zugehörigkeit zu einem Staat aussprachen, dessen Sprache nicht die ihre war. Das ließ sich zum Teil durch politischen Druck und Wahlbetrug wegerklären oder als politische Unwissenheit oder Unreife abtun – Erklärungen, die nicht immer aus der Luft gegriffen waren. Trotzdem ließ sich die Existenz von Polen, die ein Leben in Deuschland einem Leben in einem neugeborenen Polen vorzogen, oder von Slowenen, die lieber in Österreich als in dem neuentstandenen Jugoslawien leben wollten, nicht bestreiten, auch wenn dieser Tatbestand von vornherein für diejenigen unerklärlich war, die von der notwendigen Identifikation der Mitglieder einer Nationalität mit dem Nationalstaat, der sie zu verkörpern beanspruchte, überzeugt waren. Dies war allerdings eine Theorie, die jetzt zunehmend an Boden gewann. Zwanzig Jahre später war sie für die britische Regierung der Grund, die meisten in Großbritannien ansässigen Deutschen, auch Juden und antifaschistische Emigranten, en bloc zu verhaften, weil angeblich jeder in Deutschland Geborene der Loyalität zu diesem Land allen anderen Loyalitäten den Vorrang einräumen würde.

Zu einer gravierenden Divergenz zwischen Definition und Wirklichkeit kam es in Irland. Trotz Emmet und Wolfe Tone weigerte sich die Mehrheit in den sechs Grafschaften Ulsters, sich in derselben Weise als »irisch« zu verstehen wie die Mehrheit der Bewohner der 26 Grafschaften der Republik Irland – selbst der kleinen protestantischen Minderheit südlich der Grenze. Die Annahme, daß eine einzige irische Nation innerhalb des einen Irland existiere, oder auch daß alle Bewohner der Insel gleichermaßen ein einziges, geeintes und unabhängiges fenisches Irland anstrebten, erwies sich als Trugschluß; konnten in den fünfzig Jahren nach der Gründung des Irischen Freistaats (und der späteren Republik Irland) die Fenier und ihre Sympathisanten die Teilung des Landes als britisches imperiales Komplott und die Ulster-Unionisten als von britischen Agenten in die Irre geleitete Toren hinstellen, so haben die letzten zwanzig Jahre deutlich gemacht, daß die Wurzeln des geteilten Irland nicht in London zu suchen sind.

Auch die Errichtung eines südslawischen Königreichs enthüllte, daß dessen Bewohner nicht über jenes einheitliche jugoslawische Bewußtsein verfügten, das von den (kroatischen) Vorkämpfern der illyrischen Idee zu Beginn des 19. Jahrhunderts unterstellt wurde, sondern sich leichter als Kroaten, Serben oder Slowenen mobilisieren ließen – was im Extremfall sogar zu Massakern führte. Das kroatische Nationalbewußtsein der Massen hat sich offenbar überhaupt erst nach der Errichtung Jugoslawiens entwickelt und richtete sich gegen das neue Königreich oder genauer gegen die angebliche Vormachtstellung, die die Serben darin einnahmen (Gross 1981, S. 224). In der neuen Tschechoslowakei entzogen sich die Slowaken fortwährend den brüderlichen Umarmungen der Tschechen. Ähnliche Entwicklungen traten – sogar noch stärker – in vielen der von nationalen und kolonialen Befreiungsbewegungen hervorgebrachten neuen Staaten zutage. Die Völker identifizierten sich mit ihrer »Nation« nicht in der Weise, wie ihre Führer und Sprecher es ihnen vorschrieben. Der indische Nationalkongreß, der auf einen einzigen, geeinten Subkontinent verpflichtet war, mußte die Teilung Indiens 1947 ebenso hinnehmen wie Pakistan, das einem einzigen Staat für die Muslime des Subkontinents verpflichtet war, die 1971 erfolgte Abspaltung von Bangladesch. Nachdem die indische Politik nicht länger von einer kleinen und hochgradig anglisierten oder verwestlichten Elite monopolisiert wurde, sah sie sich der Forderung nach sprachlich abgegrenzten Staaten gegenüber, auf die die frühe Nationalbewegung keinen Gedanken verschwendet hatte, obgleich einige indische Kommunisten kurz vor dem Zweiten Weltkrieg ihre Augen darauf zu richten begannen (Adhikari 1942, insbes. S. 16-20).[1] Sprachrivalitäten führten dazu, daß Englisch bis auf den heutigen Tag die offizielle Sprache Indiens geblieben ist, obwohl es nur von einem

1 Damit wurde die frühere Linie der Kommunistischen Partei verlassen, die ebenso wie der Kongreß Hindustani als einzige Nationalsprache befürwortet hatte (Palme Dutt 1940, S. 265 f.).

unbedeutenden Bruchteil der 700 Millionen Einwohner des Landes gesprochen wird – weil andere Inder nicht bereit sind, die Herrschaft des Hindi zu akzeptieren, das von 40 Prozent der Bevölkerung gesprochen wird.

Der Versailler Vertrag brachte noch ein neuartiges Phänomen ans Tageslicht: die Ausbreitung nationalistischer Bewegungen über Europa hinaus und ihre Abweichung vom europäischen Musterbild. Angesichts der offiziellen Verpflichtung der siegreichen Mächte auf einen Wilsonschen Nationalismus lag es nahe, daß alle, die beanspruchten, im Namen eines unterdrückten oder nicht anerkannten Volkes zu sprechen – und sie belagerten die höchsten Friedensschlichter in Scharen –, dies im Namen des Nationalitätsprinzips und insbesondere des Rechts auf Selbstbestimmung taten. Doch dies war mehr als nur ein zugkräftiges Argument in der Debatte. Die Führer und Ideologen kolonialer und halbkolonialer Befreiungsbewegungen sprachen aufrichtig die Sprache des europäischen Nationalismus, die sie in so vielen Fällen im oder vom Westen gelernt hatten, auch wenn dieser auf ihre Situation gar nicht paßte. Und als der Radikalismus der Russischen Revolution als Hauptideologie der weltweiten Befreiung an die Stelle des Radikalismus der Französischen Revolution trat, da erreichte das Recht auf nationale Selbstbestimmung, das sich nunmehr in den Schriften Stalins niedergeschlagen hatte, all jene, die Mazzini noch nicht hatte erreichen können. Die Befreiung von Ländern einer Welt, die noch nicht als die »dritte« bekannt war, wurde nunmehr überall als »nationale« oder von den Marxisten als »nationale und soziale Befreiung« verstanden.

Doch auch hier entsprach die Praxis nicht der Theorie. Die wirkliche und wachsende Kraft der Befreiung bestand in dem Groll gegen Eroberer, Herrscher und Ausbeuter, die zufälligerweise an ihrer Hautfarbe, Kleidung und ihren Gewohnheiten als Ausländer kenntlich waren, oder gegen jene, die als deren Handlanger angesehen wurden. Sie war antiimperialistisch. Soweit in der einfachen Bevölkerung Vorformen einer nationalen Identifikation – ethnischer, religiöser oder sonstiger Art – bestanden, waren sie bislang eher Hindernisse als Beiträge zum Nationalbewußtsein und ließen sich von den imperialen Herren leicht gegen Nationalisten mobilisieren; von daher die ständigen Angriffe auf die Politik des »Teile und herrsche!«

der Imperialisten, gegen die imperiale Unterstützung aller Bestrebungen zur Trennung von Völkern, die eigentlich eine einzige, geeinte Nation bilden sollten, aber tatsächlich ungeeint waren.

Abgesehen von einigen wenigen relativ dauerhaften politischen Gebilden wie China, Korea, Vietnam und vielleicht noch Ägypten und Iran, die man, hätten sie zu Europa gehört, als »geschichtlich gewachsene Nationen« anerkannt hätte, waren die territorialen Einheiten, deren Unabhängigkeit von sogenannten nationalen Bewegungen angestrebt wurde, in der überwiegenden Mehrzahl das Produkt imperialer Eroberungen, häufig nicht älter als einige Jahrzehnte, oder sie repräsentierten bestenfalls religiös-kulturelle Zonen, aber nichts von dem, was man in Europa als »Nationen« bezeichnet hätte. Die Vorkämpfer für eine Befreiung waren nur deshalb »Nationalisten«, weil sie eine westliche Ideologie übernahmen, die sich hervorragend für den Sturz fremder Regimes eignete, und selbst dann handelte es sich um eine verschwindend kleine Minderheit einheimischer *évolués*. Kulturelle oder geopolitische Bewegungen wie die panarabische, die panamerikanische Lateinamerikas oder der Panafrikanismus waren nicht einmal in diesem beschränkten Sinne nationalistisch, sondern übernationalistisch, obgleich zweifellos Ideologien einer imperialistischen Expansion, die aus den Kernländern des nationalen Europa stammten, z.B. der Pangermanismus, eine Verwandtschaft mit dem Nationalismus nahelegten. Sie waren ganz und gar die Konstruktionen von Intellektuellen, die nichts zur Verfügung hatten, was einem realen Staat oder einer Nation nähergekommen wäre und auf das sie ihr Interesse hätten richten können. Die frühen arabischen Nationalisten finden sich im osmanischen Syrien, dem als Land kaum eine Wirklichkeit zukam, und nicht in Ägypten, wo die Bewegungen vielmehr für die Unabhängigkeit ihres Landes eintraten. In jedem Fall brachten solche Bewegungen kaum mehr zum Ausdruck als die unstrittige Tatsache, daß Menschen, die ihre Bildung in einer besonders weit verbreiteten Sprache empfangen haben, sprachlich qualifiziert sind, überall innerhalb dieses Kulturbereichs eine intellektuelle Tätigkeit auszuüben – noch immer ein glücklicher Umstand für lateinamerikanische Intellektuelle, von denen die meisten irgendwann in ihrem Leben mit einem aufgezwungenen politischen Exil rechnen müssen, und für palästinensische Universitätsabsolventen, die überall zwischen dem Persischen Golf und Marokko eine Beschäftigung finden können.

Auf der anderen Seite kamen territorial orientierte Befreiungsbewegungen nicht umhin, auf dem Fundament dessen aufzubauen, was ihrem Territorium von dessen Kolonialmacht (oder -mächten) an gemeinsamen Elementen gegeben worden war, da dies häufig die einzige Einheit und der einzige Nationalcharakter war, den das zukünftige Land aufzuweisen hatte. Die durch koloniale Eroberung und Verwaltung aufgezwungene Einheit vermochte gelegentlich sogar ein Volk hervorzubringen, das sich als eine »Nation« verstand, so wie die Existenz unabhängiger Staaten manchmal eine Art staatsbürgerlichen Patriotismus hervorgebracht hat. Algerien eint als Land nichts außer der Erfahrung der französischen Kolonialherrschaft seit 1830 und noch genauer, des Kampfs gegen diese, und doch darf man vermuten, daß sein Charakter als eine Nation heute zumindest ebenso wohlgegründet ist wie der der »historisch gewachsenen« politischen Einheiten des Maghreb (Tunesien und Marokko). Noch offensichtlicher liegt auf der Hand, daß die gemeinsame Erfahrung der zionistischen Besiedlung und Eroberung das ist, was einen palästinensischen Nationalismus in Verbindung mit einem Territorium hervorgebracht hat, das bis 1918 noch nicht einmal eine nennenswerte regionale Identität innerhalb Südsyriens hatte, zu dem es gehörte. Das allein reicht jedoch nicht aus, um die Staaten, die hauptsächlich nach 1945 aus der Entkolonialisierung hervorgegangen sind, als »Nationen« zu bezeichnen oder den Bewegungen, die zu ihrer Entkolonialisierung führten – unter der Voraussetzung, daß diese eine Antwort auf ein tatsächliches oder vermutetes Drängen danach war –, das Etikett »nationalistisch« umzuhängen. Neue Entwicklungen in der abhängigen Welt werden weiter unten erörtert.

Doch vorerst wenden wir uns wieder Europa, der ursprünglichen Heimat des Nationalismus zu.

Hier beraubte die Neuordnung der Grenzen nach nationalen Gesichtspunkten den Nationalismus seines befreienden und einigenden Inhalts, da für die meisten der bislang kämpfenden Nationen diese Ziele nun im wesentlichen erreicht waren. In gewisser Hinsicht nahm die europäische Lage jetzt die Lage der politisch entkolonialisierten »dritten Welt« seit dem Zweiten Weltkrieg vorweg und ähnelte jenem Laboratorium eines früheren Neokolonialismus: Lateinamerika. Die politische Unabhängigkeit von Territorialstaaten war weitgehend verwirklicht. Folglich war es nicht mehr so leicht wie bisher, die Probleme der Zukunft dadurch zu vereinfachen oder zu verbergen, daß man deren Erörterung auf die Zeit nach der Erlangung der Unabhängigkeit oder Selbstbestimmung aufschob, die sie, wie sich bald zeigte, keineswegs alle wie von selbst löste.

Was hatte der alte Nationalismus der Befreiung und Einigung hinterlassen? Auf der einen Seite – und das galt für die meisten Nationalitäten – blieben unerlöste Minderheiten außerhalb der Grenzen des Nationalstaats, wie die Ungarn in Rumänien und die Slowenen in Österreich; auf der anderen Seite blieb die nationale Expansion solcher Nationalstaaten auf Kosten von Ausländern oder von einheimischen Minderheiten bestehen. Natürlich gab es in Ost- wie in Westeuropa immer noch einige Nationalitäten ohne Staaten, z.B. die Mazedonier und die Katalanen. Während allerdings bis 1914 die typische Nationalbewegung gegen Staaten oder politische Zusammenschlüsse gerichtet war, die als multi- oder übernational galten wie das Habsburger- und das Osmanenreich, wandte sie sich nach 1919 in Europa insgesamt gesehen gegen Nationalstaaten. Sie war deshalb fast per definitionem separatistisch und nicht auf eine Einheit bedacht, wenn auch separatistische Bestrebungen durch einen politischen Realismus gemildert oder wie im Fall der Ulster-Unionisten hinter der Bindung an ein anderes Land verborgen werden konnten. Doch das war schon seit langem so gewesen. Das Neuartige bestand im Aufkommen solcher Bestrebungen in nominell nationalen, tatsächlich jedoch Vielvölkerstaaten Westeuropas – und dies in einer politischen statt einer primär kulturellen Form, auch wenn eine oder zwei solcher neuen nationalistischen Gruppen, z.B. die walisische und die schottische Nationalpartei, die zwischen den Kriegen aufkamen, noch keine Unterstützung bei den Massen fanden, da sie gerade erst in die »Phase B« ihrer Entwicklung eingetreten waren und diese noch längst nicht durchlaufen hatten.

Wenn man vom irischen Beispiel absieht, waren in Westeuropa die unbedeutenderen Nationalismen vor 1914 kaum in Erscheinung getreten. Die Baskische Nationalpartei, die nach 1905 eine gewisse Unterstützung der Massen fand und die Kommunalwahlen von 1917 bis

1919 praktisch für sich entschied (mit Ausnahme der Wähler aus der Arbeiterschicht Bilbaos), nahm hier eine gewisse Sonderstellung ein. Ihre jungen militanten Aktivisten ließen sich zwischen 1916 und 1922 direkt vom revolutionären Nationalismus der Iren inspirieren, und ihre Basis im einfachen Volk wurde unter der Diktatur Primo de Riveras und durch deren zentralistische Bestrebungen und schließlich durch die noch unbarmherzigere und noch stärker zentralistische Unterdrückung General Francos verstärkt. Der katalanische Nationalismus beschränkte sich immer noch primär auf die lokalen Mittelschichten, auf die kleinstädtischen Provinzhonoratioren und auf die Intellektuellen, denn das Klassenbewußtsein der militanten und überwiegend anarchistischen Arbeiterklasse aus Katalanen und Einwanderern stand dem Nationalismus skeptisch gegenüber. Die Literatur der anarchistischen Bewegung wurde darum in spanischer Sprache gedruckt. Auch hier fanden die regionale Linke und die Rechte nur unter Primo de Rivera zusammen, zu einer Art Volksfront gegen die Madrider Monarchie auf der Grundlage einer Autonomie für Katalonien. Die Republik und die Diktatur unter Franco verhalfen dem »Katalanismus« der Massen zu einem Aufschwung, der in den letzten Jahren der Diktatur und seit Francos Tod zu einem breiten sprachlichen Wandel geführt haben mag, so daß es heute nicht nur ein gesprochenes Idiom, sondern eine etablierte und institutionalisierte Kultursprache gibt, auch wenn 1980 die einzigen katalanischen Presseerzeugnisse mit nennenswerter Auflage Intellektuellen- und Mittelschichtblätter waren, ein bemerkenswert florierendes Genre. In diesem Jahr erschienen lediglich 6,5 Prozent der in Barcelona verbreiteten Tageszeitungen in katalanischer Sprache (*Le Monde*, 11. Januar 1981). Während jedoch 80 Prozent der Einwohner Kataloniens Katalanisch und 91 Prozent der Einwohner Galiziens (mit einer weit weniger aktiven Regionalbewegung) das lokale Gallego sprechen, sprachen 1977 nur 30 Prozent der Bewohner des Baskenlandes dessen Sprache – an diesen Zahlen hat sich anscheinend auch danach nichts geändert (Puhle 1982, S. 53 f.) –, eine Tatsache, die möglicherweise mit dem größeren Streben baskischer Nationalisten nach völliger Unabhängigkeit im Unterschied zu einer Autonomie zusammenhängt. Der Unterschied zwischen baskischem und katalanischem Nationalismus, der hier sichtbar wird, hat im Lauf der Zeit vermutlich zugenommen, hauptsächlich weil der Katalanismus nur dadurch zu einer bestimmenden Kraft wurde und werden konnte, daß er sich nach links bewegte, um eine starke und unabhängige Arbeiterbewegung in sich aufzunehmen, während es dem baskischen Nationalismus gelang, die traditionellen sozialistischen Bewegungen der Arbeiterklasse zu isolieren und schließlich praktisch zu eliminieren, ein Umstand, der sich auch nicht durch die revolutionär-marxistische Phraseologie der separatistischen ETA verschleiern läßt. Es ist vielleicht nicht überraschend, daß der Katalanismus im Hinblick auf die Assimilierung der (hauptsächlich der Arbeiterklasse zugehörenden) Einwohner deutlich erfolgreicher war als die baskische Bewegung, die überwiegend durch ihre Fremdenfeindlichkeit zusammengehalten wird. 1977 sprachen 54 Prozent der nicht im Lande geborenen Einwohner Kataloniens katalanisch, während der Anteil der landesfremden Einwohner des Baskenlandes, die Baskisch sprachen, nur acht Prozent betrug – was sicherlich zum Teil auch daran liegt, daß das Erlernen dieser Sprache wesentlich schwieriger ist.[2]

Was den übrigen westeuropäischen Nationalismus angeht, der zu einer ernstzunehmenden politischen Kraft wurde, so trat die flämische Bewegung 1914 in eine neue und gefährlichere Phase ein, als ein Teil von ihr mit den Deutschen kollaborierte, die den größten Teil Belgiens erobert und besetzt hatten. Noch umfangreicher war diese Kollaboration im Zweiten Weltkrieg. Danach dauerte es allerdings wieder einige Jahre, bis der flämische Nationalismus die belgische Einheit ernsthaft in Gefahr brachte. Die übrigen westeuropäischen Nationalismen kleiner Nationalitäten spielten kaum eine Rolle. Die schottischen und walisischen nationalistischen Parteien traten überhaupt erst während der Depressionsjahre zwischen den Kriegen in Erscheinung, verharrten jedoch am äußeren Rand der Politik ihrer Länder, was sich etwa an dem Umstand ablesen läßt, daß der Gründer des Plaid Cymru in seiner Gesinnung ein kontinentaler Reaktionär vom Schlag eines Charles Maurras und obendrein Katholik war (Sherrington 1980). Keine der beiden Parteien fand vor dem Ende des Zweiten Weltkriegs Unterstützung bei den Wählern. Die

2 Zum ganzen Umfang der Unterschiede zwischen Katalanen und Basken im Hinblick auf deren Selbsteinschätzung und Sprachverhalten s. García Ferrando (1982) und López Aranguren (1983).

meisten übrigen vergleichbaren Bewegungen erschöpften sich überwiegend in einem folkloristischen Traditionalismus und einem bornierten Provinzialismus.

Zum Nationalismus nach 1918 ist jedoch eine weitere Feststellung zu treffen, die uns – und ihn – aus der traditionellen Arena von Grenzstreitigkeiten, Wahlen/Plebisziten und Forderungen nach einer eigenen Sprache hinausführt. Die nationale Indentifikation fand in dieser Zeit neue Mittel, sich in modernen, urbanisierten und hochtechnisierten Gesellschaften auszudrücken. Zwei wesentliche Mittel müssen erwähnt werden. Das erste, das kaum einer Erläuterung bedarf, waren die modernen Massenmedien: Presse, Film und Funk. Mit ihrer Hilfe konnten Ideologien für die Massen einerseits standardisiert, homogenisiert und umgeformt und andererseits natürlich von Privatinteressen und Regierungen für die Zwecke einer gezielten Propaganda eingesetzt werden. (Das erste Ministerium, das ausdrücklich der »Volksaufklärung und Propaganda« diente, wurde 1933 in Deutschland unter Goebbels eingerichtet.) Dennoch war eine gezielte Propaganda zweifellos weniger ausschlaggebend als die Fähigkeit der Massenmedien, letztlich nationale Symbole zu einem Bestandteil des Lebens jedes einzelnen zu machen und auf diese Weise die Trennung zwischen dem Privatbereich und der lokalen Sphäre, in der die meisten Bürger normalerweise lebten, einerseits und der öffentlichen und nationalen Sphäre andererseits aufzuheben. Die Entwicklung der englischen Königsfamilie zu einer häuslichen wie öffentlichen Ikone der nationalen Identifikation wäre unmöglich gewesen ohne die modernen Massenmedien, und ihr bewußtester ritueller Ausdruck wurde speziell für das Radio konzipiert und später den Bedürfnissen des Fernsehens angepaßt: die königliche Weihnachtssendung, die 1932 eingerichtet wurde.

Die Kluft zwischen den Welten des privaten und des öffentlichen Lebens wurde ferner durch den *Sport* überbrückt. Zwischen den Kriegen wurde der Sport als Massenschauspiel zu einer endlosen Abfolge von Gladiatorenkämpfen zwischen Personen und Mannschaften gemacht, die Staaten symbolisierten; heute ist er weltweit ein Bestandteil des Alltagslebens. Früher hatten Veranstaltungen wie die Olympischen Spiele und internationale Fußballturniere hauptsächlich ein Mittelschichtpublikum angezogen (wenn auch die

Olympischen Spiele schon vor 1914 die Aura eines Wettstreits zwischen Nationen angenommen hatten), und internationale Turniere waren eigentlich in der Absicht eingerichtet worden, die nationalen Bestandteile von Vielvölkerstaaten zu integrieren. Sie symbolisierten die Einheit solcher Staaten, da eine freundschaftliche Rivalität zwischen ihren Völkern deren Zusammengehörigkeitsgefühl verstärkte, und die Institutionalisierung regelmäßiger Wettkämpfe schuf ein Sicherheitsventil für Spannungen zwischen den einzelnen Gruppen, die sich beim Anblick symbolischer Scheinkämpfe auf unschädliche Weise ableiten ließen. Dieses Element einer rituellen Entschärfung in den ersten regulären internationalen Fußballspielen, die auf dem europäischen Kontinent organisiert wurden, nämlich zwischen Österreich und Ungarn, ist kaum zu übersehen (Hobsbawm 1983, S. 300 f.). Es liegt natürlich nahe, die Ausdehnung der Rugby-Länderspiele zwischen England und Schottland auf Wales und Irland in den Jahren nach 1880 als eine Reaktion auf die Intensivierung der nationalen Gesinnung in Großbritannien während dieser Zeit zu deuten.

Zwischen den Kriegen wurde der internationale Sport jedoch, wie George Orwell bald erkannte, zu einem Ausdruck nationaler Kämpfe, und die Sportler, die ihre Nation oder ihr Land vertraten, wurden zu zentralen Symbolfiguren ihrer vorgestellten Gemeinschaften. Es war die Zeit, in der die Tour de France von Nationalmannschaften beherrscht wurde, in der beim Mitropa-Pokal führende Mannschaften mitteleuropäischer Länder gegeneinander antraten, als der World Cup in den internationalen Fußball eingeführt wurde und – wie sich 1936 zeigte – als die Olympischen Spiele unmißverständlich zu Gelegenheiten einer rivalisierenden nationalen Selbstbehauptung wurden. Was den Sport als Medium der Vermittlung einer nationalen Gesinnung zumindest bei Männern so unerhört wirksam machte, ist die Mühelosigkeit, mit der sich selbst die politisch oder öffentlich uninteressiertesten Individuen mit der Nation identifizieren können, sobald diese durch erfolgreiche Sportler symbolisiert wird, in deren Disziplin fast jeder irgendwann einmal in seinem Leben gern Besonderes geleistet hätte. Die vorgestellte Gemeinschaft von Millionen scheint sich zu verwirklichen als eine Mannschaft aus elf Spielern, die alle einen Namen tragen. Der einzelne, und wenn er nur die Spieler anfeuert, wird selbst zu einem Symbol seiner Nation. Der Autor erinnert sich noch gut daran, wie er 1929 im Haus von Freunden aufgeregt am Radio die Übertragung des ersten Länderspiels zwischen England und Österreich verfolgte, das in Wien ausgetragen wurde. Seine Freunde versprachen ihm eine Abreibung, falls England gewinnen sollte, was nach Lage der Dinge sehr wahrscheinlich war. Als einziger anwesender Engländer war ich England, und sie waren Österreich. (Zum Glück ging das Spiel unentschieden aus.) Auf diese Weise dehnten zwölfjährige Jungen die Idee der Fan-Gemeinde einer Mannschaft auf die gesamte Nation aus.

Was auf dem Feld des Nationalismus im Europa der Zeit zwischen den Kriegen den Ton angab, war somit der Nationalismus etablierter Nationalstaaten und ihrer Irredentas. Bei den ehemals kriegführenden Staaten war der Nationalismus natürlich durch den Krieg stärker geworden, vor allem nachdem die Wogen der revolutionären Hoffnung Anfang der zwanziger Jahre wieder abgeebbt waren. Faschistische und andere rechte Bewegungen machten sich das sehr schnell zunutze. Sie taten dies vor allem, um die Mittelschichten und andere, die eine soziale Revolution befürchteten, gegen die rote Drohung zu mobilisieren, die sich – insbesondere in ihrer bolschewistischen Form – leicht mit einem militanten Internationalismus und, was weitgehend dasselbe zu sein schien, mit einem durch die Kriegserlebnisse 1914-1918 noch verstärkten Antimilitarismus gleichsetzen ließ. Die Anziehungskraft einer solchen nationalistischen Propaganda war selbst unter Arbeitern um so wirkungsvoller, als man damit die Schuld am eigenen Unvermögen und der eigenen Schwäche den äußeren Feinden und den Verrätern im eigenen Land in die Schuhe schieben konnte. Und es gab viel Unvermögen und viel Schwäche, die wegerklärt werden mußten.

Es würde zu weit gehen, wollte man behaupten, dieser militante Nationalismus sei lediglich ein Reflex der Verzweiflung gewesen, auch wenn es offensichtlich Fehlschläge, Enttäuschungen und Ressentiments waren, die während der Weltwirtschaftskrise so viele Menschen den Nazis und anderen rechtsradikalen Bewegungen anderswo in Europa in die Arme trieben. Dennoch ist der Unterschied zwischen den deutschen Reaktionen auf die Niederlage nach 1918 und denen der Westdeutschen nach 1945 eklatant. Während der Weimarer Republik waren praktisch alle Deutschen einschließlich der Kommunisten zutiefst überzeugt von der schreienden Ungerechtigkeit des Versailler Vertrags, und der Kampf gegen ihn war eine der Haupttriebkräfte der Massenmobilisierung in allen Parteien von links bis rechts. Dennoch waren die Deutschland nach 1945 auferlegten Bedingungen noch härter und willkürlicher als 1919. Außerdem lebten in der Bundesrepublik Millionen verbitterter und nationalistischer Deutscher, die man brutal aus Mittel- und Osteuropa vertrieben hatte und die nicht davon zu überzeugen waren, dies sei die gerechte Strafe für weit schlimmere Untaten, die von Nazideutschland an anderen Völkern verübt worden waren. Trotzdem spielte der militante politische Revisionismus in der Politik Westdeutschlands nur noch eine untergeordnete und immer unbedeutendere Rolle. Der Grund für den Unterschied zwischen Weimar und Bonn ist unschwer herauszufinden. In der Bundesrepublik haben sich für die meisten Bürger die Dinge erstaunlich gut entwickelt, während die Republik von Weimar von einer entsetzlichen Wirtschaftskrise heimgesucht wurde, kaum daß sie sich von der militärischen Niederlage, der Revolution, einer wirtschaftlichen Rezession und einer galoppierenden Inflation wieder erholt hatte.

Und dennoch, auch wenn wir das Wiederaufkommen eines militanten Nationalismus nicht als bloßen Reflex der Verzweiflung begreifen, so war er doch auf jeden Fall etwas, das die Lücken füllte, die das Versagen, die Ohnmacht und die scheinbare Unfähigkeit anderer Ideologien, politischer Projekte und Programme zur Verwirklichung menschlicher Hoffnungen hinterlassen hatten. Er war das Utopia für diejenigen, die die alten Utopien des Zeitalters der Aufklärung verloren hatten, das Programm derer, die kein Vertrauen mehr zu anderen Programmen hatten, die Stütze derer, die an den früheren politischen und gesellschaftlichen Gewißheiten keinen Halt mehr fanden. Wir werden auf diesen Punkt noch zurückkommen.

Doch wie das letzte Kapitel zu zeigen versucht hat, kann (und konnte) der Nationalismus in dieser Zeit nicht mit denen gleichgesetzt werden, für die er ein ausschließliches, alles verzehrendes, überwölbendes politisches Gebot war. Er war, wie wir gesehen haben, nicht die einzige Form, in der ein Gefühl der nationalen Identifikakation oder, in der Terminologie staatsbürgerlicher Rechte und Pflichten, des Patriotismus seinen Ausdruck fand. Es ist wichtig, den exklusiven Nationalismus von Staaten oder rechten politischen Bewegungen, der sich an die Stelle aller anderen Formen einer politischen oder sozialen Identifikation setzt, zu unterscheiden von dem heterogenen, national-staatsbürgerlichen, sozialen Bewußtsein, das in modernen Staaten den Nährboden bildet, auf dem alle übrigen politischen Gesinnungen gedeihen. In diesem Sinne waren »Nation« und »Klasse« nicht ohne weiteres voneinander zu trennen. Wenn wir akzeptieren, daß in der Praxis Klassenbewußtsein eine staatsbürgerlich-nationale Dimension und staatsbürgerlich-nationales oder ethnisches Bewußtsein eine soziale Dimension hatte, dann spricht viel dafür, daß die Radikalisierung der Arbeiterklassen in Europa nach dem Ersten Weltkrieg deren potentielles Nationalbewußtsein gestärkt hat.

Wie soll man sonst den außergewöhnlichen Erfolg der Linken in nichtfaschistischen Ländern bei ihren Bemühungen erklären, während der antifaschistischen Periode nationale und patriotische Gefühle für sich zurückzuerobern? Denn es läßt sich schwerlich leugnen, daß der Widerstand gegen Hitlerdeutschland, vor allem während des Zweiten Weltkriegs, sowohl nationale Gefühle als auch Hoffnungen auf eine soziale Erneuerung und Befreiung ansprach. Mitte der dreißiger Jahre brach die kommunistische Bewegung jedenfalls bewußt mit den Traditionen der Zweiten und der Dritten Internationale, die die Symbole des Patriotismus – selbst solche, die so eng mit der revolutionären und sogar sozialistischen Vergangenheit verbunden waren wie die »Marseillaise«[3] – bürgerlichen Staaten und kleinbürgerlichen Politikern überließen. Die späteren Bemühungen, diese Symbole für sich zurückzuerobern und gleichsam den Heerscharen des Teufels das Monopol auf die besten Marschmelodien streitig zu machen, hatten auch ihre grotesken Aspekte, zumindest für Außenstehende und Nachgeborene, wenn z. B. die Kommunistische Partei der USA – übrigens ohne Erfolg, wie man sich den-

3 Die Verdrängung der »Marseillaise« in Deutschland und in Frankreich durch die »Internationale« behandelt Dommanget (1971), Kap. 3. Zum patriotischen Appell vgl. z. B. Thorez (1936), S. 174-185, vor allem S. 180 f.

ken kann – behauptete, der Kommunismus sei der Amerikanismus des 20. Jahrhunderts. Doch davon abgesehen verlieh die Rolle der Kommunisten im antifaschistischen Widerstand ihrem Anspruch auf Patriotismus vor allem nach 1941 große Glaubwürdigkeit, jedenfalls genug, um General de Gaulle zu beunruhigen (De Gaulle 1956, S. 291 f.; Browder 1937, insbes. S. 187-196 und 249-269). Außerdem war innerhalb wie außerhalb der Bewegung die Kombination der roten mit der Nationalfahne durchaus populär.

Ob es eine echte Aufwallung nationaler Gefühle auf der Linken gab, oder ob es sich einfach so verhielt, daß dem traditionellen revolutionären Patriotismus jakobinischer Prägung erneut die Bühne freigemacht wurde, nachdem er vom offiziellen Antinationalismus und Antimilitarismus der Linken so lange hinter die Kulissen verbannt worden war, läßt sich schwer entscheiden. Solchen Fragen ist man bisher kaum nachgegangen, obwohl sie einer ernsthaften Untersuchung wert wären, und die zeitgenössischen Textsammlungen sind in diesen Sachen ein ebenso unzuverlässiger Führer wie das Gedächtnis von Zeitgenossen. Fest steht lediglich, daß die erneute Verbindung von sozialer Revolution und patriotischer Gesinnung ein äußerst komplexes Phänomen war. Während erst weitere Studien Licht in diese Angelegenheit bringen können, lassen sich vorläufig immerhin die Umrisse einiger dieser Komplexitäten skizzieren.

Erstens entstand der antifaschistische *Nationalismus* im Kontext eines *internationalen* ideologischen Bürgerkriegs, in dem ein Teil der herrschenden Schichten zahlreicher Nationen offenbar für einen internationalen politischen Zusammenschluß der Rechten und für die »rechten« Staaten operierte. Diese einheimischen Parteien der Rechten trennten sich also von ihrem Appell an einen fremdenfeindlichen Patriotismus, der ihnen einst so gute Dienste geleistet hatte. So hieß es beispielsweise in Frankreich: »Besser Hitler als Léon Blum«. Das konnte durchaus soviel bedeuten wie: »Lieber ein Deutscher als ein Jude«, aber noch eher ließ es sich verstehen als: »Lieber ein fremdes Land als unser eigenes«. Das machte es der Linken recht leicht, die nationale Fahne aus dem nunmehr gelockerten Griff der Rechten zurückzugewinnen. In ähnlicher Weise hatte es die Linke in England wesentlich leichter mit ihrer Opposition gegen die Beschwichtigungspolitik gegenüber Hitler als die Konservativen, die nicht umhin konnten, in ihm eher ein mächtiges Bollwerk gegen den Bolschewismus als eine Bedrohung für das britische Empire zu sehen. In gewissem Sinne gehörte das Aufkommen des antifaschistischen Patriotismus damit zu dem, was man berechtigterweise als Triumph eines irgendwie gearteten Internationalismus sehen konnte.

Zweitens trafen Arbeiter und Intellektuelle ebenfalls eine *internationale* Entscheidung, aber eine, die zufälligerweise die nationale Gesinnung verstärkte. Neuere Untersuchungen über den britischen und italienischen Kommunismus in den dreißiger Jahren haben die Bedeutung der antifaschistischen Mobilisierung für dessen Anziehungskraft auf junge Arbeiter und Intellektuelle unterstrichen; eine ganz besondere Rolle spielte hier der Spanische Bürgerkrieg (Francis 1984; Spriano 1970, Bd. 3, Kap. 4). Doch war die Unterstützung für Spanien nicht nur ein schlichter Akt der internationalen Solidarität wie die antiimperialistischen Kampagnen für Indien oder Marokko, die eine wesentlich geringere Resonanz fanden. Der Kampf gegen Faschismus und Krieg betraf in England die Engländer, in Frankreich die Franzosen – doch nach dem Juli 1936 lag die Hauptfront, an der er geführt wurde, zufällig in der Nähe von Madrid. Konflikte, die eigentlich mit den inneren Verhältnissen jedes Landes zu tun hatten, wurden aufgrund der Launen der Geschichte auf Schlachtfeldern eines Landes ausgetragen, das für die meisten Arbeiter so abgelegen und so unbekannt war, daß der Durchschnittsengländer mit ihm praktisch nichts anderes verband als den Kampf, der sie betraf. Soweit Faschismus und Krieg mit bestimmten Ländern identifiziert wurden, nämlich mit Deutschland und Italien, ging es in diesem Kampf nicht nur um die innenpolitische Zukunft Frankreichs oder Englands oder um Krieg und Frieden allgemein, sondern auch um die Verteidigung der britischen oder französischen Nation gegen die Deutschen.

Drittens befand sich der antifaschistische Nationalismus offenkundig in einer sozialen wie einer nationalen Auseinandersetzung, wie sich gegen Ende des Zweiten Weltkriegs deutlich zeigte. Sowohl für die Engländer wie für die Widerstandsbewegungen auf dem europäischen Kontinent waren Sieg und soziale Veränderung untrennbar miteinander verbunden. Daß der Krieg in England mit einer Wahlniederlage Winston Churchills endete, dem geliebten und bewunderten Anführer des Kriegs und Symbol des britischen Patriotismus, und mit dem überwältigenden Sieg der Labour Party, macht dies einwandfrei deutlich; denn welcher Art auch immer die Euphorie der Befreiung in anderen Ländern war, als Ausdruck einer wohlüberlegten öffentlichen Meinung standen die britischen Wahlen von 1945 nie in Frage. Sowohl die Konservativen als auch Labour hatten für den Sieg gekämpft, doch nur eine der beiden Parteien hatte formell den Sieg *und* die soziale Veränderung auf ihre Fahnen geschrieben.

Außerdem hatte für viele britische Arbeiter der Krieg selbst einen sozialen Aspekt. Es ist kein Zufall, daß der deutsche Überfall auf die UdSSR im Sommer 1941 bei den britischen Arbeitern mit und ohne Uniform eine machtvolle Welle des Philosowjetismus auslöste; daran änderte auch das Verhalten der Sowjetunion und der englischen Kommunisten zwischen September 1939 und Juni 1941 nichts. Es lag nicht einfach daran, daß England zu guter Letzt nicht mehr allein kämpfte. Für diejenigen von uns, die diese Wendung der Ereignisse als einfache Soldaten in Einheiten der britischen Armee miterlebt hatten, in denen überwiegend Arbeiter ihren Dienst taten, stand außer Zweifel, daß der größte Teil der politisch Bewußten, d.h. der Mitglieder der Labour Party oder einer Gewerkschaft, die Sowjetunion noch immer für einen »Arbeiterstaat« hielt. Selbst ein so unerschütterlich und furchterregend antikommunistischer Gewerkschaftsführer wie Ernest Bevin gab diese Auffassung erst einige Jahre nach Beendigung des Zweiten Weltkriegs auf (Bullock 1967, Bd. 2, S. 77; Pelling 1984, S. 120). Insofern schien der Krieg selbst ebenso Elemente eines Krieges zwischen Klassen wie zwischen Staaten zu enthalten.

Auf diese Weise ging der Nationalismus während der Periode des Antifaschismus eine enge Verbindung mit der Linken ein, die in der Folgezeit durch die Erfahrung des antiimperialistischen Kampfes in Kolonialländern verstärkt wurde. Denn die kolonialen Auseinandersetzungen hingen auf verschiedene Weise mit der internationalen Linken zusammen. Die politischen Verbündeten der Befreiungsbewegungen in den Mutterländern waren fast durchweg in diesen Kreisen zu finden. Theorien des Imperialismus (d. h. des Antiimperialismus) waren lange Zeit hindurch ein organischer Bestandteil sozialistischen Denkens gewesen. Daß Sowjetrußland selbst weitgehend ein asiatisches Land war und die übrige Welt weitgehend aus einem nichteuropäischen – zwischen den Kriegen vor allem einem asiatischen – Blickwinkel sah, mußte den Aktivisten aus Ländern der späteren »dritten Welt« natürlich in die Augen springen. Und seit Lenins Entdeckung, daß die Befreiung unterdrückter Kolonialvölker ein wichtiger Aktivposten für die Weltrevolution war, unterstützten umgekehrt kommunistische Revolutionäre den kolonialen Befreiungskampf nach besten Kräften – allein schon deshalb, weil sie glaubten, daß alles, was die Imperialisten der Mutterländer das Fürchten lehrte, von den Arbeitern begrüßt werden müsse.

Die Beziehungen zwischen der Linken und dem Nationalismus abhängiger Länder waren natürlich zu kompliziert, als daß sie sich auf eine einfache Formel bringen ließen. Ganz abgesehen von ihren eigenen ideologischen Vorlieben hatten die antiimperialen Revolutionäre bei aller internationalistischer Theorie genug damit zu tun, die Unabhängigkeit für ihr eigenes Land zu erringen. Sie verschlossen ihre Ohren der Aufforderung, die Verwirklichung ihrer Bestrebungen im Interesse umfassenderer Ziele aufzuschieben oder zu modifizieren – etwa am Krieg gegen Hitlerdeutschland und Japan teilzunehmen, gegen die Feinde ihrer Kolonialherren, die viele als Verbündete ihrer Nation betrachteten, vor allem in den Jahren, in denen ihr Sieg außer Zweifel zu stehen schien. Aus dem Blickwinkel der antifaschistischen Linken war die Handlungsweise eines Mannes wie Frank Ryan schwer nachzuvollziehen: ein Kämpfer für die Irische Repbulik, der so weit links stand, daß er in den Internationalen Brigaden auf der Seite der Republikaner kämpfte, nach seiner Gefangennahme durch die Truppen Francos jedoch in Berlin auftauchte, wo er mit der deutschen Regierung über eine Unterstützung durch die IRA als Gegenleistung für die Vereinigung von Nord- und Südirland nach einem deutschen Sieg verhandelte (Cronin 1980; Ryan 1938). Vom Standpunkt des traditionellen irischen Republikanismus dagegen konnte man in Ryan jemanden sehen, der eine in sich stimmige Politik verfolgte, auch wenn sie vielleicht nicht ganz realistisch war. In ähnlicher Weise ließe sich manches einwenden gegen Subhas C. Bose (»Netaji«), den Helden der bengalischen Volksmassen und ehemals eine wichtige radikale Persönlichkeit im indischen Nationalkongreß, der sich den Japanern anschloß und eine antibritische indische Nationalarmee auf die Beine stellte, die sich aus indischen Soldaten zusammensetzte, die während der ersten Kriegsmonate in Gefangenschaft geraten waren. Die Einwände können sich jedoch nicht darauf stützen , daß 1942 die Alliierten bessere Aussichten hatten, den Krieg in Asien zu gewinnen: Eine erfolgreiche Invasion der Japaner in Indien war keineswegs unwahrscheinlich. Es gab mehr Führer von antiimperialistischen Befreiungsbewegungen, als wir vielleicht wahrhaben möchten, die vor allem bis 1943 in Deutschland und Japan mögliche Verbündete sahen, um die Engländer und Franzosen loszuwerden.

Trotz dieser Ausnahmen wurde die allgemeine Bewegung mit dem Ziel einer Befreiung und Entkolonialisierung insbesondere nach 1945 unstreitig mit einem sozialistischen/kommunistischen Antiimperialismus identifiziert, was vielleicht der Grund ist, warum so viele entkolonialisierte und neu in die Unabhängigkeit entlassene Staaten – und keineswegs nur jene, in denen Sozialisten und Kommunisten im Befreiungskampf eine wichtige Rolle gespielt hatten – sich als in einem gewissen Sinne »sozialistisch« erklärten. Die nationale Befreiung war zu einem Schlagwort der Linken geworden. Paradoxerweise übernahmen die neuen ethnischen und separatistischen Bewegungen in Westeuropa auf diesem Wege die sozialrevolutionäre und marxistisch-leninistische Phraseologie, die sich mit ihren ideologischen Anfängen bei den Ultrarechten vor 1914 und dem profaschistischen und während des Krieges sogar kollaborationistischen Engagement einiger ihrer älteren Aktivisten so schlecht verträgt (Beer 1977, S. 157). Daß sich junge Intellektuelle der spontaneistischen Linken solchen Bewegungen zuwandten, nachdem der Mai 1968 nicht das erwartete Millennium hervorgebracht hatte, verlieh diesem tiefgreifenden Wandel der nationalistischen Rhetorik einen zusätzlichen Impuls: Die altmodischen Völker, daran gehindert, ihr natürliches Recht auf Selbstbestimmung wahrzunehmen, wurden nunmehr als »Kolonien« klassifiziert, die sich ebenfalls aus ihrer imperialistischen Ausbeutung befreien mußten.

Es läßt sich zeigen, daß der zwischen den dreißiger und den siebziger Jahren vorherrschende Diskurs der nationalen Befreiung die Theorien der Linken und insbesondere bestimmte Entwicklungen im Marxismus der Komintern zum Ausdruck brachte. Daß die dazu alternative Sprache nationalen Strebens sich durch ihre Verbindung mit dem Faschismus so gründlich diskreditiert hatte, daß sie eine Generation hindurch praktisch von einem öffentlichen Gebrauch ausgeschlossen wurde, rückt diesen Sachverhalt in noch helleres Licht. Hitler und die Entkolonialisierung hatten offenbar das Bündnis des Nationalismus mit der Linken, das vor 1848 so natürlich zu sein schien, wiederhergestellt. Erst in den siebziger Jahren traten wieder andere Legitimationen des Nationalismus zutage. Im Westen wandten sich die wichtigeren nationalistischen Bewegungen dieser Zeit, die sich primär gegen kommunistische Regimes richteten, wieder einfacheren und eher auf die Instinkte zielenden Formen der nationalen Selbstbehauptung zu, wenngleich sie nicht jede Ideologie verwarfen, die von herrschenden kommunistischen Parteien stammte. In der »dritten Welt« lieferte der aufkommende religiöse Integralismus, vordringlich in verschiedenen islamischen Formen, aber auch in anderen religiösen Spielarten (z.B. der Buddhismus unter den singhalesischen Extremisten in Sri Lanka), die Grundlage für einen revolutionären Nationalismus wie auch für die nationale Unterdrückung. Im Rückblick erscheint die ideologische Vormachtstellung der Linken seit den dreißiger Jahren vielleicht als bloßes Zwischenspiel oder gar als Illusion.

Eine wichtige Frage ist noch nicht gestellt worden: Welchen Einfluß auf das Schicksal des Nationalismus hatte die Ausbreitung nationalistischer Gesinnungen und Bewegungen über die geographischen Regionen hinaus, in denen sie erstmals aufgekommen waren? Obwohl europäische Beobachter in den zwanziger Jahren begannen, den Nationalismus in der abhängigen Welt – d.h. praktisch in Asien und den islamischen Ländern – ernst zu nehmen, vielleicht sogar ernster als wir heute in der Rückschau[4], waren sie doch nicht der Meinung, ihre europäische Analye müsse nun modifiziert werden. Die größte Gruppe unabhängiger Staaten außerhalb Europas, die lateinamerikanischen Republiken, zogen – außer in den USA – wenig Aufmerksamkeit auf sich, und der Nationalismus in dieser Region

4 Die beiden Veröffentlichungen von Hans Kohn (1928 und 1930) über den Nahen Osten sind vermutlich die ersten größeren Abhandlungen über diesen Gegenstand. Möglicherweise wurde der Autor bei der Wahl der Region von seinen zionistischen Interessen geleitet.

wurde solange entweder als exotischer Witz betrachtet oder dem *indigenismo* zugerechnet, der kulturellen Wiederentdeckung ausgewählter indianischer Zivilisationen und Traditionen, bis bestimmte Gruppen in den dreißiger und vierziger Jahren mit dem europäischen Faschismus zu sympathisieren schienen, was es erlaubte, ihnen mühelos ein Etikett anzuheften. Japan ließ sich trotz seiner unbestrittenen Eigenart als ehrenwerte westliche imperiale Macht auffassen und damit als ein nationaler und nationalistischer Staat ähnlich wie seine westlichen Vorbilder. Mit Ausnahme Afghanistans und vielleicht von Siam (Thailand) wurden die übrigen afro-asiatischen Regionen nicht wirklich von einer Kolonialmacht beherrscht und verwaltet und wiesen nur einen einzigen Staat auf, der über genügend Spielraum für unabhängige Bewegungen verfügte, nämlich die postimperiale Türkei.

So gut wie alle antiimperialen Bewegungen von Bedeutung konnten einer von drei Kategorien zugeordnet werden (und in den Metropolen wurden sie auch so klassifiziert): lokale gebildete Eliten, die die europäische »nationale Selbstbestimmung« zum Vorbild nahmen (wie in Indien), eine antiwestliche Fremdenfeindlichkeit in der einfachen Bevölkerung (eine Sammelkategorie, die vielfach Anwendung fand, besonders in China) und kriegerische Stämme mit ihrem natürlichen Kampfgeist (wie in Marokko oder den arabischen Wüsten). Im letzten Fall neigten die kolonialen Verwalter und Intellektuellen, die sich durchaus der Möglichkeit bewußt waren, diese kräftigen und im allgemeinen unpolitischen Burschen für die Kolonialstreitkräfte anzuwerben, zur Nachsicht und verfolgten nur die Aufwiegler in den Städten, besonders wenn diese über eine gewisse Bildung verfügten. Keine dieser Kategorien schien einer ausgiebigen thoretischen Überprüfung zu bedürfen, auch wenn das Beispiel von Volksbewegungen in islamischen Ländern und selbst Gandhis Anziehungskraft auf die einfache indische Bevölkerung vermuten ließen, daß hier die Religion die Massen stärker mobilisieren konnte als im modernen Europa. Was einem Nachdenken über den Nationalismus in der »dritten Welt« – außerhalb der revolutionären Linken – noch am nächsten kam, war eine generelle Skepsis gegenüber der universellen Anwendbarkeit des »nationalen« Konzepts. Beobachter in den Kolonialländern gewannen den Eindruck, daß der Begriff in den abhängigen Ländern häufig ein geistiger Import war, aufgegriffen von der Minderheit der *évolués*, deren Vorstellungen von Gemeinschaft und politischer Loyalität sich mit denen der Massen ihrer Landsleute, zu denen sie keinerlei Kontakt hatten, nicht vereinbaren ließen. Solche Überlegungen waren häufig berechtigt, wenngleich sie Kolonialherrscher oder europäische Siedler dazu verführten, im konkreten Fall das Aufkommen einer nationalen Identifikation der einfachen Bevölkerung zu übersehen, wie das bekannte Beispiel der Zionisten und der israelischen Juden gegenüber den Palästinensern zeigt.

Die bei weitem interessantesten Überlegungen in der Zwischenkriegszeit über die »nationale Frage« in der abhängigen Welt wurden innerhalb der internationalen kommunistischen Bewegung angestellt, obwohl sie in der Regel nicht über den rigiden Rahmen des Marxismus-Leninismus hinausgingen, wie er damals kodifiziert wurde. Das Problem, das die Marxisten jedoch hauptsächlich beschäftigte, war das Verhältnis der Klassen (diejenigen eingeschlossen, die in einen gegenseitigen Klassenkampf hätten verwickelt sein müssen wie die Bourgeoisie und das Proletariat in einem Kolonialland) innerhalb der breiten antiimperialistischen Bewegung für eine nationale und soziale Befreiung; d.h. insoweit, als autochthone Kolonialgesellschaften eine Klassenstruktur aufwiesen, die sich für eine Analyse nach westlichem Muster eignete – eine Situation, die eine marxistische Analyse zusätzlich erschwerte. Die jeweilige Definition für die für ihre Freiheit kämpfenden »Nationen« wurde andererseits im allgemeinen ohne nähere Prüfung von den bestehenden nationalistischen Bewegungen übernommen. So war die indische Nation gleich der Bevölkerung des indischen Subkontinents, wie der indische Nationalkongreß dies behauptete, und die irische Nation war das, was die Fenier dafür ausgaben.[5] Für unsere Zwecke brauchen wir dieser interessanten Frage nicht weiter nachzugehen.

5 *Die nationale Frage* (1939) belegt die wichtige Ausnahme: Österreich. Seine deutschsprachigen Einwohner waren bislang von Marxisten als Angehörige der deutschen Nation angesehen worden, der Hauptgrund, warum der Sozialdemokratischen Partei Österreichs an einer Vereinigung mit Deutschland gelegen war, was in dem Augenblick problematisch wurde, als Deutschland Hitler in die Hände fiel. Während die Sozialdemokraten an ihrer Position so sehr festhielten, daß Karl Renner (später

Da nur wenige antikoloniale »nationale« Bewegungen mit einer politischen oder ethnischen Gruppe zusammenfielen, die vor der Ankunft der Imperialisten bereits bestanden hatte, hat die Entwicklung des Nationalismus, wie er im 19. Jahrhundert in Europa verstanden wurde, überwiegend erst nach der Entkolonialisierung, also hauptsächlich erst nach 1945 eingesetzt. In der Mehrzahl richteten sich diese Bewegungen somit nicht gegen einen fremden imperialistischen Unterdrücker, sondern gegen in jüngster Zeit emanzipierte Staaten, die eine nationale Homogenität beanspruchten, die es in Wirklichkeit nicht gab. Mit anderen Worten, sie protestierten gegen die »nationale«, d.h. ethnische oder kulturelle Unwirklichkeit der Territorien, in die die abhängige Welt von den Kolonialmächten aufgeteilt worden war, und manchmal auch gegen die Unwirklichkeit der an westlichem Ideengut orientierten Ideologien, die von den modernisierenden Eliten, welche die Macht von den früheren Herrschern geerbt hatten, übernommen worden waren.

Aber protestierten – und protestieren – sie im Namen dessen, was dem alten »Nationalitätsprinzip« und der Forderung nach Selbstbestimmung entspricht? In einigen Fällen benutzen sie offensichtlich dieselbe Terminologie, abgeleitet vermutlich nicht mehr unmittelbar aus den Ideen Mazzinis, sondern mittelbar aus dem Marxismus der Zwischenkriegszeit, dem hauptsächlichen ideologischen Einfluß auf Intellektuelle in großen Regionen der abhängigen Welt. Das gilt zweifellos für Sri Lanka, für die singhalesischen wie die tamilischen Extremisten, obwohl sich erstere auch auf westliche Anschauungen aus dem 19. Jahrhundert über Sprache und Rasse stützten, um die Überlegenheit der Arier zu beweisen (Jayawardene 1985 und 1987; Uyangoda 1987; Kearney 1985). Daraus folgt jedoch nicht, daß Konflikte und Rivalitäten in Gemeinschaften und die Selbstbehauptung ethnischer Gruppen in der dritten Welt allein vor diesem Hintergrund zu verstehen wären, nämlich als Bewegungen einer potentiellen Staatsgründung, deren konsequentes Ziel die Errichtung von Territorialstaaten ist. Die Unfähigkeit des »Tribalismus«, der an-

erster Präsident der Zweiten Österreichischen Republik) den »Anschluß« 1938 sogar begrüßte, entwickelten die österreichischen Kommunisten die Theorie einer eigenen österreichischen Nation und umgingen damit diese Verwirrungen.

scheinend in vielen Teilen Afrikas eine sehr starke Unterstützung erfährt, »sich gegen den Sanktionsapparat selbst vergleichsweise rudimentärer Staaten zur Wehr zu setzen« (Barth 1989, S. 34), müßte uns nachdenklich machen. Dasselbe gilt andererseits für die Unfähigkeit von Regionen, die in einzelne Gemeinschaften zerfallen wie der Libanon, etwas aufrechtzuerhalten, das auch nur annähernd als National- oder sonstiger Staat beschrieben werden könnte.

Selbstverständlich sind seit 1945 neue Staaten ins Leben gerufen worden, die unübersehbar aus einer kleinen Anzahl von – sagen wir zwei bis vier – Regionen bestehen, die sich im Hinblick auf ihre soziopolitische Struktur, ihre Kultur, ethnische Zugehörigkeit oder andere politisch relevante Merkmale deutlich unterscheiden und die nur dank der internationalen Lage nicht entlang solcher Bruchlinien zerfallen: gelegentlich zerfallen sie dennoch (z.B. Ost- und Westpakistan, der türkische und der griechische Teil Zyperns). Der Sudan und Tschad (moslemisch-arabischer Norden und christlich-animistischer schwarzer Süden) und Nigeria (Muslime und Haussa im Norden, Yoruba im Südwesten und Ibo im Südosten) sind Beispiele dafür. Es ist jedoch bedeutsam, daß sich die Lage in Nigeria seit der fehlgeschlagenen Sezession von Biafra (Ibo-Ethnien) 1967 offensichtlich entspannt hat, nachdem die drei dominierenden Gemeinschaften aufgeteilt wurden und an ihre Stelle 19 kleinere Bundesstaaten getreten sind, womit übrigens die Tatsache unterstrichen wird, daß die Haussa, Yoruba und Ibo weniger als 60 Prozent der Gesamtbevölkerung Nigerias repräsentierten. Des weiteren steht außer Frage, daß die innere Situation dort instabil ist, wo die Macht bei einer einzelnen hegemonialen Gemeinschaft liegt, vor allem wenn diese erst noch im Begriff steht, ihre Herrschaft über das gesamte Staatsgebiet zu festigen. Das scheint in Äthiopien der Fall zu sein, wo der im 19. Jahrhundert erfolgte Aufstieg eines Reiches, das sich auf eine christliche Minderheit stützte – die Amhara-Sprechenden machen 25 Prozent einer Bevölkerung aus, die zu je zwei Fünfteln aus Christen und Muslimen und zu einem Fünftel aus Andersgläubigen besteht –, durch eine kurze Periode als italienische Kolonie, die Restauration eines ausgedehnten Reiches und die Revolution von 1974 unterbrochen wurde. Selbst unter diesen Umständen wäre die territoriale Einheit dieses unglücklichen, von Hungersnöten und Kriegen heimgesuchten Landes wohl nicht ernsthaft bedroht, hätte man nicht den Versuch unternommen, Eritrea einzugliedern, das als italienische Kolonie und unter britischer Verwaltung seine eigenen politischen Bewegungen und eine eigene territoriale Identität entwickeln konnte, bevor es aus Gründen der internationalen Zweckmäßigkeit Äthiopien zuerkannt wurde, dem es zuvor niemals angehört hatte.

Offensichtlich bestehen zahlreiche Spannungen zwischen einzelnen Völkern, Stämmen oder Gemeinden in etlichen Staaten Afrikas und Asiens, die erst in neuerer Zeit ihre Unabhängigkeit erlangt haben, aber – ganz abgesehen von Ländern, denen es anscheinend gelungen ist, mit ihren zahlreichen Völkern einen modus vivendi zu finden – es ist durchaus zweifelhaft, ob ein staatlicher Separatismus das Ziel ist, das den einzelnen Völkern oder auch nur ihren Führern und Sprechern vorschwebt.

Das eigentliche Problem ethnischer Gruppen und anderer Gemeinschaften, vor allem wenn sie dramatischen sozioökonomischen Veränderungen gegenüberstehen, auf die sie nicht vorbereitet sind, ist ganz anderer Art. Es hat weit weniger mit der Bildung neuer Nationen zu tun als mit der Masseneinwanderung in alte (oder neue) Industrieländer: Wie kann man sich an die neue Welt in einer multikulturellen Gesellschaft anpassen? Selbstverständlich schließen sich solche Einwanderer, wie wir gesehen haben, aus naheliegenden Gründen mit anderen aus »der alten Heimat« zu Gruppen zusammen – aus Unsicherheit, Heimweh, zum Zweck gegenseitiger Unterstützung, als Reaktion auf äußere Feindseligkeit gegen Menschen ihresgleichen und nicht zuletzt aufgrund des wirksamen organisierenden Mediums der Wahlpolitik, wo dieses vorhanden ist. Wie jeder Lokalpolitiker in den Vereinigten Staaten weiß, sind diese Gruppen sehr empfänglich für ethnische Appelle und für eine Unterstützung der »nationalen Sache« in ihren Herkunftsländern, vor allem wenn die Auswanderung politisch oder ideologisch motiviert war: für eine Unterstützung der IRA bei den Iren, für abfällige Äußerungen über Arafat bei den Juden, für die Autonomie der baltischen Staaten bei den Letten. Wie freilich jeder Politiker genauso weiß, ist das richtige Tamtam um Sinn Fein, die PLO und den Stalinismus nur der kleinere Teil seiner politischen Aufgabe als Repräsentant solcher Wählerschaften, während der größere Teil darin besteht, sich für ihre Interessen als *Amerikaner* oder *Kanadier* einzusetzen. In einer multikulturellen Gesellschaft bedeutet dies hauptsächlich das Aushandeln eines angemessenen Anteils der im Lande verfügbaren Ressourcen für »seine« Gruppe, eine Verteidigung der Gruppe gegenüber Diskriminierungen und ganz allgemein eine Maximierung der Lebenschancen der Gruppenmitglieder und eine Minimierung ihrer Benachteiligungen. Nationalismus im Sinne der Forderung nach einem eigenen Territorialstaat oder auch nach einer Sprachautonomie ist hierfür ohne Relevanz, auch wenn er den in der Diaspora Lebenden ein gutes Gefühl vermittelt.

Das Beispiel der Schwarzen in den USA zeigt dies besonders deutlich: Hier bestimmt die Rasse ihre Situation als Gruppe eindeutig und trotz der ausgeprägten sozialen Ausgrenzung oder Gettoisierung steht für sie ein territorialer Separatismus überhaupt nicht zur Debatte, ganz abgesehen von seiner Undurchführbarkeit – weder in Form eines Massenexodus in ein anderes (afrikanisches) Land noch in der Form, daß ein bestimmtes Territorium innerhalb der Vereinigten Staaten dafür bereitgestellt würde. Die erste Möglichkeit hat zu Zeiten bei den Schwarzen der westlichen Hemisphäre eine starke emotionale Unterstützung gefunden, wurde allerdings nie als ernsthaftes Programm erwogen, wenn man einmal von den fanatischen Rechtsextremen absieht, die für eine Massenvertreibung (»Repatriierung«) farbiger Einwanderer eintreten.

Letzteres wurde nur einmal und für kurze Zeit von der Komintern vorgeschlagen, in Übereinstimmung mit der orthodoxen Doktrin der »nationalen Selbstbestimmung«, ohne jedoch bei den Schwarzen auf Resonanz zu stoßen. Damals erstellte man eine Karte der Südstaaten der USA mit den Countys, in denen aufgrund einer Volkszählung eine schwarze Mehrheit festgestellt worden war, so daß sich auf dem Papier eine mehr oder weniger zusammenhängende Zone (mit etlichen Enklaven und Exklaven) ergab, von der man behaupten konnte, sie sei ein »nationales Territorium« für nordamerikanische Schwarze, das zu einer Republik für die Schwarzen werden könnte.[6]

6 »Die Partei verstärkte den Kampf um die Gleichberechtigung der Neger und um das Recht der Selbstbestimmung bis zur Lostrennung für die ›schwarze Zone‹« (*Die Kommunistische Internationale vor dem VII. Weltkongreß*, S. 445, in einem Bericht über »Die Aufgaben der Partei im Herbst 1930«). Zu den »scharfen Meinungsverschieden-

Die Absurdität dieser kartographischen Phantasie lag in der Annahme, das Problem einer Existenz in den (überwiegend von Weißen besiedelten) USA lasse sich durch einen Separatismus aus dem Leben der nordamerikanischen Schwarzen irgendwie eliminieren. Zudem stand bereits außer Frage, daß selbst die erfolgreiche Gründung einer Schwarzenrepublik irgendwo in der Zone des Country-Blues kaum etwas an der Lage der Schwarzen in den Gettos der Großstädte im Norden und Westen ändern würde, die die Schwarzen in großen Scharen anlockten. Die Konzentration in den Großstädten, wo 1970 97 Prozent der nicht im Süden lebenden Schwarzen ihren Wohnsitz hatten – im Süden lebte ein Drittel von ihnen noch immer auf dem Land –, hat den Schwarzen in den USA beträchtliche politische Einflußmöglichkeiten bei Wahlen eröffnet, woraus sie einige Vorteile ziehen konnten, aber nur, weil sie sich darauf beschränkten, für ihre ethnische Gruppe einen größeren Anteil der Ressourcen und Möglichkeiten der Gesamtgesellschaft herauszuschlagen. Die territoriale Ausgrenzung von Gettos in heterogenen Gesellschaften kann den ethnischen Zusammenhalt in hohem Maße festigen, wie sich in Belfast und Beirut zeigt, doch tatsächlich *eliminiert* sie in fast allen Fällen die klassische Orientierung auf eine Selbstbestimmung mittels Bildung von Territorialstaaten.

Folgendes kommt hinzu: Urbanisierung und Industrialisierung, die mit massenhaften und mannigfaltigen Bewegungen, Wanderungen und Umsiedlungen von Menschen einhergehen, untergraben die zweite nationalistische Grundannahme eines Territoriums, das überwiegend von einer ethnisch, kulturell und sprachlich homogenen Bevölkerung bewohnt wird. Die heftige fremdenfeindliche oder rassistische Reaktion der einheimischen Bevölkerung der Zielländer oder -regionen auf den massenhaften Zustrom von »Fremden« ist in den Vereinigten Staaten seit 1890 und in Westeuropa seit 1950 eine ebenso vertraute wie betrübliche Erscheinung. Aber Fremdenhaß und Rassismus sind Symptome, keine Heilmittel. Ethnische Gemeinschaften und Gruppen in modernen Gesellschaften sind vom

heiten über die Schlagworte zugunsten einer schwarzen Republik für die Negerbevölkerung in den USA während der Diskussion des entsprechenden Unterausschusses des VI. Weltkongreß der Internationale 1928 s. die Beiträge von Ford und Jones auf dem Kongreß (»Compte-Rendu Sténographique...«, 1928).

Schicksal zur Koexistenz verurteilt, mögen viele auch immer noch von einer Rückkehr zu einer unvermischten Nation träumen. Massenmord und Massenvertreibung (»Repatriierung«) haben tatsächlich die ethnische Karte Europas drastisch vereinfacht und könnten auch in anderen Weltregionen als »Lösung« erwogen werden. Doch hat die Bewegung von Völkern seitdem die ethnische Komplexität, die die Barbarei zunichte machen wollte, wiederhergestellt. Nur besteht heute die typische »nationale Minderheit« in den meisten Einwanderungsländern aus einem Archipel kleiner Inseln statt aus einer zusammenhängenden Landmasse. Für ihr Problem ist Otto Bauer vielleicht noch von einiger Bedeutung, nicht jedoch Mazzini.

Letztlich ist dies die Situation ethnischer Gruppen in multikommunalen und multinationalen Staaten der »dritten Welt«, d.h. in den meisten ehemaligen Kolonialländern, die größer sind als kleine Karibikinseln, doch auch in manchen Kleinstaaten. Ethnische oder kommunale Gruppen in diesen Staaten sind häufig stark organisiert – in den neuen Staaten hauptsächlich durch politische Parteien und Interessengruppen, die de facto ihre ethnischen Interessen vertreten. Der Zugang zu Positionen in der Regierung und im öffentlichen Dienst, in vielen dieser Staaten der gerade Weg zu Reichtum und Geld für jene, die nicht über moderne unternehmerische Fähigkeiten verfügen – die traditionell bestimmten Minderheiten und Weißen vorbehalten bleiben[7] –, ist das vordringlichste Ziel. Sofern dieser Zugang an Bildungsqualifikationen geknüpft ist (die seltenen Fälle eines Militärputsches, der nicht von höheren Offizieren ausgeht, ausgenommen), werden »einander befehdende ethnische Gruppen«, wie Fredrik Barth mit dem ihm eigenen Scharfblick schreibt, »... im Hinblick auf ihr Bildungsniveau Unterschiede entwickeln und versuchen, auf die Bildungsinstitutionen maßgeblichen Einfluß zu erlangen oder sie sogar zu monopolisieren« (Barth 1989, S. 34 ff.).

Soweit es bei dieser Konkurrenz einzelner Gruppen um den Zugang zu Positionen im Institutionengefüge des (Territorial-)Staats oder um deren Monopolisierung geht, haben diese ethnischen Auseinandersetzungen etwas gemeinsam mit dem Aufstieg des »klein-

7 Solche Minderheiten operieren natürlich ebenfalls mit einem privilegierten Zugang zu den Personen an den Schaltstellen der politischen Macht.

bürgerlichen« Nationalismus, wie er im 4. Kapitel erörtert wurde. In Extremfällen kann er tatsächlich zu einem Separatismus führen, so bei den Tamilen in Sri Lanka, einer (geographisch zum Teil abgrenzbaren) Minderheit, die unter den Briten im öffentlichen Dienst und vermutlich auch in der Bildungselite überrepräsentiert war und seitdem dem Druck der rücksichtslos herrschenden singhalesischen Mehrheit ausgesetzt ist, nicht zuletzt durch die Einführung von Singhalesisch als der *einzigen* Amtssprache im Jahr 1956 (Bastian 1979 und Abeysekere 1979). Wäre Hindi die Sprache von 72 statt von 40 Prozent der Einwohner Indiens gewesen, so hätte eine wesentlich größere Versuchung bestanden, Englisch als Amtssprache auszuschalten, und so wäre auch die Gefahr eines Separatismus der Tamilen und anderer Gruppen auf dem indischen Festland größer gewesen (Bastian 1985). Der territorial motivierte Nationalismus stellt jedoch einen Sonderfall dar. Selbst in Sri Lanka dauerte es nach der Unabhängigkeit noch fünfundzwanzig Jahre, bis föderalistische Bestrebungen durch separatistische verdrängt wurden. Der Normalfall ist eine rivalisierende Koexistenz, nötigenfalls abgestützt durch unterschiedliche Formen der Dezentralisierung und Autonomie. Und je stärker eine Gesellschaft urbanisiert und industrialisiert ist, desto künstlicher ist der Versuch, ethnische Gemeinschaften, die innerhalb einer Volkswirtschaft tätig sind, auf territoriale Homelands zurückzudrängen. Der südafrikanische Versuch in diese Richtung ist mit Recht nicht als Übung in der klassischen Nationwerdung von Afrikanern, sondern als Projekt zur Verewigung der Rassenunterdrückung aufgefaßt worden.

Wie jedoch Barth ebenfalls bemerkt (1989, S. 33 ff.), sind Gruppenbeziehungen in solch komplexen multikulturellen/kommunalen Gesellschaften sowohl von anderer Art als auch instabiler als in traditionellen Gesellschaften. Erstens stehen Gruppen, die in moderne oder fortgeschrittenere Gesellschaften eintreten, drei (vielleicht nicht völlig voneinander abzugrenzende) Strategien zur Verfügung. Ihre Mitglieder können versuchen, sich zu assimilieren oder als Mitglieder der fortgeschrittenen Gesellschaft zu »gelten« – mit dem Resultat, daß einige dabei Erfolg haben, die Gemeinschaft als ganze jedoch »der Quelle ihrer inneren Verschiedenartigkeit beraubt ist und wahrscheinlich als eine kulturell konservative [...] Gruppe zurückbleiben und einen niedrigen Rang im umfassenderen sozialen System einnehmen wird«. Zweitens kann sie ihren Minderheitenstatus akzeptieren und sich bemühen, ihre Unzulänglichkeiten als Minderheit zu reduzieren, gleichzeitig jedoch darauf bestehen, ihren besonderen Charakter »in Sektoren von nichtöffentlichem Charakter« beizubehalten. Sie wird sich also in einer »multikulturellen« Gesellschaft nicht deutlich abheben, und in einer Industriegesellschaft wird es voraussichtlich mit der Zeit zu einer Assimilierung kommen. Und drittens kann die Gruppe sich dafür entscheiden, ihre ethnische Identität zu unterstreichen und »dazu zu gebrauchen, neue Positionen und Muster zu entwickeln, [...] die es in ihren Gesellschaften früher nicht gab oder für die neuen Zwecke noch nicht völlig tauglich waren«. Diese Strategie steht nach Barths Auffassung einem postkolonialen ethnischen Nationalismus oder auch einer Staatsbildung am nächsten, obwohl dies, wie ich zu zeigen versuchte, üblicherweise nicht das Ziel oder die Konsequenz dieser Strategie ist. Jedenfalls dient es der Analyse kaum, wenn man diese Überlebensstrategien ethnischer Gruppen allesamt in die Kategorien »Nation« oder »Nationalismus« einordnet – etwa die Handlungsweisen von Québecois, griechischen und baltischen Einwanderern, Algonkin-Indianern, Inuit, Ukrainern und Schotten, um nur ein Beispiel für eine Vielvölkergemeinschaft zu nennen.

Zweitens haben sich traditionelle Beziehungen zwischen den Angehörigen unterschiedlicher Kulturen häufig, vielleicht sogar meistens in der Weise stabilisiert, daß sich eine segmentierte gesellschaftliche Arbeitsteilung herausgebildet hat. Der »Fremde« erfüllt bestimmte, anerkannte Aufgaben, so daß er ungeachtet »unserer« Konflikte mit seiner Gemeinschaft eine Ergänzung zu »uns«» darstellt, statt mit »uns« zu konkurrieren. Ohne Eingriffe von außen entwickeln sich solche ethnisch aufgeteilten Arbeitsmärkte und Funktionsbereiche quasi naturwüchsig, selbst in der Geschichte der westlichen Industrialisierung und Urbanisierung; zum Teil, weil in solchen Märkten bestimmte Nischen auszufüllen sind, in die Freunde, Verwandte und Klienten aus der alten Heimat der Eingewanderten im Rahmen eines informellen Netzwerks gegenseitiger Hilfe eingeschleust werden. So trifft man noch heute in den Gemüseläden New Yorks besonders häufig auf koreanische Gesichter, im Stahlhochbau in den USA arbeiten besonders viele Mohawks als Monteure, Zeitungshändler stammen (wie in London oder Frankfurt) oft aus Indien oder Pakistan, und das Personal in indischen Restaurants stammt fast durchgehend aus der Region Silhet in Bangladesch.

Angesichts der Tatsache, daß »traditionelle polyethnische Systeme so häufig ausgeprägt wirtschaftlicher Art sind« (Barth), ist es auffällig, daß die Bewegungen in pluralistischen Staaten, die auf eine ethnische Identität pochen, sich nur selten mit dieser Form der gesellschaftlichen Funktionsteilung beschäftigen, sondern vielmehr mit der Konkurrenzposition ihrer Gruppe in einem allgemeinen Gerangel aller Gruppen innerhalb der politischen Sphäre. Ein Großteil dessen, was als postkolonialer Nationalismus gilt, ist ein Ausdruck für die zwangsläufige Instabilität von Gruppenbeziehungen, die nicht auf einer realen ethnisch-wirtschaftlichen Arbeits- oder Aufgabenteilung beruhen, sondern auf einem Gleichgewicht (oder Ungleichgewicht) der politischen Macht.

Auseinandersetzungen und Konflikte zwischen Ethnien und Gruppen sind demnach auch in der Welt außerhalb der Ursprungsregion des Nationalismus deutlich sichtbar und erwecken möglicherweise den Anschein, sie paßten in das »nationale« Modell.

Und doch ist auch hier der Hinweis angebracht, daß es bei alledem nicht um die »nationale Frage« geht, über die sich die Marxisten den Kopf zerbrochen haben und in deren Namen Landesgrenzen neu gezogen wurden. Oder anders ausgedrückt, mit der Ausdehnung über seine Ursprungsregion hinaus entfernt sich der »Nationalismus« auch aus dem Geltungsbereich der ursprünglichen Analyse dieses Phänomens – abzulesen an dem spontanen Aufkommen neuer Termini für die Beschreibung, etwa das Wort Ethnie (für »ethnische Gruppe« oder für das, was man früher als »Nationalität« bezeichnet hätte), das offenbar ziemlich jungen Datums ist.[8] Das ist schon länger bekannt, obwohl frühere Erforscher des außerwestlichen Nationalismus, die sich durchaus bewußt waren, »daß wir es mit einem

8 Der *Trésor de la Langue Française*, Paris 1980, Bd. 8, verzeichnet zwar das Stichwort *ethnie* bereits für 1896, gibt jedoch für die Zeit vor 1956 kein Anwendungsbeispiel an. A. D. Smith (1986) verwendet den Begriff ausgiebig, behandelt ihn jedoch offensichtlich als französischen Neologismus, der noch nicht in vollem Umfang anglisiert ist. Ich bezweifle, daß sich der Terminus in der Diskussion über Nationalität früher als Ende der sechziger Jahre nachweisen läßt.

ganz anderen Phänomen als dem europäischen Nationalismus zu tun haben«, es für »müßig« hielten, den Begriff zu vermeiden, »da er doch von allen Seiten übernommen wird« (Kautsky 1962, S. 33). Obes mit dem alten Begriff belegt wird oder nicht, das Phänomen stellt uns jedenfalls in mehrfacher Hinsicht vor neuartige Fragen. Einer dieser Aspekte mag zum Schluß dieses Kapitels kurz angesprochen werden: die Sprache.

Es steht keinesfalls fest, daß das klassische Muster des Sprachnationalismus, bei dem sich ein ethnisches Idiom zu einer neuen, universellen, standardisierten, »nationalen« Literatursprache entwickelt, die dann einen offiziellen Status erlangt, auch in der Zukunft so fortbestehen wird oder kann. (Selbst bei seit langem bestehenden Standardsprachen dieser Art hat es in neuerer Zeit die Tendenz gegeben, sie aufzulösen, indem gesprochene Unterarten oder Dialekte zu möglichen Medien des Schulunterrichts gemacht wurden, z.B. das »black English« oder der stark anglisierte französische *joual* der von Angehörigen der Unterschicht bewohnten Viertel Montreals.) Aus praktischen Gründen ist eine Mehrsprachigkeit heute in den meisten Staaten unvermeidlich, weil sich entweder in praktisch allen westlichen Großstädten »ethnische« Kolonien aus immer neuen Einwanderern bilden oder weil in den meisten neuen Staaten heute eine solche Vielzahl wechselseitig unverständlicher Sprachen gesprochen wird, daß Medien einer nationalen (und heute noch mehr einer internationalen) Verständigung unverzichtbar sind, von unbedeutenderen Verkehrssprachen gar nicht zu reden. (Papua-Neuguinea mit mehr als 700 Sprachen für eine Bevölkerung von rund zweieinhalb Millionen Einwohnern ist hierfür ein extremes Beispiel.) Im letzteren Fall steht bereits außer Frage, daß die politisch am ehesten akzeptablen Sprachen Konstruktionen ohne lokalen ethnischen Bezug sind (wie Pidgin oder Bahasa Indonesia), die keine ethnische Gruppe gegenüber anderen benachteiligen. Diese Situation, die vielleicht eine Erklärung dafür bietet, was »als erstaunliche sprachliche Flexibilität bei der indonesischen Elite und als Mangel an einer intensiven emotionalen Bindung an eine ›Muttersprache‹ erscheint«, ist offensichtlich von der unterschieden, die wir aus nationalistischen Bewegungen Europas kennen (Tanner 1972, S. 127). Das gleiche gilt für die Praxis der Volkszählung in Kanada im Vergleich zur Donaumonarchie (s. oben S. 116 f.). Denn hier wissen die ethnischen Interessengruppen, daß die Angehörigen eingewanderter Volksgruppen sich auf Befragen eher als Kanadier und nicht als Angehörige ihres Herkunftsvolks sehen und bei der Frage nach der von ihnen gesprochenen Sprache eher Englisch statt ihre Muttersprache angeben werden, und deshalb halten sie nichts von solchen Fragen bei Volkszählungen. Aus demselben Grund wurde hier bis vor kurzem nach der patrilinearen ethnischen Herkunft gefragt, und die Antwort »Amerikaner« oder »Kanadier« wurde nur bei Indianern als gültig akzeptiert. Diese durch die Volkszählung künstlich erzeugte ethnische Zugehörigkeit, die ursprünglich von den Frankokanadiern durchgesetzt worden war, um deren Zahl außerhalb des städtischen Gebiets der Provinz Quebec größer erscheinen zu lassen, kam außerdem den Führern von anderen ethnischen Gruppen und Einwanderern zupaß, da sie die Tatsache verschleierte, daß z.B. von den 315000 Personen, die bei der Volkszählung von 1971 eine polnische Abstammung angaben, nur 135000 Polnisch als ihre Muttersprache bezeichneten, während lediglich 70000 Polnisch in der Familie sprachen. Ähnlich lagen die Verhältnisse bei den ukrainisch-stämmigen Bevölkerungsteilen (Harney 1988, S. 68 f. und 83 f.).

Kurzum, ethnischer und sprachlicher Nationalismus nehmen vermutlich einen unterschiedlichen Verlauf, und beide sind sie heute wohl nicht mehr auf eine nationale Staatsmacht angewiesen. Was man als nicht-konkurrierende Mehr- oder Zweisprachigkeit in Analogie zu der im 19. Jahrhundert bestehenden Beziehung zwischen offiziellen Bildungs-/Staatssprachen und untergeordneten Mundarten und Dialekten bezeichnen könnte, ist heute bereits allgemein verbreitet. Die Tendenz, Landessprachen einen offiziellen Rang neben nationalen/internationalen Kultursprachen einzuräumen – Spanisch in Lateinamerika, Französisch in Teilen Afrikas, allgemeiner Englisch –, darf uns nicht zu Fehlschlüssen verführen.[9] Das Vorbild besteht

9 Zur Bedeutung der englischen Sprache s. Grosjean (1982), der feststellt, daß es 1974 lediglich 38 Staaten auf der Erde gab, in denen Englisch keinerlei offiziellen Status hatte. In 20 (nicht englischsprachigen) Ländern war es die einzige offizielle Sprache, in weiteren 36 Ländern wurde es bei Gericht und als wichtigste Unterrichtssprache gebraucht (S. 114). Für die Probleme einer Konkurrenz zum Englischen s. Harries (1976).

vielleicht nicht länger in einem Kampf um die Oberherrschaft wie in Quebec, sondern in einer Aufteilung der Funktionen wie in Paraguay, wo von den städtischen Eliten sowohl Spanisch als auch Guarani unterrichtet und gesprochen werden, Spanisch jedoch das Kommunikationsmittel für alle schriftlichen Äußerungen ist, mit Ausnahme vielleicht der schönen Literatur. Es ist unwahrscheinlich, daß das Ketschua, dem in Peru 1975 ein gleichberechtigter offizieller Status verliehen wurde, einmal das Spanische als die Sprache etwa der Tageszeitungen und der Universität ersetzen wird, oder daß in den ehemaligen britischen Kolonialländern Afrikas oder Ostasiens der Zugang zu Bildung, Reichtum und Macht trotz aller offiziellen Anerkennung der einen oder anderen Landessprache nicht auch weiterhin über die englische Sprache erfolgt.[10]

Mit dieser Spekulation kommen wir zu einigen abschließenden Bemerkungen über die Zukunft von Nationen und Nationalismus.

10 In mancher Hinsicht haben die modernen (akustischen und visuellen) Massenmedien, »die nicht die Mühen des Lesen- und Schreibenlernens erfordern« (Riesman 1958, S. 4), dem Argument der Nützlichkeit einer einheimischen Literatur für die Einsprachigen einiges von seiner Überzeugungskraft genommen, da diese nun nicht mehr von Informationen über die weitere Welt abgeschnitten sind. Das Transistorradio war das hauptsächliche Mittel dieser Kulturrevolution. S. z.B. Handelman (1974), S. 58. Meine Aufmerksamkeit wurde erstmals zu Beginn der sechziger Jahre auf diese Revolution gelenkt, und zwar durch den verstorbenen José Maria Arguedas, der als Beispiel die Ausstrahlung lokaler Radiosendungen in Ketschua für die zugewanderten Indianer in Lima anführte; die Sendungen erfolgten gewöhnlich zu einer Zeit, zu der außer den schwer arbeitenden Indianern noch niemand auf den Beinen war.

VI. Kapitel
Nationalismus im ausgehenden 20. Jahrhundert

Ich möchte mit einigen Bemerkungen über den Nationalismus in den letzten Jahrzehnten unseres Jahrhunderts schließen. Auf den ersten Blick sieht es so aus, als hätte sich das »Nationalitätsprinzip« weltweit auf triumphale Weise durchgesetzt. Alle Staaten der Welt sind heute offiziell Nationen, die Befreiungsbewegungen sind zu »nationalen« Befreiungsbewegungen geworden, »nationale« Parolen erschüttern die ältesten Nationalstaaten Europas – Spanien, Frankreich, Großbritannien und in abgemilderter Form selbst die Schweiz –, die (post-)sozialistischen Regimes im Osten, die neuen entkolonialisierten Staaten der »dritten Welt« und selbst die Föderationen der Neuen Welt. Kanada bleibt gespalten, und in den USA wächst der Druck, Englisch zur alleinigen Amtssprache zu machen, eine Reaktion auf den Massenzustrom lateinamerikanischer Einwanderer, die zum erstenmal keinen Grund sehen, sich sprachlich zu assimilieren. Vor allem hat überall dort, wo Ideologien einander befehden, der Appell an die vorgestellte Gemeinschaft der Nation offenbar alle Herausforderer aus dem Feld geschlagen. Was sonst außer der Solidarität eines imaginären »Wir« gegen ein symbolisches »Sie« hätte Argentinien und England in das Abenteuer eines wahnwitzigen Krieges um einige Quadratkilometer rauhes und sumpfiges Weideland stürzen können?

Während sich der zunehmende und zuweilen nachhaltige Einfluß einer nationalistischen oder ethnisch orientierten Politik nicht ernstlich bestreiten läßt, unterscheidet sich dieses Phänomen heute jedoch in einer wesentlichen Hinsicht vom »Nationalismus« und den »Nationen« des 19. und der ersten Jahrzehnte des 20. Jahrhunderts: Es fungiert nicht mehr als eine Haupttriebkraft der historischen Entwicklung. In der »entwickelten« Welt des 19. Jahrhunderts war der Aufbau einer Reihe von »Nationen«, in denen sich ein Nationalstaat und eine nationale Wirtschaft miteinander verbanden, schlicht eine zentrale Tatsache des historischen Wandels (und wurde auch so gesehen). In der »abhängigen« Welt der ersten Hälfte des 20. Jahrhunderts und aus offensichtlichen Gründen vor allem in den kolonialisierten Regionen waren die Bewegungen für eine nationale Befreiung und Unabhängigkeit die hauptsächlichen Organe zur politischen Emanzipation des größten Teils unseres Erdballs, d.h. für die Ausschaltung der imperialen Verwaltung und, noch bedeutsamer, der direkten Militärherrschaft durch die imperialen Mächte, eine Situation, die noch ein halbes Jahrhundert früher undenkbar gewesen wäre.[1] Während sich diese nationalen Befreiungsbewegungen der »dritten Welt«, wie wir gesehen haben, in der Theorie am Vorbild des westlichen Nationalismus orientierten, waren in der Praxis die Staaten, die sie zu errichten versuchten, im allgemeinen, wie wir ebenfalls gesehen haben, das Gegenteil jener ethnisch und sprachlich homogenen Gebilde, die im Westen als Musterbeispiel für den »Nationalstaat« angesehen wurden. Aber auch in dieser Hinsicht ähnelten sie de facto dem westlichen Nationalismus der liberalen Ära eher. Beide hatten in der Regel ebenso eine territoriale Einheit wie die Befreiung zum Ziel, obwohl im letzteren Fall Anspruch und Wirklichkeit häufiger auseinanderklafften als im ersteren.

Die für das letzte Drittel des 20. Jahrhunderts charakteristischen nationalistischen Bewegungen sind im wesentlichen negativ, genauer gesagt separatistisch. Sie pochen auf »ethnische Zugehörigkeit« und sprachliche Unterschiede, zum Teil mit Religion verbunden. In mancher Hinsicht kann man in ihnen die Nachfolger oder gelegentlich die Erben der kleinstaatlichen Bewegungen sehen, die sich gegen das Habsburger, das Osmanische und das Zarenreich richteten, d.h. gegen Formen der politischen Organisation, die im Namen eines (möglicherweise mißverstandenen) Modells der politischen Moder-

1 Kriege, die in großer Zahl von Großmächten unter Einsatz aller konventionellen Waffen geführt wurden, waren erstaunlicherweise weit weniger erfolgreich als man aufgrund der Geschichte vor dem Zweiten Weltkrieg hätte vermuten können – z.B. in Korea und Vietnam.

ne, des Nationalstaats, als historisch überholt angesehen wurden. Andererseits sind die meisten von ihnen gerade das Gegenteil, nämlich die Ablehnung moderner Formen der politischen Organisation auf nationaler wie auf übernationaler Ebene. Immer wieder erwekken sie den Eindruck, sie seien Reaktionen aus Schwäche und Angst, Versuche, Barrikaden gegen die Kräfte der modernen Welt zu errichten – in diesem Punkt eher vergleichbar dem Ressentiment von den in Prag lebenden Deutschen, die sich von tschechischen Zuwanderern in die Ecke gedrängt fühlten, und weniger demjenigen der in die Stadt drängenden Tschechen gegenüber den hier ansässigen Deutschen. Das betrifft nicht nur kleine Sprachgemeinschaften, die bereits für die geringfügigsten demographischen Verschiebungen anfällig sind, etwa die dünn bevölkerten Hügel und Küstenstreifen von Wales, wo Walisisch gesprochen wird, oder Estland, dessen rund eine Million Einwohner, die noch Estnisch sprechen, gerade noch an der unteren Grenze der erforderlichen Bevölkerungsgröße liegen, um eine moderne Sprachkultur auf allen Ebenen aufrecht zu erhalten. Es kann kaum wundernehmen, daß das brisanteste Problem in beiden Fällen in der unkontrollierten Zuwanderung von einsprachigen Menschen besteht, die ausschließlich Englisch bzw. Russisch sprechen. Ähnliche Reaktionen sind allerdings auch bei wesentlich größeren Bevölkerungen zu beobachten, deren sprachlich/kulturelle Existenz in keiner Weise – weder tatsächlich noch vermeintlich – bedroht ist. Das absurdeste Beispiel hierfür ist die Bewegung, die Ende der sechziger Jahre in einigen Bundesstaaten der USA politische Macht gewann und dafür eintrat, Englisch zur einzigen *offiziellen* Sprache der Vereinigten Staaten zu machen. Denn obwohl die Zahl spanischsprachiger Einwanderer in manchen Teilen der USA tatsächlich so hoch liegt, daß es wünschenswert und manchmal nachgerade notwendig ist, diese Massen in ihrer eigenen Sprache anzusprechen, entspringt der Gedanke, die Vorherrschaft des Englischen in den USA sei jetzt oder in absehbarer Zeit gefährdet, einer politischen Paranoia.

Was solchen Abwehrreaktionen gegen wirkliche oder vermeintliche Bedrohungen Nahrung gibt, ist ein Zusammenspiel von internationalen Bevölkerungsbewegungen und den ungeheuer raschen, tiefgreifenden und beispiellosen sozioökonomischen Veränderungen, die für das dritte Viertel unseres Jahrhunderts so typisch waren. Der französische Teil Kanadas mag diese Verbindung eines verstärkten kleinbürgerlichen Sprachnationalismus mit einem massenhaft auftretenden Zukunftsschock verdeutlichen. Auf dem Papier scheint die französische Sprache, die als Muttersprache von einem Viertel der kanadischen Bevölkerung gesprochen wird, in keiner Weise bedroht zu sein. Diese Sprachgemeinschaft ist etwa halb so groß wie der englischsprachige Bevölkerungsteil und wird abgesichert durch die offizielle Zweisprachigkeit der Föderation, den internationalen Rückhalt der französischen Kultur und mehr als 130000 Studenten an frankophonen Universitäten (1988). Und dennoch ist die Haltung des Nationalismus in der Provinz Quebec die eines Volkes in überstürztem Rückzug vor historischen Kräften, die es zu überwältigen drohen: eine Bewegung, die selbst ihre Fortschritte eher als pontentielle Schwäche denn als Erfolg wertet.[2] Der Nationalismus von Quebec hat in der Tat sogar die zahlreichen frankophonen Minderheiten in New Brunswick und Ontario im Stich gelassen, um sich innerhalb einer autonomen oder gar separatistischen Provinz zu verschanzen. Das Gefühl der Unsicherheit bei den *Canadiens* wird etwa an der Vorstellung sichtbar, daß Kanadas inzwischen offizieller »Multikulturalismus« nichts als ein Komplott sei mit dem Ziel, »die besonderen Bedürfnisse der *Francophonie* unter dem politischen Gewicht der Multikultur zu erdrücken« (Harney 1988, S. 75), und dieses Gefühl wird natürlich verstärkt durch die Neigung der 3,5 Millionen Einwanderer nach 1945, ihre Kinder in englischer Sprache unterrichten zu lassen, was diesen wesentlich bessere Berufschancen in Nordamerika eröffnet als ein Unterricht auf Französisch. Trotzdem ist rein theoretisch die Bedrohung durch Einwanderer im frankophonen Kanada geringer als im anglophonen, da sich zwischen 1945 und 1971 lediglich 15 Prozent der Einwanderer in Quebec niedergelassen haben.

Was hinter den Gefühlen der Angst und Unsicherheit der Frankokanadier steckt, ist offensichtlich eine soziale Umwälzung, die sich

2 Dion (1988) ist hierfür ein gutes Beispiel, wenn er etwa schreibt: »Diese neue Generation zeigt nicht denselben Wunsch, so für die französische Sprache einzustehen wie ihre Eltern, zum Teil deshalb, weil sie sich durch [...] die French Language Charter geschützt fühlt [...] und zum Teil, weil Kanadas englischsprachige Bevölkerung und die Angehörigen anderer Sprachgruppen dem Französischen gegenüber toleranter werden.« (S. 310)

ablesen läßt an dem dramatischen Verfall der katholischen Kirche in einer seit Jahrhunderten konservativen, katholischen, kirchlichen, Kinder produzierenden Gesellschaft – nicht nur unter den Farmern, sondern auch innerhalb der Stadtbevölkerung. Während der sechziger Jahre ging anscheinend der Kirchenbesuch in der Provinz von 80 auf 25 Prozent zurück, während die Geburtenrate zu einer der niedrigsten in ganz Kanada wurde (Pelletier 1988, S. 271; Harney 1988, S. 62). Was immer die Gründe für eine derart in die Augen springende Veränderung in den Gewohnheiten der Bevölkerung Quebecs sein mögen, sie mußten jedenfalls eine desorientierte Generation hervorbringen, die nach neuen Gewißheiten lechzte, die an die Stelle der alten, verfallenden treten konnten. Man hat sogar behauptet, das Aufkommen des militanten Separatismus sei ein Ersatz für den verlorengegangenen traditionellen Katholizismus. Diese Hypothese, die sich schwerlich beweisen oder widerlegen läßt, klingt zumindest für den Autor nicht unplausibel, der eine völlig untraditionelle, in ihrer Vorliebe für Pubs und Alkohol sogar völlig gegentraditionelle walisische nationalistische Militanz erlebt hat, die unter der jüngeren Generation in einem Teil von Nordwales zu einer Zeit aufkam, als die Kirchen sich leerten, der Prediger und Amateurgelehrte nicht länger das Sprachrohr der Gemeinde war und der Verfall einer allgemeinen Verpflichtung auf Alkoholabstinenz die sichtbarste Möglichkeit beseitigte, mit der einzelne Individuen ihre Zugehörigkeit zu einer puritanischen Kultur und ihre Gemeinschaft nach außen hin demonstrieren konnten.

Eine weitverbreitete Mobilität der Bevölkerung verstärkt natürlich diese Desorientierung ebenso wie wirtschaftliche Veränderungen – von denen einige zweifellos dem Aufkommen des lokalen Nationalismus geschuldet sind.[3] Wo immer wir in einer verstädterten Gesell-

3 Der Nationalismus der Einwohner Quebecs in den siebziger Jahren führte zu einer starken Abwanderung von Geschäftsleuten aus Montreal, bislang die größte Stadt und das wirtschaftliche Zentrum Kanadas, nach Toronto. »Die Stadt richtet sich auf ihre bescheidenere Rolle als regionales Zentrum für [die Provinz] Quebec und Ostkanada ein.« Dennoch hat der Umstand, daß der Einfluß von Minderheitensprachen auf Montreal deutlich geringer ist als der auf andere Städte, die sprachliche Militanz offenbar kaum gemildert. In Toronto und Vancouver stellen weiße Protestanten angelsächsischer Abstammung nicht länger die Mehrheit der Bevölkerung, während der Anteil der Frankokanadier an der Bevölkerung Montreals 66 Prozent beträgt (Artibise 1988).

schaft leben, begegnen wir Fremden: entwurzelten Frauen und Männern, die uns an die Gebrechlichkeit oder das Verdorren der Wurzeln unserer eigenen Familien erinnern.

Was haben solche ethnisch-nationalistischen Reaktionen überhaupt gemeinsam mit dem in letzter Zeit zu beobachtenden »Fundamentalismus« in vielen Teilen der Erde, von dem man gesagt hat, er wende sich an »Menschen, die keine Zufallsexistenz und keine unerklärten Zustände ertragen können und deshalb häufig denen zuströmen, die möglichst vollständige, allumfassende und phantastische Weltanschauungen anbieten« (Marty 1988)? Er gilt als »grundsätzlich reaktiv, reaktionär«. »Man braucht irgendeine Kraft, eine Tendenz oder einen Feind, von denen man annimmt, daß sie unter Umständen oder tatsächlich die eigene Bewegung und das, was ihr teuer ist, untergraben, zerfressen oder gefährden.« Die »fundamentalen« Dinge, die vom Fundamentalismus betont werden, »stammen stets aus einer früheren, angeblich ursprünglichen und reinen ... Periode der eigenen, heiligen Geschichte«. Sie »werden dazu benutzt, Grenzen zu setzen, Menschen der gleichen Art anzuziehen und andere fernzuhalten, ein Terrain zu markieren«. Und sie bestätigen die alte Beobachtung Georg Simmels, daß

> Gruppen und insbesondere Minoritäten, die miteinander in Konflikt leben [...] häufig eine Annäherung oder eine Geste der Toleranz von der anderen Seite ablehnen. Das abgeschlossene Wesen ihrer Gegnerschaft, ohne das sie nicht weiterkämpfen können, würde an Konturen verlieren [...]. Innerhalb bestimmter Gruppen mag es sogar ein Zeichen politischer Klugheit sein, darauf zu achten, daß es einige Feinde gibt, damit die Einigkeit der Gruppenmitglieder gefestigt wird und die Gruppe sich dieser Einigkeit als ihres lebenswichtigen Interesses bewußt bleibt (Marty 1988, S. 20 f.).

Die Ähnlichkeiten mit einer Reihe von ethnisch/nationalistischen Phänomenen aus jüngster Zeit sind nicht zu übersehen, vor allem wo diese mit einem gruppenspezifischen religiösen Glauben verbunden sind oder solche Verbindungen wiederherzustellen suchen – wie unter den (christlichen) Armeniern im Konflikt mit den (muslimischen) Aserbaidschanern oder in der neueren und ausgeprägt alttestamentarischen Phase des Likud-Zionismus in Israel, der sich so deutlich von der aggressiv konfessionslosen und selbst antireligiösen Ideologie der Gründer der Bewegung unterscheidet.[4] Es spricht vieles dafür, daß ein Besucher aus dem All ethnische Abschottung und ethnischen Konflikt, Fremdenhaß und Fundamentalismus als Aspekte ein und desselben Phänomens sehen würde. Dennoch ist eine wichtige Unterscheidung zu treffen. Der Fundamentalismus, in welcher religiösen Gestalt auch immer, bietet ein detailliertes und konkretes Programm für einzelne Individuen wie für die Gesellschaft, selbst wenn dieses Texten oder Traditionen entlehnt ist, deren Brauchbarkeit für das späte 20. Jahrhundert nicht ohne weiteres auf der Hand liegt. Die angebotene Alternative zur gegenwärtigen entarteten und bösen Gesellschaft stellt die Gläubigen vor keine unmittelbaren Probleme: Frauen werden wieder den Blicken entzogen, den Verheirateten unter ihnen werden die Haare geschoren; Diebe werden wieder in der Weise bestraft, daß man ihnen eine Hand oder einen Fuß abschlägt; Alkohol oder überhaupt alles, was rituell untersagt ist, wird verboten; und der Koran, die Bibel oder sonst ein Buch, das als maßgebliche Offenbarung der ewigen Weisheit gilt, bietet vollständige praktische und moralische Handreichungen zu allen Themen, wie sie von denen interpretiert werden, deren Amt sie dazu ermächtigt. Die Berufung auf ethnische Zugehörigkeit oder eine Sprache ermöglicht keinerlei Orientierung für die Zukunft, auch wenn neue Staaten auf der Grundlage solcher Kriterien errichtet werden. Sie ist lediglich ein Protest gegen den augenblicklichen Zustand oder genauer gegen »die anderen«, die die ethnisch definierte Gruppe bedrohen. Denn im Unterschied zum Fundamentalismus, der seine Stärke bei aller Borniertheit und allem Sektierertum in seiner konkreten Ausprägung aus dem Anspruch auf eine *universelle* Wahrheit bezieht, die theoretisch für alle gilt, schließt der Natiolismus per definitionem aus seinem Geltungsbereich all diejenigen aus, die nicht zu seiner eigenen »Nation« gehören, d.h. den überwiegenden Teil der Menschheit. Während der Fundamentalismus sich

4 Es läßt sich nicht genau sagen, wie weit die traditionelle jüdische religiöse Orthodoxie, die natürlich dagegen ist, daß vor der Wiederkunft des Messias in Israel ein Staat für alle Juden gegründet wurde, ihren Widerstand gegen den Zionismus gemildert oder ganz aufgegeben hat. Jedenfalls sollte man jüdische Siedler in den besetzten Gebieten, die für religiöses Brimborium Reklame machen, nicht automatisch gleichsetzen mit dem anderen (und wahrscheinlich wachsenden) Flügel des jüdischen Fundamentalismus, der einer säkularisierten Gesellschaft wieder die ganze Strenge des Rituals auferlegen will.

außerdem zumindest in gewissem Umfang auf das beziehen kann, was von den ursprünglichen Bräuchen und der Tradition oder der früheren Praxis erhalten geblieben ist, soweit sie sich in der religiösen Praxis niedergeschlagen haben, steht der Nationalismus, wie wir inzwischen wissen, als solcher den wirklichen Bräuchen der Vergangenheit entweder feindselig gegenüber, oder er entsteht auf ihren Trümmern.

Auf der anderen Seite hat der Nationalismus gegenüber dem Fundamentalismus einen Vorteil zu verbuchen. Gerade seine Unbestimmtheit und sein Mangel an programmatischem Gehalt verleihen ihm innerhalb seiner eigenen Gemeinschaft potentiell allgemeine Unterstützung. Mit Ausnahme von wirklich traditionalen Gesellschaften, die auf den ersten Anprall der Moderne reagieren, ist der Fundamentalismus anscheinend überall ein Phänomen von Minderheiten. Diese Tatsache kann entweder durch die Macht von Regierungen verschleiert werden, die ihn ihren Völkern aufnötigen (wie im Iran), oder durch die Fähigkeit fundamentalistischer Minderheiten, in demokratischen Systemen strategisch plazierte Wählerstimmen wirkungsvoll zu mobilisieren (wie in Israel und den USA). Doch es kann als gesichert gelten, daß heutzutage die »moralische Mehrheit« keine wirkliche Mehrheit (der Wähler) ist, so wie ein »moralischer Sieg« (der traditionelle Euphemismus für eine Niederlage) kein wirklicher Sieg ist. Der Appell an eine ethnische Zugehörigkeit hingegen *kann* die große Mehrheit der betreffenden Gemeinschaft mobilisieren, sofern er genügend unbestimmt oder irrelevant bleibt. Es besteht kaum ein Zweifel, daß die meisten nichtisraelischen Juden in der Welt »für Israel« sind; daß die meisten Armenier die Abtretung Berg-Karabachs von Aserbaidschan an Armenien unterstützen und daß die meisten Flamen sich nach Kräften bemühen, nicht Französisch zu sprechen. Selbstverständlich bröckelt diese Einheit, sobald die nationale Sache nicht mit allgemeinen Grundsätzen identifiziert wird, sondern mit bestimmten Besonderheiten, an denen sich die Geister scheiden: nicht mit »Israel« allgemein, sondern mit der Politik eines Begin, Schamir oder Scharon; nicht mit Wales allgemein, sondern mit der Vorherrschaft der walisischen Sprache; nicht mit dem Flamentum gegenüber dem Franzosentum, sondern mit einer bestimmten flämischen nationalistischen Partei.[5] Insofern sind Bewegungen oder Parteien, die speziell einem »nationalistischen« (in der Regel separatistischen) Programm verpflichtet sind, wahrscheinlich der Ausdruck von Partikular- oder Minderheiteninteressen, oder sie sind politisch schwankend und instabil. Die raschen Veränderungen in der Mitgliederschaft und den Wählerstimmen von schottischen, walisischen, frankokanadischen und sicherlich noch anderen nationalistischen Parteien der letzten zwanzig Jahre zeigen diese Instabilität deutlich. Solche Parteien machen sich wie immer gern zum Sprachrohr eines Gefühls der kollektiven Eigenständigkeit, der Feindseligkeit gegenüber »ihnen« sowie der »vorgestellten Gemeinschaft«, das sich innerhalb ihrer eigenen »Nation« möglicherweise überall bemerkbar macht, aber es ist höchst unwahrscheinlich, daß sie die einzigen Ausdrucksformen eines solchen nationalen Konsenses sind.

Die schwindende historische Bedeutung des Nationalismus verbirgt sich heute hinter einer Reihe von Entwicklungen, die ihn scheinbar wieder stärker in den Vordergrund rücken. Das geht so weit, daß die in diesem Buch vorgetragene Sicht der Dinge von einigen Kritikern als exzentrisch, paradox oder zumindest seit 1989 als überholt beurteilt wurde. Es ist jedoch keineswegs meine Absicht, die nicht zu übersehende Ausbreitung ethnisch-sprachlicher Bewegungen in verschiedenen Regionen des Erdballs zu bestreiten, und es wäre absurd, die Wiederkehr der nationalistischen Politik der Zwischenkriegszeit in Osteuropa ignorieren zu wollen. Was wir hier zur Zeit erleben, ist offenbar die Auflösung des letzten erhalten gebliebenen Vielvölkerreichs aus der Zeit vor dem Ersten Weltkrieg, das durch die Oktoberrevolution für drei weitere Generationen vor dem Schicksal des Habsburger und des Osmanischen Reiches bewahrt wurde.

Was wir am Ausgang des 20. Jahrhunderts jedoch nicht vergessen dürfen, ist erstens, daß die autonome Kraft des politischen Nationalismus in seiner gegenwärtigen ethnisch-sprachlichen Version schwächer ist, als es zunächst den Anschein hat, und zweitens, daß selbst dann, wenn er seine politischen Ziele erreichen sollte, nämlich un-

5 Zwischen 1958 und 1974 entfielen auf die drei größten belgischen Parteien (in ihren flämischen Spielarten) zu keiner Zeit weniger als 81,2 Prozent der Stimmen (Zolberg in Esman 1977, S. 118).

abhängige und souveräne nationale Territorialstaaten zu errichten, dieser Nationalismus keine Lösungen für die Probleme unserer Zeit anzubieten hat. Tatsächlich ist er für sie entweder nicht von Belang, oder er macht sie nur komplizierter. Kurz, wir müssen bedenken, daß Mazzinis Schlagworte nach 150 Jahren ihre Bedeutung und ihre Implikationen geändert haben.

Die Veränderungen, die sich in den Jahren 1989/90 vollzogen haben, bestätigen diese skeptische Auffassung. Mit der möglichen Ausnahme Jugoslawiens hatten sie im wesentlichen nichts mit nationalen Spannungen zu tun, sondern mit der Entscheidung des Sowjetregimes, sich zu reformieren und folglich den Regierungen ihrer Satellitenstaaten die militärische Unterstützung zu entziehen. Der Nationalismus war zwar der Nutznießer dieser Entwicklungen, trug jedoch in keiner wichtigen Hinsicht zu ihrer Auflösung bei. Von daher erklärt sich auch die allgemeine Verblüffung angesichts des plötzlichen Zusammenbruchs der Ostblockregimes, der völlig unerwartet kam – selbst in Polen, wo ein zutiefst verhaßtes Regime bewiesen hatte, daß es in der Lage war, eine auf breiter Grundlage organisierte Opposition fast zehn Jahre lang unter Kontrolle zu halten.[6]

Man braucht lediglich die Einigungen Deutschlands von 1871 und 1990 miteinander zu vergleichen, um die Unterschiede zu bemerken. Die erste wurde als lang erwartete Verwirklichung eines Ziels angesehen, das in der einen oder anderen Weise die Hauptsorge eines jeden war, der sich für die Politik in den deutschen Ländern interessierte, auch wenn er gegen diese Einigung war. Selbst Marx und Engels waren der Meinung, daß Bismarck »jetzt, wie 1866, ein Stück von unserer Arbeit in *seiner* Weise« erledigte (Engels 1870, S. 40). Doch bis zum Herbst 1989 hatte keine der großen Parteien der Bundesrepublik über lange Jahre hinweg mehr als nur Lippenbekenntnisse zur Schaffung eines einzigen deutschen Staates abgegeben. Das lag nicht nur daran, daß dies praktisch gar nicht möglich war, bevor Gorbatschow auf den Plan trat, sondern auch daran, daß

6 Auf diesen Punkt hat mich Daniel Chirot von der Universität von Washington in Seattle aufmerksam gemacht, nach dessen Auffassung die Machtübernahme durch das Militär gezeigt hat, daß die Kommunistische Partei und ihre Polizei aus den vielen Protestaktionen sogar noch mehr gelernt haben als Solidarność, insbesondere wie man solchen Störungen mit dem »richtigen« Maß an Gewalttätigkeit begegnet.

nationalistische Organisationen und Parolen politisch kaum eine Rolle spielten. Ebenso wenig beseelte der Wunsch nach der deutschen Einheit die politische Opposition in der DDR oder die normalen DDR-Bürger, deren Massenabwanderung den Zusammenbruch des Regimes noch beschleunigte. Zugegeben, trotz aller Zweifel und Unsicherheiten im Hinblick auf die Zukunft begrüßen die meisten Deutschen die Vereinigung der beiden deutschen Staaten, doch deren plötzliches Eintreten und das offensichtliche Fehlen jeglicher Vorbereitungen für dieses Ereignis zeigen, daß es entgegen aller öffentlichen Verlautbarungen das Nebenprodukt unerwarteter Entwicklungen außerhalb Deutschlands war.

Was die UdSSR angeht, so brach sie nicht, wie einige Experten vorhergesagt hatten, unter ihren inneren nationalen Spannungen zusammen (Carrère d'Encausse 1978 und 1990), so unbestritten diese auch waren, sondern unter ihren wirtschaftlichen Schwierigkeiten. Mit *glasnost*, von den reformkommunistischen Führern des Landes als notwendige Bedingung der *perestroika* angesehen, kehrte die Freiheit der Diskussion und der politischen Agitation zurück und schwächte das zentralistische Befehlssystem, auf dem Regierung und Gesellschaft beruhten. Das Scheitern der *perestroika*, d.h. die zunehmende Verschlechterung der Lebensbedingungen für gewöhnliche Bürger, untergrub das Vertrauen in die Unionsregierung, die man dafür verantwortlich machte, und ermutigte oder erzwang sogar regionale und lokale Problemlösungen. Man darf wohl behaupten, daß vor Gorbatschow keine Sowjetrepublik an eine Loslösung von der Sowjetunion dachte, ausgenommen die baltischen Länder, und selbst dort war die Unabhängigkeit offensichtlich eine Utopie. Ebenso wenig kann man behaupten, daß allein Furcht und Zwang die UdSSR zusammenhielten, obwohl auf diese Weise zweifellos verhindert wurde, daß ethnische und Gruppenspannungen in Regionen mit gemischter Bevölkerung sich zu gegenseitigen Gewalttaten auswuchsen, wie dies unlängst der Fall war. Während der langen Breschnew-Ära war lokale oder regionale Autonomie keineswegs illusorisch. Außerdem haben sich die Russen schon immer darüber beklagt, daß es den meisten übrigen Republiken besser ging als den Bewohnern der Russischen Republik. Die nationale Auflösung der UdSSR und übrigens auch der einzelnen Republiken, die fast ausnahmslos mehr oder weniger multinational sind, ist zweifellos eher die Folge der Ereignisse in Moskau als deren Ursache.

Die tatsächliche Stärke des Nationalismus, wie groß sie auch immer sein mag, wird zudem durch die semantische Illusion verschleiert, die heute alle Staaten offiziell zu »Nationen« (und zu Mitgliedern der Vereinten Nationen) macht, selbst wenn sie offensichtlich gar keine Nationen sind. Infolgedessen neigen alle Bewegungen, die nach territorialer Unabhängigkeit streben, zu der Vorstellung, ihr Ziel sei die Errichtung einer »Nation«, auch wenn dies überhaupt nicht der Fall ist; und alle Bewegungen, die für regionale, lokale oder auch partikulare Interessen gegen die Zentralmacht und den bürokratischen Staatsapparat kämpfen, werden sich nach Möglichkeit ein nationales Kostüm umhängen und auf ethnische und/oder sprachliche Eigenständigkeit pochen. Deshalb erscheinen Nationen und Nationalismus einflußreicher und allgegenwärtiger als sie es tatsächlich sind. Aruba will sich von Niederländisch-Westindien lossagen, weil es nicht mit Curaçao verbunden sein will. Wird die Insel dadurch zu einer Nation? Oder Curaçao oder Surinam, das bereits Mitglied der Vereinten Nationen ist? Die einheimische Bevölkerung Cornwalls hat das Glück, ihre regionale Unzufriedenheit in den attraktiven Farben der keltischen Tradition darstellen zu können, wodurch sie besser sichtbar wird, auch wenn so einige verleitet werden, eine Sprache wiederzubeleben, die seit über 200 Jahren nicht mehr gesprochen wird; die einzige öffentliche Volkstradition, die ihre ursprünglichen Wurzeln in dieser Region hat, ist der Wesleyanische Methodismus. Damit sind sie besser dran als beispielsweise die Einwohner von Merseyside [Ballungsbereich um das Zentrum Liverpool; Anm. d. Übers.], die zur Verteidigung ihrer ebenso stark oder noch stärker bedrohten Lokalinteressen nur die Erinnerung an die Beatles, an Generationen berühmter Liverpooler Komiker und die stolze Tradition ihrer rivalisierenden Fußballmannschaften ins Feld führen können, während sie gleichzeitig darauf bedacht sind, alles zu vermeiden, was zu offensichtliich an die trennenden Farben Orange und Grün erinnert. Merseyside kann keine nationalistischen Fanfaren blasen, Cornwall dagegen wohl. Aber sind die Situationen, die in einem Gebiet Unzufriedenheit erzeugen, so grundsätzlich verschieden von denen, die woanders zum selben Ergebnis führen?

Die Zunahme separatistischer und ethnischer Parolen in der Politik geht zum Teil darauf zurück, daß entgegen der landläufigen Meinung das Prinzip der Staatengründung nach dem Zweiten Weltkrieg anders als nach 1918 nichts mit der von Wilson proklamierten nationalen Selbstbestimmung zu tun hatte. In ihm kamen drei Faktoren zum Ausdruck: Entkolonialisierung, Revolution und natürlich die Intervention ausländischer Mächte. Da über die Hälfte der heute bestehenden Staaten jünger als vierzig Jahre sind, spielt das traditionelle »Nationalitätsprinzip« offensichtlich nur noch eine beschränkte Rolle.

Die Entkolonialisierung bedeutete, daß aus bestehenden Regionen mit ehemaliger Kolonialverwaltung im großen und ganzen unabhängige Staaten innerhalb der alten kolonialen Grenzen geschaffen wurden. Diese waren offensichtlich ohne Rücksicht auf die Bewohner (manchmal sogar ohne jede Kenntnis über sie) gezogen worden; für die betroffenen Bevölkerungen hatten sie deshalb keinerlei Bedeutung im Hinblick auf eine spätere Nation (oder auch nur deren Vorläufer), wenn man einmal absieht von autochthonen Minderheiten (in der Regel unbedeutender Größe), die Bildungsstätten der jeweiligen Kolonialmacht besucht hatten und verwestlicht waren. Wo solche Territorien aber zu klein und zu verstreut waren, wie in vielen kolonialisierten Inselgruppen, wurden sie nach Gesichtspunkten der Zweckmäßigkeit oder lokalpolitischer Erfordernisse zusammengefaßt oder aufgeteilt. Von daher rühren die beständigen und letztlich vergeblichen Aufrufe der Führer solcher neuen Staaten, borniertes Stammes-, Gruppen- oder anderes Denken zu überwinden; denn dieses wird dafür verantwortlich gemacht, wenn die neuen Einwohner der Republik X sich partout nicht vor allem als patriotische Bürger von X empfinden wollen, sondern als Angehörige einer Gemeinschaft anderer Art.

Kurzum, der Appell der meisten dieser »Nationen« und »nationalen Bewegungen« war das Gegenteil des Nationalismus, der danach strebt, jene zusammenzubinden, von denen man annimmt, sie hätten eine gemeinsame ethnische Herkunft, Sprache, Kultur, historische Vergangenheit usw. Letztlich war dieser Appell *internationalistisch*. Der Internationalismus der Führer und Kader von nationalen Befreiungsbewegungen in der »dritten Welt« tritt deutlicher dort zutage, wo solche Bewegungen eine führende Rolle bei der Befreiung ihrer Länder gespielt haben, als dort, wo Länder von oben entkolonialisiert wurden, weil der nach der Unabhängigkeit erfolgende Zusammenbruch dessen, was zuvor tatsächlich oder scheinbar als einheitliche Bewegung »des Volkes« aufgetreten war, spektakulärer ist. In manchen Fällen wie in Indien war die Einheit der Bewegung bereits vor der Erlangung der Unabhängigkeit zerschlagen.

Allgemeiner ausgedrückt, bald nach der Unabhängigkeit kommt es zu Spannungen zwischen den an der Unabhängigkeitsbewegung beteiligten Gruppen (z.B. in Algerien zwischen Arabern und Berbern), zwischen Völkern, die sich aktiv daran beteiligten, und denen, die dies nicht getan hatten, oder zwischen dem emanzipierten, nichtpartikularistischen Säkularismus der Führer und den Gefühlen der Massen. Während jedoch die Beispiele, in denen Staaten mit Gruppen unterschiedlicher ethnischer, religiöser und anderer Zugehörigkeit geteilt wurden oder kurz vor einer Teilung stehen, verständlicherweise die größte Aufmerksamkeit auf sich ziehen – die Teilung des indischen Subkontinents 1947, die Teilung Pakistans oder der Separatismus der Tamilen in Sri Lanka –, darf darüber nicht vergessen werden, daß dies Sonderfälle in einer Welt sind, in der Staaten mit den unterschiedlichsten Gruppen die Regel darstellen. Was vor fast dreißig Jahren geschrieben wurde, trifft im wesentlichen auch heute noch zu: »Länder mit einer großen Zahl sprachlich und kulturell unterschiedlicher Gruppen, wie sie in Afrika und Asien die Norm sind, haben keine Spaltung erlebt, während jene Länder, die nur einen Teil einer einzigen Sprachgruppe abdecken, wie die arabischen und Nordafrika, sich [...] nicht vereinigt haben.« (Kautsky 1962, S. 35)

Die Intervention ausländischer Mächte schließlich war offensichtlich weder ihrer Zielsetzung noch ihrer Auswirkung nach nationalistisch, es sei denn durch reinen Zufall. Das ist so evident, daß es keines illustrierenden Beispiels bedarf. Dasselbe gilt freilich auch für den Einfluß sozialer Revolutionen, wenn dieser auch weniger nachhaltig gewirkt hat. Sozialrevolutionäre waren sich der Kraft des Nationalismus durchaus bewußt und bekannten sich ideologisch auch dann zu einer nationalen Autonomie, wenn diese eigentlich gar nicht gewollt wurde – wie im Fall der Sorben, deren Sprachgebiet trotz der anerkennenswerten Bemühungen der früheren DDR, sie am Leben zu erhalten, zunehmend schrumpft. Die *einzige* Form, in der konstitutionelle Arrangements seit 1917 von sozialistischen Staaten ernst genommen wurden, ist die einer nationalen Föderation und Autonomie. Während andere Verfassungen, wo sie überhaupt existierten, lange Zeit hindurch lediglich auf dem Papier standen, kam der nationalen Autonomie immer eine gewisse praktische Realität zu. Sofern sich solche Regimes – zumindest der Theorie nach – mit keiner der von ihr beherrschten Nationalitäten identifizieren[7] und stattdessen die Interessen aller gegenüber einem übergeordneten gemeinsamen Ziel als zweitrangig betrachten, sind sie allerdings nichtnationalistisch.

Wie wir heute in einem melancholischen Rückblick feststellen können, war es mithin die große Leistung der kommunistischen Regimes in Vielvölkerstaaten, die verheerenden Auswirkungen des Nationalismus in deren Innerem zu begrenzen. Die jugoslawische Revolution konnte die Nationalitäten innerhalb ihres Staates für einen längeren Zeitraum als je zuvor in der Geschichte der Region erfolgreich daran hindern, sich gegenseitig umzubringen, obwohl diese Errungenschaft unseligerweise gegenwärtig unter den Händen zerfällt. Ähnlich verhält es sich mit der Sowjetunion, wo die zentrifugalen Kräfte der einzelnen nationalen Republiken, die lange Zeit hindurch (mit Ausnahme der Jahre während des Zweiten Weltkriegs) unter Kontrolle gehalten wurden, nunmehr dank der neuen Transparenz von *glasnost* sichtbar werden. Tatsächlich hat die »Diskriminierung« oder gar »Unterdrückung«, gegen die die Wortführer verschiedener Nationalitäten der UdSSR im Ausland zu Felde ziehen, aller Voraussicht nach weit geringere Folgen als ein Rückzug der Sowjetmacht aus diesen Regionen.[8] Der offizielle sowjetische Antisemitismus, der zweifellos seit der Gründung des Staates Israel im Jahr 1948

7 Die bewußte Politik der Rumänisierung unter Ceauşescu gehört zu den seltenen Ausnahmen. Sie brach mit den wohldurchdachten Übereinkünften im Hinblick auf eine nationale Autonomie, die nach der kommunistischen Machtergreifung nach Beendigung des Zweiten Weltkriegs geschlossen worden waren.

8 Damit soll keinesfalls den Zwangsumsiedlungen ganzer Bevölkerungen aufgrund deren Nationalität, die während des Krieges stattfanden, die Absolution erteilt werden. Derartige Maßnahmen sind höchstens dann entschuldbar, wenn eine Bevölkerung allein auf diese Weise vor der drohenden Vernichtung bewahrt werden kann.

festgestellt werden kann, muß gemessen werden an dem Aufkommen eines Antisemitismus der unteren Bevölkerungsschichten, seit eine politische Agitation (auch von Reaktionären) wieder erlaubt wurde, ganz zu schweigen von den Massakern an zahlreichen Juden, die *Einheimische* in den Baltenländern und der Ukraine beim Einmarsch der Deutschen begingen, *bevor die systematische Vernichtung der Juden durch die Deutschen einsetzte* (Mayer 1989, S. 257-262). Man kann sogar behaupten, daß die gegenwärtige Welle ethnischer (oder kleinethnischer) Agitation eine Antwort ist auf die überwiegend nichtnationalen und nichtnationalistischen Prinzipien der Staatenbildung im überwiegenden Teil der Welt des 20. Jahrhunderts. Das heißt freilich nicht, daß solche ethnischen Reaktionen in irgendeiner Hinsicht Alternativen für die politische Umgestaltung der Welt im 21. Jahrhundert liefern.

Dies wird durch eine dritte Beobachtung bestätigt. »Die Nation« steht heute erkennbar im Begriff, eine wichtige frühere Funktion zu verlieren, nämlich die Herstellung einer territorial definierten »Volkswirtschaft« oder nationalen Ökonomie, die zumindest in den entwickelten Regionen des Erdballs einen Baustein der umfassenderen »Weltwirtschaft« bildete. Seit dem Zweiten Weltkrieg, ganz besonders aber seit den sechziger Jahren schrumpfte die Bedeutung »nationaler« Wirtschaften aufgrund größerer Veränderungen in der internationalen Arbeitsteilung, deren Grundbausteine multinationale Unternehmen jeder Größe sind, und aufgrund der damit verbundenen Entwicklung internationaler Zentren und von Netzwerken wirtschaftlicher Transaktionen, die praktisch der Kontrolle staatlicher Regierungen entzogen sind. Die Zahl *staatlicher* internationaler Organisationen wuchs von 123 (1951) über 280 (1972) auf 365 (1984); die Zahl der *nichtstaatlichen* internationalen Organisationen stieg dagegen im gleichen Zeitraum von 832 über 2173 auf 4615 (Held 1988, S. 15). Die vermutlich einzige funktionierende »nationale Wirtschaft« des ausgehenden 20. Jahrhunderts ist die japanische.

Zudem sind nicht nur die alten (entwickelten) »Volkswirtschaften« als die hauptsächlichen Bausteine der Weltwirtschaft durch größere Zusammenschlüsse oder Föderationen von »Nationalstaaten« wie die Europäische Gemeinschaft und durch gemeinsam kontrollierte internationale Gremien wie den Internationalen Währungsfonds ersetzt worden (deren Aufkommen ist ebenfalls ein Anzeichen dafür, daß sich die »nationalen Wirtschaften« auf dem Rückzug befinden). Der Prozeß wird schließlich noch dadurch beschleunigt, daß wichtige Bestandteile des Systems internationaler Austauschbeziehungen wie z.B. der Eurodollarmarkt überhaupt jeder Kontrolle entzogen sind.

Ermöglicht wurde dies natürlich durch die technische Revolution im Transport- und Kommunikationswesen und durch die ungehinderte Verlagerung der Produktionsfaktoren über einen großen Teil der Erde, wie sie seit dem Zweiten Weltkrieg möglich ist. Dies hat außerdem zur größten Welle internationaler und interkontinentaler Wanderungen seit den Jahrzehnten vor 1914 geführt. Als Resultat haben sich die Konflikte zwischen Gruppen verschärft, vor allem in Gestalt des Rassismus, und eine Welt aus nationalen Territorien im ausschließlichen »Besitz« von Einheimischen, die Fremde in ihre Schranken verweisen, ist damit für das 21. Jahrhundert zu einer noch unrealistischeren Option geworden als sie dies für das 20. Jahrhundert gewesen ist. Gegenwärtig erleben wir eine eigenartige Kombination aus der Technik des 20. Jahrhunderts, dem Freihandel des 19. Jahrhunderts und der Wiedergeburt von Zwischenzentren, wie sie für den Welthandel im Mittelalter kennzeichnend waren. Stadtstaaten wie Hongkong und Singapur gelangen zu neuer Blüte, exterritoriale »Industriezonen« vermehren sich innerhalb souveräner Nationalstaaten wie hansische Stalhöfe, und dasselbe gilt für die Steuerparadiese auf ansonsten wertlosen Inseln, deren einzige Funktion genau darin besteht, wirtschaftliche Transaktionen der Kontrolle von Nationalstaaten zu entziehen. Die Ideologie der Nationen und des Nationalismus ist für jede dieser Entwicklungen ohne Relevanz.

Das bedeutet nicht, daß die wirtschaftlichen Aufgaben von Staaten abgenommen hätten oder gänzlich zu verschwinden drohten. Im Gegenteil, in kapitalistischen wie in nichtkapitalistischen Staaten haben sie zugenommen – trotz einer Tendenz in beiden Lagern seit den achtziger Jahren, private und nichtstaatliche Unternehmen zu fördern. Ganz abgesehen von der anhaltenden Bedeutung staatlicher Leitung, Planung und Verwaltung selbst in Ländern, die in der Theorie dem Neoliberalismus verpflichtet sind, haben allein schon das Gewicht der öffentlichen Einnahmen und Ausgaben in den Wirtschaften von Staaten, aber vor allem ihre wachsende Bedeutung als Agenturen tiefgreifender Umverteilungen des Sozialprodukts mit fiskalischen und sozialstaatlichen Mitteln den Nationalstaat zu einem zentraleren Faktor im Leben der Weltbevölkerung gemacht als je zuvor. Nationale Ökonomien mögen von der übernationalen Wirtschaft untergraben sein, aber noch existieren sie neben ihr und sind mit ihr verflochten. Trotzdem ist die alte »Volkswirtschaft« – sieht man einmal ab von den seltenen Fällen einer extrem abgeschotteten Wirtschaft wie der birmanischen (und auch hier zeichnet sich eine Öffnung zur Welt ab) oder der japanischen am anderen Ende des Spektrums – nicht mehr das, was sie einmal war. Selbst die Vereinigten Staaten, die in den achtziger Jahren so groß und dominant schienen, daß sie die eigenen Wirtschaftsprobleme lösen könnten, ohne besondere Notiz von anderen Ländern zu nehmen, mußten am Ende des Jahrzehnts erkennen, daß sie »ausländischen Investoren einen beträchtlichen Teil der Kontrolle über ihre Wirtschaft überlassen hatten [...] in deren Macht es nun zum Teil steht, das Wachstum der US-Wirtschaft zu stützen oder das Land in eine Rezession zu stürzen« (*The Wall Street Journal*, 5. Dezember 1988, S. 1). Was die kleinen und praktisch auch alle mittelgroßen Staaten angeht, so hörten deren Wirtschaften auf, autonom zu sein, wenn sie es überhaupt je gewesen waren.

Politisch war die Welt nach 1945 nicht vereint, sondern bipolar um zwei Supermächte organisiert, die man vielleicht als zwei Kolossalnationen beschreiben kann, aber sicherlich nicht als Bestandteile eines internationalen Staatensystems wie im 19. Jahrhundert oder vor 1939. Im besten Fall konnten Drittstaaten, ob im Bündnis mit einer Supermacht oder nicht, dämpfend auf das Handeln einer Supermacht einwirken, obgleich es keine überzeugenden Anhaltspunkte dafür gibt, daß sie das in den letzten vierzig Jahren besonders wirkungsvoll getan hätten. Außerdem war der Grundkonflikt zumindest in den USA – in Ansätzen möglicherweise aber auch in der UdSSR vor Gorbatschow – ideologischer Art, wobei der Triumph der »richtigen« Ideologie mit der Vorherrschaft der jeweiligen Supermacht gleichgesetzt wurde. Die Weltpolitik nach 1945 war im wesentlichen die Politik von Revolution und Konterrevolution, und nationale Fragen konnten das Hauptthema lediglich verstärken oder stören. Dieses Muster zerfiel zugegebenermaßen 1989, als die Sowjetunion nicht länger eine Supermacht war; und tatsächlich hatte das Modell einer durch die Oktoberrevolution zweigeteilten Welt schon seit längerem kaum noch einen Bezug zur Wirklichkeit des ausgehenden 20. Jahrhunderts. Das unmittelbare Resultat bestand darin, daß die Welt kein internationales Ordnungssystem oder -prinzip mehr hatte, obwohl die verbleibende Supermacht versuchte, sich aus eigener Kraft zum Weltpolizisten aufzuschwingen, eine Rolle, die wahrscheinlich nicht nur die wirtschaftliche und politische Macht der USA, sondern auch eines jeden anderen einzelnen Staates überfordert.

In absehbarer Zeit könnte ein stärker multilateral geprägtes internationales System entstehen. Dennoch würden auch in einem solchen System Nationen keine zentrale Rolle mehr spielen, da die Hauptakteure in diesem Spiel weit größere Gebilde sein werden als die Staaten, die den typischen nationalistischen, d.h. separatistischen Bewegungen des ausgehenden 20. Jahrhunderts vorschwebten.

Denn während im Westen der ethnisch-sprachliche Separatismus bislang noch nicht zur Spaltung von Staaten geführt hat (vielleicht mit Ausnahme Kanadas), vermitteln uns im Osten die Entwicklungen nach 1989 eine Vorstellung von den möglichen Konsequenzen dieser universellen Balkanisierung, die mit einem derartigen Nationalismus verbunden sind. Kann man im Ernst davon ausgehen, daß der nationale Zerfall von Jugoslawien, der Tschechoslowakei und der Sowjetunion in der Region zwischen den östlichen Grenzen Deutschlands, Österreichs und Italiens und dem Pazifik zu einer politischen Stabilität führen würde? Tatsächlich sind dadurch jene Probleme wieder aufgetreten, die durch den Wilsonschen Versuch geschaffen wurden, Europa nach dem Ersten Weltkrieg nach diesen Grundsätzen neu zu ordnen, ein Versuch, der bereits damals seine eigene Absurdität bewiesen hatte.[9]

9 Es ist festzuhalten, daß die brisanten nationalen Fragen Europas nach 1989 exakt dieselben waren, die man 1918 bis 1921 geschaffen hatte und die vor 1914 entweder nicht existiert oder die kaum politische Probleme bereitet hatten. Slowaken gegen Tschechen, die Spannungen zwischen den nationalen Bevölkerungen in Jugoslawien, Rumänien und den baltischen Staaten und der transkaukasische Separatismus sind zahlreiche Beispiele dafür.

Würde ein neues »Europa der Nationen« im Wilsonschen Sinne überhaupt zu unabhängigen und souveränen Staaten führen? Militärisch gesehen beruht die Unabhängigkeit von Kleinstaaten auf einer internationalen Ordnung gleich welcher Art, die sie gegen räuberische stärkere Nachbarn schützt, wie die Vorgänge am Golf nach der Beendigung des Gleichgewichts zwischen den Supermächten zeigen. Solange kein neues internationales System entsteht, ist mindestens ein Drittel der bestehenden Staaten – nämlich alle, deren Bevölkerung weniger als zweieinhalb Millionen beträgt – ohne wirksame Garantien ihrer Unabhängigkeit. Die Errichtung weiterer Kleinstaaten würde lediglich die Zahl dieser gefährdeten politischen Gemeinschaften erhöhen. Und wenn solch ein neues internationales System entsteht, dann werden die Kleinen und Schwachen darin eine ebenso unbedeutende Rolle spielen wie Oldenburg oder Mecklenburg-Schwerin in der Politik des Deutschen Bundes im 19. Jahrhundert. Wirtschaftlich sind sogar noch weit mächtigere Staaten, wie wir gesehen haben, von einer Weltwirtschaft abhängig, auf die sie keinen Einfluß haben und die ihre Innenpolitik bestimmt. Eine lettische oder baskische »Volks«wirtschaft ohne Teilhabe an einem umfassenden Ganzen ist als Konzept ebenso sinnlos wie die Vorstellung von einer Pariser Wirtschaft ohne jede Verbindung mit dem sie umgebenden Frankreich.

Am ehesten könnte man noch behaupten, daß Kleinstaaten heute wirtschaftlich nicht weniger lebensfähig sind als größere Staaten, wenn man daran denkt, daß eher die »nationale« als die internationale Wirtschaft einen Niedergang erlebt. Man könnte auch behaupten, daß »Regionen« sinnvollere Untereinheiten großer wirtschaftlicher Gesamtheiten wie der Europäischen Gemeinschaft darstellen als die historischen Staaten, die hier offizielle Mitglieder sind. Beide Beobachtungen sind meiner Meinung nach zutreffend, ohne daß jedoch ein logischer Zusammenhang zwischen ihnen bestünde. Die separatistischen Nationalismen in manchen westeuropäischen Ländern wie der schottische, walisische, baskische oder katalanische ziehen es heute vor, ihre nationalen Regierungen zu umgehen, indem sie sich als »Regionen« unmittelbar an Brüssel wenden. Es besteht allerdings kein Grund zu der Annahme, daß ein kleinerer Staat ipso facto eher eine wirtschaftliche Region bildet als ein größerer (z.B.

Schottland gegenüber England), und umgekehrt gibt es keinen Grund, warum eine Wirtschaftsregion ipso facto mit einer potentiellen politischen Einheit zusammenfallen sollte, deren Grenzen aufgrund ethnisch-sprachlicher oder historischer Kriterien gezogen wurden.[10] Wenn außerdem separatistische Bewegungen kleiner Nationen ihre Zukunft darin sehen, sich als Untereinheiten einer umfassenderen politisch-wirtschaftlichen Gesamtheit (in diesem Fall der Europäischen Gemeinschaft) zu konstituieren, dann geben sie praktisch das klassische Ziel solcher Bewegungen auf, das in der Errichtung unabhängiger und souveräner Nationalstaaten bestand.

Gegen die Kleinstaaterei heute, zumindest in ihrer ethnisch-sprachlichen Form, spricht jedoch nicht nur, daß sie keine Lösung für die aktuellen Tagesprobleme bereithält, sondern auch, daß sie diese noch erschwert, sofern die betreffende Bewegung die Macht hat, ihr politisches Programm auch in die Praxis umzusetzen. Kulturelle Freiheit und Pluralismus sind gegenwärtig zweifellos besser gewährleistet in größeren Staaten, die sich dessen bewußt sind, daß sie Vielvölkerstaaten sind, in denen viele Kulturen nebeneinander bestehen, als in kleinen, die das Ideal einer ethnisch-sprachlichen und kulturellen Homogenität anstreben. Es kann kaum überraschen, daß die allererste Forderung des slowakischen Nationalismus im Jahr 1900 lautete, »Slowakisch zur einzigen offiziellen Sprache zu machen und einen Bevölkerungsteil von 600 000 Ungarnstämmigen zu zwingen, im Umgang mit den Behörden ausschließlich Slowakisch zu sprechen« (Kamm 1990). Das Ende 1990 in Algerien verabschiedete nationalistische Gesetz, das »Arabisch zur Nationalsprache machte und empfindliche Geldstrafen für alle vorsah, die im Verkehr mit den Behörden eine andere Sprache gebrauchten«, wird dort nicht als Befreiung vom französischen Einfluß gewertet, sondern als Angriff auf jenes Drittel der algerischen Bevölkerung, das die Berbersprache spricht (*Financial Times*, 28. Dezember 1990). Mit Recht hat man festgestellt, »eine moderne Version der in der Welt vor dem 19. Jahrhundert anzutreffenden vorbehaltlosen lokalen Bindungen hört

10 Das zeigt sich etwa in dem Buch von S. Pollard (1981) über die Industrialisierung Europas, der den von ihm untersuchten Prozeß »im wesentlichen als eine [Entwicklung] von Regionen innerhalb eines europäischen Kontexts« behandelt (S. vii).

sich gut an, scheint jedoch nicht das zu sein, was die heutigen Auflöser des Nationalstaats im Sinn haben [...]. Sie alle streben einen Staat an, der nicht auf toleranten und mehr oder weniger offenen kleinen Ländern beruht, sondern auf der bornierten Auffassung, was Menschen zusammenhält, könne nur eine ethnische, religiöse oder sprachliche Gleichheit sein.« (*The Economist*, 22. Dezember 1990, S. 78)

Monolithische Zielvorstellungen dieser Art führen bereits zu autonomistischen und separatistischen Bestrebungen von bedrohten Minderheiten innerhalb solcher nationalistischen Gesamtheiten; sie werden mit dem Begriff »Libanonisierung« zutreffender gekennzeichnet als mit »Balkanisierung«. So versuchen Türken und Russen, sich aus Moldawien zu lösen, serbische Dörfer erklären ihre Unabhängigkeit von einem nationalistischen Kroatien, andere kaukasische Völker lehnen die Vorherrschaft der Georgier ab, während umgekehrt ultraethnische Töne aus Vilnius zu vernehmen sind, die Zweifel aufkommen lassen, ob ein Führer, dessen Name auf deutsche Vorfahren schließen läßt, die tiefsten, aus der Geschichte der eigenen Vorfahren gespeisten Sehnsüchte der Litauer auch wirklich verstehen kann. In einer Welt, in der wahrscheinlich nicht mehr als ein Dutzend von insgesamt 170 Staaten überzeugend von sich behaupten können, daß ihre Bürger nicht nur in einem abstrakten Sinne mit der Gesamtheit einer einzelnen ethnischen oder Sprachgruppe identisch sind – in einer solchen Welt ist jeder Nationalismus, der sich auf die Herstellung einer solchen Homogenität gründet, nicht nur nicht wünschenswert, sondern selbstzerstörerisch.

Kurz, in der klassischen wilsonianisch-leninistischen Form kann das Schlagwort von der Selbstbestimmung bis hin zu einer Sezession als *allgemeines* Programm keine Lösung für das 21. Jahrhundert sein. Am besten läßt es sich begreifen als Krisensymptom des Nationalstaatsgedankens im Verständnis des 19. Jahrhunderts, der heute gefangen ist zwischen einem »Übernationalismus« und einem »Unternationalismus«, wie *The Economist* es ausgedrückt hat (ebd.). Doch die Krise des großen Nationalstaats ist zugleich die Krise des kleinen, ob alt oder neu.

Was demnach in Zweifel steht, ist nicht die starke Sehnsucht von Männern und Frauen nach einer Gruppenidentität, die in der Nationalität zum Ausdruck kommen kann – aber (wie die islamische Welt zeigt) nicht ausschließlich darin. Genausowenig ist es die Ablehnung der Zentralisierung und Bürokratisierung der staatlichen, wirtschaftlichen oder kulturellen Macht, d.h. der Ferne und Unkontrollierbarkeit des Staates. Und wir zweifeln auch nicht an der Tatsache, daß fast jede lokale oder auch partikulare Unzufriedenheit, die sich in einer bunten Fahne verpacken läßt, einen Vorteil darin sieht, sich als nationales Anliegen auszugeben.[11] Was Skeptiker vielmehr zweifeln läßt, ist die angebliche Unwiderstehlichkeit des Wunsches nach der Bildung homogener Nationalstaaten und der Zweckmäßigkeit des Begriffs und des Programms im 21. Jahrhundert. Selbst in Regionen, in denen ein starkes Streben nach separaten Nationalstaaten im klassischen Sinne zu erwarten wäre, ist ihm eine faktische Dezentralisierung oder Regionalisierung zuvorgekommen oder hat ihm überhaupt ein neues Ziel gegeben. Der bundesstaatliche Separatismus in Nord- und Südamerika – jedenfalls südlich von Kanada – ist seit dem Amerikanischen Bürgerkrieg immer weiter zurückgegangen. Und es ist bezeichnend, daß die im Zweiten Weltkrieg besiegten Staaten, denen eine weitgehende Dezentralisierung aufgezwungen wurde – vermutlich als Reaktion auf die faschistische Zentralisierung –, zumeist nicht jene separatistischen Tendenzen des übrigen Westeuropa kennen, obwohl Bayern und Sizilien rein theoretisch zumindest ebenso geeignete Brutstätten für derartige Bewegungen sind wie Schottland und die frankophonen Gebiete des Schweizer Jura. Die separatistische Bewegung, die nach 1943 in Sizilien aufkam, erwies sich sogar als sehr kurzlebig, obwohl ihr Verschwinden noch immer von einigen als »das Ende der sizilianischen Nation« beklagt wird (Cimino 1977; Marino 1979). Den Todesstoß empfing sie 1946 durch das Gesetz über die regionale Autonomie Siziliens.

Im Nationalismus von heute kommt demnach eine nur teilweise erkannte Krise der alten wilsonianisch-leninistischen Idee und Programmtik zum Ausdruck. Wie wir gesehen haben, hegen selbst viele

11 »Die Schichtzugehörigkeit der Führer ... [der okzitanischen Bewegung] läßt vermuten, daß die Ursachen dieser Unzufriedenheit weniger in einer regional ungleichmäßigen wirtschaftlichen Entwicklung zu finden sind als in Mißständen, die von Akademikern, Angestellten und Beamten ... überall in Frankreich wahrgenommen werden.« (Beer 1977, S. 158)

alte, starke und entschlossene nationalistische Bewegungen ihre Zweifel gegenüber einer tatsächlichen staatlichen Unabhängigkeit, auch wenn sie am Ziel einer völligen Trennung von den Staaten festhalten, deren Bestandteile sie gegenwärtig bilden (wie etwa die baskischen und schottischen Nationalisten). Die alte und noch immer nicht befriedigend beantwortete »irische Frage« verdeutlicht diese Ungewißtheit. Auf der einen Seite akzeptiert die unabhängige Irische Republik, während sie auf ihrer vollständigen politischen Unabhängigkeit von Großbritannien besteht – unterstrichen durch ihre Neutralität im Zweiten Weltkrieg –, in der Praxis einen beträchtlichen gegenseitigen Austausch mit dem Vereinigten Königreich. Und der irische Nationalismus hatte auch keine Schwierigkeiten, sich an die eigenartige Situation zu gewöhnen, daß irische Staatsbürger auf britischem Boden die vollen Bürgerrechte genießen, als hätte es nie eine Trennung gegeben, d.h., sie sind de facto im Besitz einer doppelten Staatsbürgerschaft. Auf der anderen Seite ist das Vertrauen in das klassische Programm eines einzigen, vereinten und unabhängigen Irland rapide geschwunden. So sind sich die Regierungen in Dublin wie in London wahrscheinlich einig über die (relative) Erwünschtheit eines vereinigten Irland. Allerdings würden nur wenige – selbst innerhalb der Irischen Republik – in einer derartigen Union etwas anderes sehen als das geringste Übel aus einer Auswahl unbefriedigender Lösungen. Wenn andererseits Ulster in einem solchen Fall seine Unabhängigkeit von England und Irland erklärte, würden die meisten Ulsterprotestanten diese endgültige Ablehnung des Papstes ebenfalls als das kleinere Übel ansehen. Kurz, nur ein Häuflein von Fanatikern würde in diesem Gewinn der nationalen kommunalen Selbstbestimmung mehr als nur eine unbedeutende Verbesserung eines schmerzhaft unbefriedigenden Status quo sehen.

Auch in den alten Nationen ist eine Krise des Nationalbewußtseins zu entdecken und aus ähnlichen Gründen. Dieses Bewußtsein, so wie es sich im Europa des 19. Jahrhunderts entwickelte, war nirgendwo innerhalb des Vierecks angesiedelt, dessen Eckpunkte durch die Begriffe Volk – Staat – Nation – Regierung markiert werden. In der Theorie fielen diese vier Elemente in eines zusammen. Nach den Worten Hitlers (für den »Volk« und »Nation« dasselbe bedeuteten) war Deutschland »ein Volk, ein Reich, ein Führer«. In der Praxis wurden die Vorstellungen von Staat und Regierung zumeist anhand der politischen Kriterien bestimmt, die für die damalige Periode seit der Zeit der großen Revolutionen des 18. Jahrhunderts typisch waren, doch die Vorstellungen von »Volk« und »Nation« überwiegend anhand vorpolitischer Kriterien, die für die Schaffung der vorgestellten und imaginären Gemeinschaft hilfreich waren. Die Politik zeigte fortwährend die Neigung, diese vorpolitischen Elemente zu übernehmen und für ihre eigenen Zwecke umzuformen. Der organische Zusammenhang zwischen diesen vier Elementen wurde als selbstverständlich vorausgesetzt. Doch das ist in den historischen oder seit langem bestehenden großen Nationalstaaten nicht mehr möglich.

Das läßt sich an den Ergebnissen einer Umfrage verdeutlichen, die 1972 in der Bundesrepublik Deutschland durchgeführt wurde (Bundesministerium für innerdeutsche Beziehungen 1974, S. 107-113). Es handelt sich zugegebenermaßen um einen Extremfall, da Deutschland von der theoretisch größtmöglichen politischen Einheit unter Hitler in eine Lage übergewechselt war, in der mindestens zwei Staaten nebeneinander bestanden, die behaupten konnten, die ganze deutsche Nation oder ein Teil von ihr zu sein. Es ist jedoch gerade diese Situation, die es uns ermöglicht, die Unsicherheiten und Zwiespältigkeiten im Denken der meisten Bürger aufzuspüren, sobald es um den Begriff »Nation« geht.

Das erste, was sich aus den Umfrageergebnissen deutlich erkennen läßt, ist eine beträchtliche Unsicherheit. 83 Prozent der befragten Westdeutschen glaubten zu wissen, was Kapitalismus ist. 78 Prozent hatten keine Zweifel darüber, was Sozialismus ist, doch nur 71 Prozent äußerten eine Meinung über den »Staat«, und 34 Prozent hatten nicht die geringste Vorstellung davon, wie sie eine »Nation« definieren oder beschreiben sollten. Unter den Befragten mit geringerer Schulbildung war die Ungewißtheit noch größer. 90 Prozent der Befragten mit einem weiterführenden Schulabschluß gaben an, über alle vier Begriffe Bescheid zu wissen, während lediglich 54 Prozent der Befragten mit Grundschulbildung, aber ohne Facharbeiterabschluß angaben, zu wissen, was der »Staat« ist, und nur 47 Prozent gaben diese Antwort auf die Frage nach der »Nation«. Diese Unsicherheit entsprang gerade der Tatsache, daß »Volk«, »Nation« und »Staat« nicht mehr wie früher deckungsgleich waren.

Auf die Frage, ob Nation und Staat dasselbe seien, gaben 43 Prozent aller Befragten – 81 Prozent der Befragten mit Universitätsbildung – die auf der Hand liegende Antwort, beides sei nicht dasselbe, da zwei deutsche Staaten nebeneinander bestanden. Jedoch waren 35 Prozent der Meinung, Nation und Staat seien untrennbar, und folgerichtig kamen 31 Prozent der Arbeiter – bei den unter 40 Jahre alten waren es 39 Prozent – zu dem Schluß, die DDR bilde nunmehr eine eigene Nation, da sie ein eigener Staat sei. Wir wollen außerdem festhalten, daß die Gruppe mit dem höchsten Anteil derjenigen, für die Staat und Nation dasselbe waren (42 Prozent), aus Facharbeitern bestand, und daß die Gruppe, in der die meisten angaben, Deutschland bestehe aus einer Nation, die in zwei Staaten geteilt sei, SPD-Wähler waren. Bei ihnen lag dieser Anteil bei 52 Prozent gegenüber 36 Prozent bei den CDU-Wählern. Man kann daraus den Schluß ziehen, daß einhundert Jahre nach der Reichseinigung der traditionelle Begriff der »Nation« im Verständnis des 19. Jahrhunderts sich am stärksten in der Arbeiterschicht erhalten hat.

Das legt die Vermutung nahe, daß die Idee der »Nation«, wenn sie erst einmal wie ein Weichtier aus dem scheinbar harten Gehäuse des »Nationalstaats« herausgelöst wurde, nur noch eine undeutliche Gestalt hat. Nicht daß die Deutschen östlich und westlich der Elbe aufgehört hätten, sich als Deutsche zu verstehen, bevor die beiden Staaten vereinigt wurden, auch wenn sich wahrscheinlich die meisten Österreicher nach 1945 nicht länger als Teil eines größeren Deutschlands betrachtet haben wie die Mehrheit ihrer Landsleute zwischen 1918 und 1945, und zweifellos wehren die deutschsprachigen Schweizer sich heftig gegen jede Andeutung, sie seien eigentlich Deutsche. Die Unsicherheit, die viele Ostdeutsche wie Westdeutsche mit gutem Grund empfanden, betraf eher die politischen oder sonstigen Folgerungen eines »Deutschtums«. Und es ist noch lange nicht ausgemacht, daß die Zusammenführung der beiden deutschen Staaten 1990 diese Unsicherheiten gänzlich beseitigt hat.

Wir dürfen vermuten, daß ähnliche Umfragen in anderen historischen »Nationalstaaten« ähnlich verwirrte Antworten zur Folge hätten. In welchem Verhältnis stehen z.B. »Franzosentum« und *francophonie* (ein Begriff, den es noch gar nicht lange gibt – erstmals verzeichnet wird er 1959)? Ob bewußt oder nicht, General de Gaulle befand sich überhaupt nicht in Übereinstimmung mit dem, was wir als die traditionelle und außersprachliche Definition des Franzosentums kennengelernt haben, als er die Bewohner Quebecs als Franzosen im Ausland ansprach. Das nationalistische Denken in Quebec hat andererseits »mehr oder weniger den Begriff Heimat (*patrie*) aufgegeben und sich stattdessen in einer endlosen Debatte über die Vorzüge und Nachteile von Begriffen wie *Nation, Volk, Gesellschaft* und *Staat* verzettelt« (Dion 1988, S. 302).[12] Bis in die sechziger Jahre hinein ließ sich die Frage, ob ein Mensch »Engländer« war, unter juristischen und administrativen Aspekten leicht beantworten; er oder sie war es, wenn die Eltern Engländer waren oder wenn der Geburtsort in England lag, wenn er/sie mit einer/einem Englängerin/Engländer verheiratet war oder wenn er/sie naturalisiert war. Heute läßt sich diese Frage keineswegs mehr so einfach beantworten.

Das alles heißt natürlich nicht, daß der Nationalismus in der Weltpolitik von heute keine besondere Rolle mehr spielte oder daß seine Anhängerschaft gegenüber früheren Jahren zurückgegangen wäre. Ich behaupte vielmehr, daß der Nationalismus trotz seines unbestreitbar großen Einflusses an historischer Bedeutung eingebüßt hat. Er ist nicht mehr wie früher ein weltumspannendes politisches Programm, was er im 19. und in den ersten Jahrzehnten des 20. Jahrhunderts zweifellos gewesen ist. Er ist bestenfalls ein erschwerender Faktor oder ein Katalysator für andere Entwicklungen. Es ist nicht unberechtigt, die Geschichte der eurozentrischen Welt des 19. Jahrhunderts als die Geschichte der »Nationwerdung« darzustellen, wie Walter Bagehot es getan hat. Wir tun es für die wichtigsten europäischen Staaten nach 1870 immer noch – wie es etwa im Titel des Buches *Peasants into Frenchmen* von Eugene Weber (1976) zum Ausdruck kommt. Wird irgendein Historiker die Weltgeschichte des ausgehenden 20. und des beginnenden 21. Jahrhunderts ebenfalls noch nach diesem Muster schreiben? Das ist mehr als unwahrscheinlich.

---

12 Die gaullistische Version von einem französischen Quebec, wie sie in einer Erklärung des Kabinetts vom 31. Juli 1967 festgehalten wurde, lautete, Frankreich könne nicht »gleichgültig gegenüber dem gegenwärtigen und zukünftigen Geschick einer Bevölkerung bleiben, die von seinem eigenen Volk abstammt und dem Land seiner Herkunft in so bewundernswerter Weise die Treue hält, und Kanada auch nicht im selben Sinne als Ausland betrachte wie die übrigen Länder.« (*Canadian News Facts*, Jg. 1, 14. August 1967, S. 114)

Im Gegenteil, man wird sie unweigerlich als die Geschichte einer Welt schreiben müssen, die sich nicht länger in die Grenzen von »Nationen« und »Nationalstaaten« zwängen läßt, gleichgültig, ob sie politisch, wirtschaftlich, kulturell oder sprachlich definiert sind. Diese Welt wird weitgehend übernational und »unternational« sein, aber auch eine »Unternationalität«, selbst wenn sie sich mit dem Mantel eines Kleinnationalismus umgibt, wird den Niedergang des alten Nationalstaats als eines funktionsfähigen politischen Gebildes zum Ausdruck bringen.

In der Zukunft werden »Nationalstaaten« und »Nationen« oder ethnisch-sprachliche Gruppen mit der übernationalen Neuordnung der Welt zu kämpfen haben, sie werden sich vor ihr zurückziehen, ihr Widerstand leisten, sich ihr anpassen, von ihr absorbiert oder erschüttert werden. Nationen und Nationalismen wird es auch in Zukunft geben, aber in der Geschichte werden sie von untergeordneter und vielfach sehr geringer Bedeutung sein. Allerdings können eine nationale Geschichte und Kultur in den Bildungssystemen und im Kulturleben bestimmter Länder, vor allem der kleineren unter ihnen, eine große und vielleicht größere Rolle spielen als bisher, so wie heute z.B. die katalanische Kultur in Blüte steht, jedoch unter der stillschweigenden Annahme, daß Katalanen mit der übrigen Welt auf Spanisch und Englisch verkehren, da kaum jemand, der nicht in Katalonien lebt, imstande sein wird, sich in der Lokalsprache zu verständigen.[13]

Wie ich bereits gesagt habe, sind die Begriffe »Nation« und »Nationalismus« nicht mehr zureichend, um wesentliche Aspekte politischer Einheiten zu beschreiben oder gar zu analysieren, die sich selbst als Nationen verstehen, und auch nicht die Gesinnungen, die ursprünglich mit diesen Begriffen erfaßt wurden. Es mag durchaus sein, daß der Nationalismus zusammen mit dem Nationalstaat vergeht, ohne den die persönliche Charakterisierung als Engländer, Ire oder Jude oder eine Kombination dieser Merkmale nur eine unter mehreren Möglichkeiten darstellt, von denen die Menschen zur Bezeichnung ihrer Identität je nach Situation Gebrauch machen.[14]

13 Wenn sie sich im Ausland aufhielten, bezeichneten sich in den siebziger Jahren zwei Drittel der Katalanen als »Spanier« (García Ferrando 1982, Tab. 11).

14 Zu den seltenen Theoretikern, die anscheinend meine Zweifel an der Stärke und Vorherrschaft des Nationalismus teilen, gehört auch J. Breuilly (1982). Er kritisiert Gellner und Anderson, weil diese annehmen, »der offensichtliche Erfolg des Na-

Es wäre absurd zu behaupten, dieser Tag sei nahe. Ich hoffe jedoch, daß man schon heute eine solche Entwicklung in Erwägung ziehen kann. Schließlich deutet allein schon die Tatsache, daß Historiker zumindest damit beginnen, in der Erforschung und Analyse von Nationen und Nationalismen Fortschritte zu machen, wie in so vielen ähnlichen Fällen darauf hin, daß das Phänomen seinen Zenith bereits überschritten hat. Die Eule der Minerva, die uns Klugheit bringt, breitet nach Hegel ihre Flügel immer erst in der Dämmerung aus. Es ist ein gutes Zeichen, daß sie ihre Kreise inzwischen über Nationen und Nationalismen zieht.

tionalismus bedeute, dieser sei sehr stark im Denken oder Verhalten der Menschen verwurzelt« (Breuilly 1985, S. 73).

Nachbemerkung

Dieses Buch beruht auf den Wiles Lectures, die ich im Mai 1985 an der Queen's University in Belfast ehrenvollerweise halten durfte. Der Ort legte das Thema nahe. Aus Gründen der Zweckmäßigkeit ist die etwas gedrängte Form der vier Vorlesungen, zu der ich im Rahmen der Veranstaltung genötigt war, erweitert worden. Das vorliegende Buch enthält fünf Kapitel unterschiedlicher Länge, eine Einleitung sowie einige abschließende Überlegungen. Das Manuskript wurde außerdem überarbeitet, zum Teil, um spätere Veröffentlichungen zu berücksichtigen, aber hauptsächlich vor dem Hintergrund von Diskussionen mit der eingeladenen Gruppe von Fachleuten, was zu den verlockendsten Reizen der Wiles Lectures für diejenigen zählt, denen das Glück vergönnt ist, sie halten zu dürfen. Ich danke allen, die die Vorlesungen organisiert und die sich an den Diskussionen beteiligt haben. Ganz besonders gilt mein Dank Perry Anderson, John Breuilly, Judith Brown, Ronan Fanning, Miroslav Hroch, Victor Kiernan, Joe Lee, Shula Marks, Terence Ranger und Göran Therborn für ihre ebenso kritischen wie anregenden Anmerkungen, insbesondere was die außereuropäischen Nationalismen angeht. Ich habe mich in diesem Buch allerdings vorrangig mit dem 19. und den Anfängen des 20. Jahrhunderts beschäftigt, einer Zeit, zu der das Thema sich überwiegend auf Europa oder zumindest auf die »entwickelten« Regionen beschränkt hat. Da ich seit einiger Zeit mit Fachkolleginnen und -kollegen Gespräche über Nationen und Nationalismus geführt und ihnen Fragen dazu gestellt habe, gibt es viele, denen ich Ideen, Informationen oder Hinweise auf Publikationen verdanke, von denen ich sonst keine Kenntnis erlangt hätte. Auf die Gefahr hin, mich dem Vorwurf der Ungerechtigkeit auszusetzen, nenne ich hier insbesondere Kumari Jayawardene und die anderen Fachleute für Südostasien am World Institute for Development Economics Research in Helsinki sowie meine Kolleginnen und Kollegen, Studentinnen und Studenten an der New School for Social Research in New York, denen ich einen Teil des Materials bereits vorgetragen und mit denen ich darüber diskutiert habe. Ein Großteil der Forschung für dieses Buch wurde durch eine Leverhulme Emeritus Fellowship ermöglicht, und ich möchte an dieser Stelle zum Ausdruck bringen, wie sehr ich die großzügige Hilfeleistung schätzen gelernt habe, die mir auf diese Weise durch die Leverhulme-Stiftung zuteil wurde.

»Die nationale Frage« ist ein bekanntermaßen umstrittenes Thema. Ich habe mich nicht darum bemüht, ihm etwas von dieser Eigenschaft zu nehmen. Ich hoffe jedoch, daß diese Vorlesungen in gedruckter Form zur Erforschung jener historischen Erscheinungen beitragen werden, von denen sie sich einen Begriff zu machen versuchen.

London 1989 E.J.H.

Literatur

Abeysekera, C. (1985) Ethnic representation in the higher state services, in: *Ethnicity and Social Change in Sri Lanka* (Papers presented at the seminar organized by the Social Scientists' Association, December 1979), Dehiwala, S. 233-249

Adhikari, G. (1942) *Pakistan and Indian National Unity,* London

Anderson, B. (1988) *Die Erfindung der Nation,* Frankfurt/New York (Orig.: *Imagined Communities,* London 1983)

Antonius, G. (1938) *The Arab Awakening,* London

Armstrong, J. (1982) *Nations before Nationalism,* Chapel Hill

Armstrong, J. (1988) Canada as an urban nation, *Daedalus* 117,4, S. 237-264

Bagehot, W. (1887) *Physics and Politics,* London

Bagú, S. (1952) *Estructura social de la Colonia,* Buenos Aires

Balibar, R. (1985) *L'Institution du française: essai sur le colinguisme des Carolingiens à la République,* Paris

Balibar, R. und Laporte, D. (1974) *Le Française national. Politique et pratique de la langue nationale sous la Révolution,* Paris

Banac, I. (1984) *The National Question in Yugoslavia: Origins, History, Politics,* Ithaca/London

Barth, F. (Hg.) (1969) Ethnic Groups and Boundaries, Boston

Bastian, S. (1985) University admission and the national question, in: *Ethnicity and Social Change in Sri Lanka* (Papers presented at the seminar organized by the Social Scientists' Association, December 1979), Dehiwala, S. 220-232

Bauer, O. (1924) *Die Nationalitätenfrage und die Sozialdemokratie,* Wien (zweite Auflage)

Beer, W.R. (1977) The social class of ethnic activists in contemporary France, in: Esman 1977

Bhattacharyya, J. (1987) Language, class and community in Bengal, *South Asia Bulletin* VII, 1 und 2, S. 56-63

Blaschke, J. (Hg.) (1980) *Handbuch der westeuropäischen Regionalbewegungen,* Frankfurt

Bloch, M. (1924) *Les Rois thaumaturges,* Paris

Block, M. (1889) Stichw. »Nationalities, principle of«, in: Lalor 1889, Bd. 2

Böckh, R. (1866) Die statistische Bedeutung der Volkssprache als Kennzeichen der Nationalität, *Zeitschrift für Völkerpsychologie und Sprachwissenschaft* 4, S. 259-402
Böckh, R. (1869) *Der Deutschen Volkszahl und Sprachgebiet in den europäischen Staaten*, Berlin
Borst, A. (1957-63) *Der Turmbau von Babel: Geschichte der Meinungen über Ursprung und Vielfalt der Sprachen der Völker*, 4 Bde., Stuttgart
Breuilly, J. (1982) *Nationalism and the State*, Manchester
Breuilly, J. (1985) Reflections on nationalism, *Philosophy and Social Sciences* 15,1, S. 65-75
Brix, E. (1982) Die Umgangssprachen in Altösterreich zwischen Agitation und Assimilation. Die Sprachenstatistik in den zisleithanischen Volkszählungen 1880-1910, Wien/Köln/Graz
Brooks, J. (1985) *When Russia Learned to Read*, Princeton
Browder, E. (1937) *The People's Front in the United States*, London
Brunot, F. (Hg.) (1927-48) *Histoire de la langue française*, 13 Bde., Paris
Bullock, A. (1941) *The Life and Times of Ernest Bevin*, London
Bundesministerium für innerdeutsche Beziehungen (1974) *Materialien zum Bericht zur Lage der Nation*, Bonn, Bd. 3
Burian, P. (1970-71) The state language problem in Old Austria, *Austrian History Yearbook* 6-7
Burke, P. und R. Porter (Hg.) (1987) *The Social History of Language*, Cambridge 1987
Cairnes, J.E. (1874) *Some Leading Principles of Political Economy Newly Expounded*, London
Cannan, E. (1894) *History of the Theories of Production and Distribution in English Political Economy from 1776 to 1848*, London
Cappa, A. (1923) *Due rivoluzione mancate*, Foligno
Carrère d'Encausse, H. (1978) *L'empire éclaté*, Paris
Carrère d'Encausse, H. (1990) *La gloire des nations ou La Fin de l'empire soviétique*, Paris
Certeau, M., de, Julia, D. und Revel, J. (1975) *Une Politique de langue. La Révolution Française et les patois: L'enquête des l'Abbé Grégoire*, Paris
Chartier, R. (1987) *The Cultural Uses of Print in Early Modern France*, Princeton (dt. teilweise in: *Lesewelten. Buch und Lektüre in der frühen Neuzeit*, Frankfurt/New York 1990)
Cherniavsky, M. (1961) *Tsar and People. Studies in Russain Myths*, New Haven/London
Chevalier, M. (1855) *Cours d'economie politique fait au Collège de France*, Paris
Cimino, M. (1977) *Fine di una nazione*, Palermo
Clough, S.B. (1930) *A History of the Flemish Movement in Belgium: A Study in Nationalism*, New York (Nd. 1968)
Cohn, G. (1885) *Grundlegung der Nationaloekonomie*, Stuttgart
Cole, J.W. und E.R. Wolf (1974) *The Hidden Frontier: Ecology and Ethnicity in an Alpine Valley*, London/New York
Colley, L. (1982) Imperial South Wales, in Williams 1982
Colley, L. (1984) The apotheosia of George III: loyalty, royalty and the

British nation, *Past & Present* 102, S. 94-129
Colley, L. (1986) Whose nation? Class and national consciousness in Britain 1750-1830, *Past & Present* 113, S. 96-117
Compte-Rendu Sténographique du VIe Congrès de l'Internationale Communiste 17 juillet – 1 septembre 1928, in *La Correspondance Internationale,* 125, 19. Oktober 1928, S. 1292 f. und 130, 30. Oktober 1928, S. 1418
Coornaert, E. (1968) Remarks to R. Devleeshouwers »Données historiques des problèmes linguistiques belges, *Bulletin de la Sociéte d'Histoire Moderne* 67, Nr. 8, S. 5
Cronin, S. (1980) *Frank Ryan, The Search for the Republic,* Dublin
Cunningham, H. (1981) The language of patriotism, 1750-1914, *History Workshop Journal* 12, S. 8-33
Curne de Sainte Pelaye, L. (o.J.) *Dictionnaire historique de l'ancien language françois,* 8 Bde., Niort
Dahl, R.A. (Hg.) (1966) *Political Opposition in Western Democracies,* New Haven
Dann, O. und Dinwiddy, J. (Hg.) (1988) *Nationalism in the Age of French Revolution,* London
Das Gupta, J. und Gumperz, J. (1968) Language communication and control in North India, in: Fishman, Ferguson und Das Gupta 1968, S. 151-166
Davis, H.B. (1978) *Toward a Marxist Theory of Nationalism,* New York
De Gaulle, C. (1956) *Mémoires de Guerre,* II, Paris
Deniker, J. (1900) *Les Races et peuples de la terre,* Paris
Destrée, J. und Vandervelde, E. (1903) *Le Socialisme en Belgique,* Paris
Deutsch, K.W. (1953) *Nationalism and Social Communication. An Enquiry into the Foundations of Nationality,* Cambridge/Mass.
Dictionnaire politique (1842) Paris
Die Kommunistische Internationale vor dem VII. Weltkongress: Materialien (1935) Moskau/Leningrad
Die nationale Frage und Österreichs Kampf um seine Unabhängigkeit: Ein Sammelband (1939) Paris
Dion, L. (1988) The mystery of Quebec, *Daedalus* 117,4, S. 283-318
Dlugoborski, W. (1988) Das polnische Bürgertum vor 1918 in vergleichender Perspektive, in: J. Kocka, *Bürgertum im 19. Jahrhundert,* 3 Bde., München
Dommanget, M. (1971) *Eugène Pottier,* Paris
Dubois, J. (1962) *Le Vocabulaire politique et sociaal en France de 1869 à 1872,* Paris
Durham, E. (1909) *High Albania,* London (Nd. 1985)
Eddy, C.B. (1931) *Greece and the Greek Refugees,* London
Enciclopédia Brasileira Mérito (1958-64) São Paulo/Rio/Porto Alegre
Enciclopédia Universal Ilustrada Europeo-Americana, 1907-34, Barcelona
Engels, F. (1870) Brief an Karl Marx vom 15. Aug. 1870, *Marx-Engels-Werke,* Band XX, Berlin 1973, S. 40
Engels, F. (1882) Brief an Eduard Bernstein vom 22.-25. Februar 1882, *Marx-Engels-Werke,* Band XX, Berlin 1973, S. 278-285
Esman, M.J. (Hg.) (1977) *Ethnic Conflict in the Western World,* Ithaca

Fejtsma, A. (1982) Histoire et situation actuelle de la langue frisonne, *Pluriel* 29, S. 21-34
Ferro, M. (1969) *La Grande Guerre 1914-1918,* Paris
Finot, J. (1906) *Race Prejudice,* London
Fishman, J.A. (Hg.) (1972) *Contributions to the Sociology of Language,* 2 Bde., Den Haag/Paris
Fishman, J.A. (1974) The sociology of language in society, in: T. Sebeok (Hg.), *Current Trends in Linguistics,* Bd. 12, Den Haag/Paris
Fishman, J.A., Ferguson, C.A. und Das Gupta, J. (Hg.) (1968) *Language Problems of Developing Nations,* New York/London/Sydney/Toronto
Flora, P. (1983) *State, Economy and Society in Western Europe 1815-1975,* Frankfurt/London/Chicago
Flores Galindo, A. (1986) *Buscando un Inca: identidad y Utopia en los Andes,* Havanna
Francis, H. (1984) *Miners Against Fascism: Wales and the Spanish Civil War,* London
Garcia Ferrando, M. (1982) *Regionalismo y autonomias en España,* Madrid
Garcia i Sevilla, L. (1979) Llengua, nació i estat al diccionario de la real academia espanyola, *L'Avenc,* 16. Mai, S. 50-55
Gellner, E. (1983) *Nations and Nationalism,* Oxford
Gibb, H.A.R. und Bowen, H.A. (1957) *Islamic Society in the West,* Oxford
Glinert, L. (1983) Viewpoint: the recovery of Hebrew, *Times Literary Supplement* 17, S. 634
Godechot, J. (1956) *La Grande Nation: l'expansion révolutionnaire de la France dans la monde 1789-1799,* Paris
Griffiths, Rev. (1947) Inquiry on Education in Wales, *Parliamentary Papers* XXVII, Teil II (Report on the Counties of Brecknock, Cardigan and Radnor)
Grosjean, F. (1982) *Life with Two Languages,* Cambridge/Mass.
Gross, M. (1979/80) Croatian national-integrational ideologies from the end of Illyrism to the creation of Yugoslavia, *Austrian History Yearbook* 15-16, S. 3-44
Gross, M. (1981) On the integration of the Croatian nation: a case study in nation-building, *East European Quarterly* XV
Groupe de travail sur Europe Centrale et Orientale. Bulletin d'Information, 1978, Nr. 2 (Juni)
Guimar, J.-Y. (1986) Le Tableau de la géographie de la France de Vidal de la Blanche, in: Nora 1986, S. 269 ff.
Hanák, P. (1970) Die Volksmeinung während des letzten Kriegsjahres in Österreich-Ungarn, in: Plaschka und Mack (1970), S. 58-66
Handelman, H. (1974) *Struggle in the Andes: Peasant Political Mobilization in Peru,* Austin
Harney, R.F. (1988) »So great a heritage as ours.« Immigration and the survival at the Canadian polity, *Daedalus* 117, Heft 4
Harries, L. (1976) The nationalization of Swahili in Kenya, *Language and Society* 5, S. 153-164
Haugen, E. (1966a) *Language Conflicts and Language Planning: The Case of Modern Norwegian,* Den Haag

Haugen, E. (1966b) Dialect, language, nation, *American Anthropologist* 68, S. 922-935

Haugen, E. (1968) The Scandinavian languages as cultural artifacts, in: Fishman, Ferguson und Das Gupta 1968

Haugen, E. (1976) *The Scandinavian languages: An Introduction*, London

Haupt, G., Lowy, M. und Weill, C. (1974) *Le Marxistes et la question nationale 1848-1914*, Paris

Hayes, C.B. (1931) *The Historical Evolution of Modern Nationalism*, New York

Held, D. (1988) Farewell nation state, *Marxism Today*, Dezember

Hélie, J. (1889) Stichw. »Nation, definition of«, in Lalor 1889, Bd. 2, S. 923

Hobsbawm, E.J. (1962) *Europäische Revolutionen*, München (Orig.: *The Age of Revolution 1789-1848*, London 1962)

Hobsbawm, E.J. (1971) The attitude of popular classes towards national movements for independence, in: Commission Internationale d'Histoire des Mouvements Sociaux et Structures Sociales, *Mouvements nationaux d'indépendence et classes populaires aux XIXe et XXe siècle en Occident et en Orient*, 2 Bde., Paris, Bd. 1, S. 34-44

Hobsbawm, E.J. (1972) Some reflections on nationalism, in: T.J. Nossiter und A.H. Hanson (Hg.), *Imagination and Precision in the Social Sciences: Essays in Memory of Peter Nettl*, London, S. 385-406

Hobsbawm, E.J. (1977) *Die Blütezeit des Kapitals*, München (Orig.: *The Age of Capital 1848-1875*, London 1975)

Hobsbawm, E.J. (1977) Reflections on »The Break-Up of Britain«, *New Left Review* 105

Hobsbawm, E.J. (1984) *Worlds of Labour*, London

Hobsbawm, E.J. (1989) *Das imperiale Zeitalter*, Frankfurt/New York (Orig.: *The Age of Empire 1875-1914*, London 1987)

Hobsbawm, E.J. (1988) Working-class internationalism, in: F. v. Holthoon und M. v. d. Linden 1988, S. 3-16

Hobsbawm, E.J. und Ranger, T. (Hg.) (1983) *The Invention of Tradition*, Cambridge

Holthoon, F. v. und M. v. d. Linden (Hg.) (1988) *Internationalism in the Labour Movement*, Leiden usw.

Hroch, M. (1985) *Social Preconditions of National Revival in Europe*, Cambridge

Huguet, L. (1961) *Dictionnaire de la langue française du XVI siècle*, Paris

Ideologia mesianica del mundo andino (1973) Hrsg. v. J. M. Ossio A., Lima

Jaume, L. (1989) *De Discours jacobin et la démocratie*, Paris

Jayawardene, K. (1985) *Ethnic and Class Conflicts in Sri Lanka*, Dehiwala

Jayawardene, K. (1987) The national question and the left movement in Sri Lanka, *South Asia Bulletin*, VII, S. 11-22

John, H.-G. (1976) *Politik und Turnen: die deutsche Turnerschaft als nationale Bewegung im deutschen Kaiserreich von 1871 bis 1914*, Ahrensberg

Jones, I.G. (1980) Language and community in nineteenth-century Wales, in: D. Smith 1980

Juttikala, E. und Pirinen K. (1975) *A History of Finland*, Helsinki

Kadchi, I.T.A. (1951) *The case for a federal constitution for Ceylon*, Colombo

Kahk, J. (1985) Peasants' movements and national movements in the history of Europe, *Acta Universitatis Stockholmensis. Studia Baltica Stockholmensia* 2, 15 f.
Kamm, H. (1990) Language Bill Weighed as Slovak Separatists Rally, *New York Times*, 25.10.1990
Kantorowicz, E. (1990) *Die zwei Körper des Königs. Eine Studie zur politischen Theologie des Mittelalters*, München (Orig.: *The Kings Two Bodies. A Study in Medieval Political Theology*, Princeton 1957)
Kater, M. (1983) *The Nazi Party. A Social profile of members and leaders 1919-1945*, Cambridge/Mass.
Kautsky, J.H. (Hg.) (1962a) *Political Change in Underdeveloped Countries: Nationalism and Communism*, New York/London
Kautsky, J.H. (1962b) An Essay in the politics of development, in: Kautsky 1962a
Kautsky, K. (1887) Die moderne Nationalität, *Die neue Zeit*, 5, S. 442-451
Kearney, R.N. (1985) Ethnic conflict and the Tamil separatist movement in Sri Lanka, *Asian Survey*, 25, S. 898-917
Kemiläinen, (1964) *Nationalism. Problems Concerning the Word, the Concept and Classification*, Jyväskylä
Kiberd, D. (1979) *Synge and the Irish Language*, London
Kirby, D. (1986) Rank-and-file attitudes in the Finnish Social Democratic Party (1905-1918), *Past & Present* 111
Kloss, H. (1952) *Die Entwicklung neuer germanischer Kultursprachen von 1800 bis 1950*, München
Kocka, J. (Hg.) (1988) *Bürgertum im 19. Jahrhundert: Deutschland im europäischen Vergleich*, 3 Bde., München
Kohn, H. (1928) *Geschichte der nationalen Bewegung im Orient*, Berlin
Kohn, H. (1931) *Nationalismus und Imperialismus im Vorderen Orient*, Frankfurt
Kohn, H. (1944) *The Idea of Nationalism. A Study in its Origin and Background*, New York
Lalor, J.J. (Hg.) (1889) *Cyclopedia of Political Science*, 2 Bde., New York
Land of 100 tongues but not a single language, *New York Times*, 2. Dezember 1987
Latham, E. (1970) *Famous Sayings and Their Authors*, Detroit
Lerner, D. (1958) *The Passing of Traditional Society*, New York
Lévy, P.M.G. (1938) La Statistique des langues en Belgique, *Revue de l'Institut de Sociologie* 18, S. 507-570
Lill, R. und Valsecchi (Hg.) (1983) *Il nazionalismo in Italia e in Germania fino alla Prima Guerra Mondiale*, Bologna
Lipschutz, A. (1963) *El problema racial en la conquista de América y el mestizaje*, Santiago de Chile
List, F. (1827) *Outline of American Political Economy*, Philadelphia
List, F. (1841) *Das nationale System der Politischen Ökonomie*, Jena (Nd. 1910)
López Aranguaen (1983) *La conciencia regional en el proceso autonomico español*, Madrid

Lörinczi, Angioni, M. (1981-83) Appunti per una macrostoria delle lingue scritte de l'Europa moderna, *Quaderni Sardi di Storia* 3, S. 133-156

Lorwin, V. R. (1966) Belgium: religion, class and language in national politics, in: R. A. Dahl 1966, S. 158 ff.

Macartney, C. A. (1934) Refugees, in: *Encyclopedia of the Social Sciences*, New York

Marino, G. C. (1979) *Storia del separatismo siciliano 1943-1947*, Rom

Marty, M. E. (1988) Fundamentalism as a social phenomenon, *Bulletin, The American Academy of Arts and Sciences* 42,2, S. 15-19

Mauro, T. de (1863) *Storia linguistica dell'Italia unita*, Bari

Mayer, A. (1989) *Why Did The Heavens not Darken? The »Final Solution« in History*, New York (dt.: *Der Krieg als Kreuzzug*, Reinbek 1989)

Mill, J. St. (1873) *Betrachtungen über Repräsentativregierung*, Ges. Werke, Bd. 8, Leipzig

Morgan, K. O. (1982) *Wales, Rebirth of a Nation 1880-1980*, Oxford

Mörner, M. (1961) *El mestizaje en la historia de Ibero-América*, Mexiko

Mukherjee, S. N. (1976) Bhadralok in Bengali Language and Literature: an essay on the Language of class and status, *Bengal Past And Present* 95, Teil II, S. 225-237

Nagel, G. (1975) *Georges Vacher de Lapouge (1854-1936). Ein Beitrag zur Geschichte des Sozialdarwinismus in Frankreich*, Freiburg/Brsg.

Nairn, T. (1988) *The Enchanted Glass: Britain and its Monarchy*, London

Nora, P. (Hg.) (1986) *Les Lieux de Mémoire*, Bd. 2, La Nation, Paris

Nordmann, D. (1986) Des limites d'état aux frontières nationales, in: Nora 1986, S. 35-62.

Notz, W. (1925) Friedrich List in Amerika, *Weltwirtschaftliches Archiv* 22, S. 154-182 und 29, S. 199-265

Notz, W. (1926) Frederick List in America, *American Economic Review* 16, S. 249-265

Nouveau Dictionnaire d'Economie Politique (1892), hrsg. v. L. Say und J. Chailley, Paris

Offner, A. (1985) The Working classes, British naval plans and the coming of the Great War, *Past & Present* 107, S. 225 f.

Oxford English Dictionary (1933) Oxford

Palme Dutt, R. (1940) *India-To-day*, London

Paschke, R. und K. Mack (Hg.) (1970), *Die Auflösung des Habsburgerreiches. Zusammenbruch und Neuorientierung im Donauraum*, Wien

Pelletier, G. (1988) Quebec: different but in a step with North America, *Daedalus* 117,4

Pelling, H. (1984) *The Labour Government 1945-51*, London

Petersen, J. (1975) Elettorato e base sociale del fascismo negli anni venti, *Studi Storici* XVI, 3, S. 626-669

Petersen, J. (1983) Wählerverhalten und soziale Basis des Faschismus in Italien zwischen 1919 und 1928, in: Schieder 1983, S. 119-156

Philipps, E. (1975) *Les Luttes linguistiques en Alsace jusqu'en 1945*, Strasbourg

Pichler, F. (1984) *Polizeihofrat P. Ein treuer Diener seines Staates. Wiener Polizeidienst 1901-1939*, Wien
Pollard, S. (1981) *Peaceful Conquest: The Industrialization of Europe 1760-1970*, Oxford
Porter, B. (1968) *Critics of Empire. British Radical Attitudes to Colonialsm in Africa, 1895-1914*, London
Porter, G. R. (1836) *The progress of the Nation, in its various social and economics relations, from the beginning of the nineteenth century to the present time*, London
Prost, A. (1974) *Vocabulaire des proclamations électorales de 1881, 1885 et 1889*, Paris
Puhle, H.-J. (1982) Baskischer Nationalismus im spanischen Kontext, in Winkler 1982
Puymège, G. de (1986) Le Soldat Chauvin, in Nora 1986
Rae, J. (1834) (ND. 1905), *The Sociological Theory of Capital, being a complete reprint of The New Principles of Political Economy by John Rae*, hrsg. v. C. W. Mixter, New York
Renan, E. (1882) *Qu'est ce que c'est une nation?*, Paris
Renan, E. (1939) What is a nation, in: A. Zimmern (Hg.), *Modern Political Doctrines*, Oxford
Renner, K. (1918) *Das Selbstbestimmungsrecht der Nationen in besonderer Anwendung auf Österreich*, Leipzig/Wien
Report of the Commissioners appointed to inqzuire into the operation of the Sunday Closing (Wales) Act, 1881, 1890, *Parliamentary Papers, H. o. C.*, Bd. XL
Report of the International Commission to Enquire into Cause and Conduct of Balkan Wars (1914) Washington
Reports of the Commissioners of Inquiry into the State of Education in Wales (1847) *Parliamentary Papers* XXVII
Revolutionsbriefe 1848: Ungedrucktes aus dem Nachlaß König Friedrich Wilhelms IV von Preußen (1930) Leipzig
Riba, C. (1984) Cent anys de defense illustracio de l'idioma Catalunya, *L'Avenç* 71, S. 54-62
Riesman, D. (1958) Einleitung zu Lerner 1958
Robbins, L. (1977) *The Theory of Economic Policy in English Classical Political Economy*, London (zweite Auflage)
Rodinson, M. (1972) Développement et structure de l'arabisme, in: ders., *Marxisme et monde musulman*, Paris
Romein, J. (1978) *The Watershed of Two Eras: Europe in 1900*, Middletown
Roos, H. (1966) *A History of Modern Poland*, London
Rosdolsky, R. (1964) Friedrich Engels und das Problem der »geschichtslosen Völker«, *Archiv für Sozialgeschichte* 4, S. 87-282
Roth, J. (1932) *Radetzkymarsch*, Köln 1951
Ryan, FV. (Hg.) (1938) *The Book of the XV Brigade*, Newscastle/Tyne (ND 1975)
Samuel, R. (Hg.) (1989) *Patriotism. The Making and Unmaking of British National Identity*, 3 Bde., London

Schieder, T. (1985) Typologie und Erscheinungsformen des Nationalstaats, in: Winkler 1985
Schieder, W. (Hg.), (1983) *Faschismus als soziale Bewegung*, Göttingen
Schönberg, G. (1882) *Handbuch der politischen Ökonomie*, Tübingen
Schumpeter, J. (1965) *Geschichte der ökonomischen Analyse*, 2 Bde., Göttingen
Sebeok, T. E. (Hg.) (1974) *Current Trends in Linguistics*, Den Haag
Seton-Watson, H. (1977) *Nations and States: An Enquiry into the Origins of Nations and the Politics of Nationalism*, London
Sherrington, E. (1980) Welsh nationalism, the French Revolution and the influence of the French right, in Smith 1980
Smith, A. D. (1973) Nationalism: A Trend Report and Bibliography, *Current Sociology* XXI/3, Den Haag/Paris
Smith, A. D. (1983) *Theories of Nationalism*, London (zweite Auflage)
Smith, A. D. (1986) *The Ethnic Origins of Nations*, Oxford
Smith, D. (Hg.) (1980) *A People and a Proletariat: Essays in the History of Wales 1780-1980*, London
Smith, D. M. (Hg.) (1968) *Il Risorgimento*, Bari
Sorella, A. (1982) La televisione e la lingua italiana, *Trimestre. Periodico di Cultura* 14, 2-3-4, S. 291-300
Spira, L. (1988) Bemerkungen zu Jörg Haider, *Wiener Tagebuch*, Okt., S. 6
Spriano, P. (1970) *Storia del Partito Comunista Italiano*, Turin
Stalin, J. (1912) Marxismus und nationale Frage, *Werke*, Bd. 2, Berlin 1950, S. 266-333
Steinberg, J. (1987) The historian and the »Questione della lingua«, in: Burke und Porter 1987, S. 198-209.
Sternhell, Z. (1972) *Maurice Barrès et le nationalisme français*, Paris
Strauss, E. (1951) *Irish Nationalism and British Democracy*, London
Suny, R. (Hg.) (1983) *Transcaucasika: Nationalism and Social Change*, Ann Arbor
Suttner, B. (1960/65) *Die Badenischen Sprachenverordnungen von 1897*, 2 Bde., Graz/Köln
Szücs, Jenö (1981) *Nation und Geschichte: Studien*, Budapest
Taguieff, P. A. (1987) *La Force du préjugé: Essai sur le racisme et ses doubles*, Paris
Tananer, N. (1972) Speech and society among the Indonesian elite, in: J. B. Pride und J. Homes (Hg.), *Sociolinguistics*, Harmondsworth
Thernstrom, S. (1980) *Harvard Encyclopedia of American Ethnic Groups*, Cambridge/London
Thomas, N. (1973) *Extremist: Welsh Politics, Literature and Society Today*, Talybont
Thompson, J. M. (1944) *The French Revolution*, Oxord
Thorez, M. (1936) *France To-day and the People's Front*, London
Trésor de la Langue Française (1980) Paris
Uyangoda (1987) Reinterpreting Tamil and Sinhala nationalism, *South Asia Bulletin*, 7, S. 39-46.
Vallverdu, F. (1980) El català al segle XIX, *L'Avenç* 27, S. 30-36

Van der Mehden, F. R. (1963) *Religion and Nationalism in Southeast Asia: Burma, Indonesia, the Philippines*, Madison
Verwijs, E. und Verdam, J. (1899) *Middelnederlandsch Woodenboek*, Den Haag
Vilar, P. (1978) Sobre los fundamentos de las estructras nationales, *Historia* 16 (Extra V), Madrid, S. 11.
Vincent, G. (1980) *L'Ecole primaire française: Etude sociologique*, Lyon
Wambaugh, S. (1920) *A Monograph on Plebiscites. With a Collection of Official Documents*, New York
Weber, E. (1976) *Peasants Into Frenchmen: The Modernization of Rural France, 1800-1914*, Stanford
Wehler, H.-U. (1987 ff.) *Deutsche Gesellschaftsgeschichte*, München
Williams, G. A. (1982) *The Welsh in their History*, London/Canberra
Williams, G. A. (1985) *When was Wales*, London
Winkler, H. A. (Hg.) (1982) *Nationalismus in der Welt von heute*, Göttingen
Winkler, H. A. (Hg.) (1985): *Nationalismus*, Königstein
Woordenboek der Nederlandsch Tal (1913) Den Haag
Zedler, J. H. (1732-1754) *Großes vollständiges Universal-Lexicon aller Wissenschaften und Künste*, Leipzig/Halle (Neudr. Graz 1962/63)
Zeldin, T. (1977) *France 1848-1945*, Oxford
Zeman, Z. A. (1961) *The Break-up of the Habsburg Empire 1914-1918*, London
Zolberg, A. (1974) The making of Flemings and Walloons: Belgium 1830-1914, *Journal of Interdisciplinary History* V,2, S. 210-215, 227

Register